近代立憲主義と他者

近代立憲主義と他者

MODERN CONSTITUTIONALISM AND OTHERS

SHOHEI ETO

江藤祥平

岩波書店

謝　辞

本書は、二〇一五年二月末日に東京大学法学部に提出した、いわゆる助教論文(國家學會雜誌一二九巻七・八号(二〇一六)以下に五回に分けて掲載)に、相当の加除修正を施したものである。本書は、①科学研究費補助金・若手研究(B)(16K16982)「近代立憲主義における他者の不在の克服――全体性と無限を通じた公共性の再編」、②野村財団・研究助成「立憲主義とナラティヴ」、③同「憲法解釈の変遷と「生ける原意主義」」の成果の一部であり、刊行に当たっては、「平成二九年度東京大学学術成果刊行助成」制度による助成を受けた。

本書が成るに当たっては、まず何よりも、東京大学で指導教授を務めて下さった長谷部恭男先生に謝意を申し上げたい。長谷部憲法学に出会わなければ、私は決して学問の道に進むことはなかったし、本書のテーマに辿り着くこともなかった。長谷部憲法学は、あの時も今も、私のインスピレーションであり続けている。

次に、東京大学大学院時代から、憲法を教えて下さった石川健治先生に御礼を申し上げたい。憲法学の厳しさを身をもって体現される先生の姿は、私を幾度となく怯えさせ、また幾度となく奮い立たせてくれた。

そして、長谷部教授の退官に伴い、不遇にも私の指導教授を引き受けなければならなかった宍戸常寿先生に感謝を申し上げたい。先生は、指導教授不指導の原則を徹底されつつも、いつもさり気ない優しさで、私の研究の方向性に一道の光明を与えて下さった。

これ以上の名前を挙げることは紙幅の関係上難しいが、大学時代にアメリカ留学を勧めてくれ、その後同時多発テロで帰らぬ人となった久下季哉さん、その留学先での偶然の出会いに始まり、以来その生き様によって私にモチベーションを与えてくれている公民権運動家でありベトナム反戦運動家でもある Stephen Holbrook 元ユタ州・州議会議員、司法修習時代に読書会を通じて議論することの大切さを教えてくれた野々上友之元裁判官、弁護士時代に同室として法律実務のイロハを叩き込んでくれた長島・大野・常松法律事務所の宇野総一郎弁護士・浅妻敬弁護士、現在本務校で自由な研究環境を保障してくれている矢島基美先生、神戸大学の木下昌彦先生には、ここで一言御礼を申し上げたい。

本書の公刊は、岩波書店の堀由貴子氏の並々ならぬ尽力と伊藤耕太郎氏の温かいサポートがなければ不可能であった。心より御礼を申し上げたい。

二〇一八年　春

江藤祥平

凡　例

1　略記は次のとおりである。
ジュリ　ジュリスト　　論ジュリ　論究ジュリスト
国家　國家學會雜誌　　法時　法律時報

2　英語文献の引用表記については、原則としてThe Bluebook: A Uniform System of Citation (Columbia Law Review Ass'n et al. eds., 20th ed. 2015)に従うものとしている。ただし、参照の便宜から、それに忠実に従っていないことがある。

3　引用文中、……は引用者(江藤)による省略を意味する。また、傍点は、明示しない限り、原文による強調を示している。外国語の文章を翻訳するに当たっては、分かりやすさのために語単位での正確性を無視した場合がある。

4　邦訳を参照している場合であっても、前後の文脈の関係から、それに忠実に従っていないことがある。また、原著を参照している場合であっても、邦訳が存在する場合には、初出に限って邦訳文献についても記載している。

5　文章・文献を引用するにあたっては、本書が縦組みであることに伴い、算用数字を漢数字に改めた場合がある。

目次

第II部　全体性

第Ⅲ部 無限

序 論

他者の不在

一

本書の目的――批判

本書は近代立憲主義「批判」の書である。ただしここでいう「批判」とは、一九四二年に文壇を賑わせた「近代の超克」[1]論や八〇年代以降のポストモダニズム論[2]がいうところの批判ではない。後者の批判は、「近代知は終わった」という文脈で用いられる「否定」ないし“criticism”を意味している。これに対して本書の「批判」は、「吟味」ないし“critique”を意味しており、意味合いとしてはカントのそれに近い。

では、なぜいま近代立憲主義は「批判」されねばならないのか。それは、いま近代立憲主義がかつてない危機を迎えており、その正当性を批判的に自己点検する必要に迫られているからである。ここに危機とは、次の一連の出来事をいう。

立憲主義の危機

画期となったのが、二〇一二年四月に自由民主党(当時、野党)が発表した日本国憲法改正草案である。(3) 同草案は、現行憲法一三条の定める「個人」の尊重を「人」の尊重に改めたことに象徴されるように、共同体主義・特殊主義の色彩が極めて強く、個人主義・普遍主義を基調とする近代立憲主義の考え方に正面から挑戦する内容であった。(4)

そして、同年一二月に自民党が政権に返り咲いた後、この挑戦はまず、憲法九六条の改正提案として具体化される。現行の憲法九六条は、憲法改正には各議院の総議員の「三分の二」以上の賛成を要求するが、これを「過半数」で足りるとするのが先般の改正提案である。一見すると手続要件の変更にしか見えないこの提案であるが、真実は近代立憲主義に対する挑戦にほかならない。

その理由は、第一に、憲法改正条項を改正条項それ自体によって改正することは、不当な自己言及を前提にせざるをえず、論理的に不可能だからである。(5) そして、現行の改正規定が根拠にならないとすると、超実定法的な規範に依拠せざるをえず、改正条項の改正は「革命」、つまりは現存の立憲主義に対する「反逆」となる。(6) 第二に、改正要件を緩和することに、さしたる道徳的な正当性があるとも思えない。なぜなら、単純多数決による発議を許せば、その時々の政治的多数派による党派性の強い改正提案が憲法に盛り込まれる可能性が高まり、多様な価値観・世界観の違いに関わりなくすべての人を公平に扱うことを目指した立憲主義の精神が、骨抜きにされてしまうからである。(7)

このとおり、憲法九六条の改正提案は、近代立憲主義の枠組みを、論理的にも道徳的にも歪める根の深いものであった。時の政権も事態が容易でないと察したのか、改正提案の勢いは徐々に下火になっていく。そうした中、繰り出された次なる方策が、正規のルートによることなく憲法を改正しようとする「迂回」戦法であった。

それはまず、内閣法制局長官の交代という人事権の発動となって現れる。この点、内閣法制局は内閣下に置かれてはいるものの、政府の憲法解釈を事実上司る法律専門家から成る機関であるから、その自律性が確保されなければならない。このことは人事権の発動についても当てはまり、自己の意に沿わせるべくトップの首をすげ替えることは、意のままに憲法解釈を操ろうとする「禁じ手」といえる。[8]トップにいる「人」が変われば「法」も変わるとするこの思考は、「法の支配」を基調とする近代立憲主義の精神に正面から反する。

ところが、時の政権はさらに進んで、今度は自らの手で憲法の内容を変えるところにまで踏み込む。それが、集団的自衛権の行使は許されないとする従来の憲法九条解釈を、行使容認へと「解釈変更」した、いわゆる〈七・一〉の閣議決定である。[9]この閣議決定に基づく安保関連法案にかかる衆議院憲法審査会では、参考人として出席した長谷部恭男をはじめとする三名の憲法学者全員が、同法案の集団的自衛権を容認する部分について憲法違反と述べたことで、世論を巻き込む大騒動に発展したことは記憶に新しい。[10]結局、同法案は衆参両院を通過して施行に至ったものの、その違憲性の疑いは解消されないまま今日に至っている。[11]

解釈変更が問題とされる理由は、時の政権がその時々で自由に憲法解釈を変更することが許されるとなると、「憲法に従うこと」と「憲法に従うと信じること」の区別がつかなくなるからである。[12]憲法に従っていると評価されるためには、自分が従っていると信じるだけでは足りず、何らかの客観的な基準によらなければならない。[13] 従来、憲法九条の解釈においてこの客観性を担保してきたのは、内閣法制局による憲法解釈であった。したがって、この内閣法制局の見解を十分な理由もなく変更することは、憲法の規範性を否定するに等しく、近代立憲主義とは相容れない事態を引き起こす。[14]

立憲主義の正当性

以上が、今日のわが国の立憲主義が置かれた危機的状況である。これら一連の動向の背景にあるのは、多数の国民から権力の負託を受けた政権が、過去の遺物とみなす憲法に拘束されることに対する不満である。実は、こうした不満を時の政権が抱くこと自体は、何ら不自然なことではない。なぜなら、立憲主義は国家権力の制限を目的とするため、思い通りに身動きのとれない時の政権が、あらゆる手で憲法の網の目をかいくぐろうとするのは、自然の成り行きだからである。

しかし、だからこそ憲法学は、いつの時代も、なぜ憲法が時に我々の意思に反してまで、我々を拘束することが許されるのかを問い続けなければならない。この問いは、従来「反多数決主義の難点」として知られ、[15] わが国の憲法学でも「立憲主義と民主主義」の整合性の問いとして論じられてきた。[16] 立憲主義が「「人の支配」を隠蔽合理化するイデオロギー装置」ではなく、[17] 真に「法の支配」に貫かれたものであることをいかにして担保するのかが、ここでは問われている。[18]

わが国におけるこの問いに対する従来の取り組みは、大きく次の三つの潮流――①戦後派世代[19]の憲法研究者に強い影響を与えた「純粋法学」、②七〇年代以降の日本憲法学を席巻した「憲法訴訟論」、③九〇年代以降に隆盛を誇る「正義論」――に分けることができる。[20]

近代立憲主義の原理を認知した日本国憲法を前にして、戦後第一世代の憲法研究者に課せられた役割は、新憲法を「科学的」に認識する作業であった。その際に役立てられたのが、一切のイデオロギーから純化された規範科学としての法律学を思考するケルゼンの「純粋法学」である[21]。戦後憲法学はこの純粋法学を踏まえることで、新憲法の法体系を、根本規範を頂点とする授権規範の体系として理解することに努めた。しかし、規範記述を任務とする純粋法学は、実用的な正当化機能を有しないだけに、新憲法の採用する近代立憲主義を積極的に根拠づけるものではなかった。純粋法学は、イデオロギー批判の面で戦後憲法学に重要な役割を果たしたが、科学であるがゆえの限界もあった。

これに対して、七〇年代以降の日本憲法学を席巻した憲法訴訟論が、近代立憲主義の発展に果たした役割は大きい。その中心的論者である芦部信喜のねらいは、憲法裁判に際して裁判官の依るべき様式を提示することによって裁判官の恣意的裁量を拘束し、もって憲法判断が裁判官のイデオロギーの表出ではないことを担保する点にあった[22]。憲法訴訟論は、最高裁判所の全面的に受け容れるところにはならなかったが[23]、公共の福祉やアドホックな利益衡量によって、安易に権利制約を正当化していた従来の憲法実践に対する重要なアンチテーゼとなった。今日では総合考量の枠内という形でこそあれ、違憲審査基準論は徐々に裁判実務に浸透し、近代立憲主義は日々実践されている[24]。

しかし、芦部以降の憲法研究者は、すでに憲法訴訟論の理論的基盤が盤石ではないことを見抜いていた[25]。その弱点が顕著に現れたのが、公共の福祉を巡る議論においてである。学説上、憲法上の権利の制約原理に関する議論は、一元的外在制約説、二元的制約説、そして一元的内在制約説へと展開した[26]。一元的内在制約説とは、公共の福祉を「人権相互間に生ずる矛盾・衝突の調整を図るための実質的公平の原理」とする考え方である。[27] この考え方には、「権利は権利によってのみ制約可能」とすることで、人権の重要性を強調するねらいがあったが、権利の制約は「社会全体の利益」によっても正当化される場合があることを説明しえない点や、逆に社会全体の利益によっても覆しえない「人権」の観念を主題化しえない点に問題を抱えていた。

かかる一元的内在制約説の欠陥を克服するために、日本の憲法学は、公共の福祉や人権の正当化根拠を正面から取り上げる必要に迫られていた。一方、それに少し先立つ頃、海の向こうアメリカでは、冷戦、黒人差別、ベトナム戦争などで社会に漂う閉塞感を打破すべく、倫理学再興の動きが活発化していた。とりわけ、「正義論」[28]の潜勢力は目覚ましく、「基礎づけ」に飢えていた日本の憲法学は、これを積極的に吸収することで従来の議論を基礎づけようと努めた。その中でも、長谷部恭男は、英米の道徳哲学、法哲学、倫理学、厚生経済学を縦横無尽に駆使して、従来の公共の福祉論と人権論の理論的な立て直しに努めた。[29]

正義論の限界

しかし、一世を風靡した英米の正義論も、冷戦終結を契機として、徐々に陰りをみせるようになってきた。これまでは共産主義体制との比較優位を保っていれば足りた立憲体制であったが、冷戦後の世界が多極化する中で、「文化的多様性の承認を成しえない」[30]、「共同体の価値を捉えきれない」[31]、といった新たな批判に対応する必要に迫られている。先の自民党の日本国憲法改正草案も、これまでの西洋一辺倒だった普遍主義から脱却して、日本独自の価値を推し進めようとする点で、こうした批判の系譜に属している。[32]

もっとも、こうした批判の多くは、近代立憲主義の理解が不正確である点に起因することが少なくない。たしかに、西洋諸国に行き詰っている面があることは事実であるが[33]、その一面を捉えて「近代知はもう終わった」というのは飛躍しすぎである。人権の概念は、今日その内容について争いこそあれ、非西洋諸国においても妥当性を有するまでに成長しており、西洋起源であることをもって人権を否定することには論理の飛躍がある。[34] また、プラグマティズムの観点からすれば、より魅力的なオルタナティヴを有していない限り、パラダイムの転換が直ちに望ましいとはいえないはずである。[35]

しかし一方で、今日の危機的状況に鑑みると、こうした批判を一笑に付して、近代立憲主義をただ無批判に受容しているわけにもいかないところにまできている。日本において立憲主義がうまく浸透せず、いまだ国民の理解を十分に得られていないことには、それなりに理由があると思われるからである。こうした中、立憲主義をより一層魅力あるものにすべく従来の在り方を批判的に吟味することは、今の時代を生きる我々の責務ともいえるだろう。そして、かかる責務を果たすことは結局、今日の安易な国粋主義への回帰傾向を戒めることにもつながるはずである。本書が近代立憲主義「批判」を試みる理由はそこにある。

二

一つの判決

では、近代立憲主義の価値をさらに高めるために、いま論ずべき事柄とは何か。ここで格好の素材となるのが、近時の国旗国歌起立斉唱事件の最高裁判決である(36)。同判決は、公立学校の教職員に対して起立斉唱を命じる職務命令が、思想良心の自由を定める憲法一九条に反しないとしたものである。この判決に対して憲法研究者は概して批判的であるが、それは同判決の事案が近代立憲主義の試金石であるからにほかならない(37)。教師を模範とする国旗国歌の強制が、戦前は教育勅語とともに個人の内面を侵襲する手法として用いられていたことは公知の事実である。ここでは、戦前の全体主義体制と袂を分かつためにも、戦前と同様の手法による強制を認めないことが是が非でも必要となる。

ところが問題は、従来の立憲主義の枠組みを前提とする限り、同判決の理由づけを誤りとまで言い切れるかが微妙な点にある。最高裁の論理は、職務命令は儀礼的な所作を求めるものにすぎず、思想良心の自由を「間接的」にしか制約しないというものであり、これは要するに「面従腹背」していればよいではないかというものである(38)。したがって、同判決の論理からしても、「面」を従わせるふりをして、実際には「腹」を従わせようとしていたような場合には、憲法違反とされる余地は残されている(39)。また同判決は、職務命令が原告の「表現の自由」を侵害する可能性まで否定したわけではないため(40)、表現の自由を盾に「面背」に及ぶ余地はなお残されている(41)。

判決の問題点——痛みの不在

しかし問題は、面従腹背それ自体を乗り越える論理を、今日の近代立憲主義は内包していないという点にある。それもそのはず、近代立憲主義の本質は、生活空間を公と私に区分することにあり、面従(＝公)腹背(＝私)はまさしくその予定するところだからである。もちろん、先の表現の自由論に従って「面背」を認めれば、結論として原告を保護することは可能である。だが、これによって我々は原告の「個」性を十分に汲み取ったと言えるだろうか。実際、この論理によって「面背」が認められるのは、原告の「腹」の「痛み」ゆえではない。そうではなく、この論理は、原告の「痛み」とは無関係に、原告の思いを公共的な主張へと読み替えることで成り立っている。問題は、この「痛み」を見ずして、個人や公共を語ることなど果たしてできるのかという点にある。

この問題の所在に意識的なのが、反対意見を執筆した宮川光治裁判官である。(42) 宮川曰く、原告の思いは「人格的アイデンティティ」を形成し、思想良心として昇華されているから、原告の行為が真摯なものである限り、職務命令は厳格な審査に服さねばならない。この宮川の立論において合憲性の審査密度を高めた要因は、原告の思いが「人格的アイデンティティ」を形成しているという点にある。アイデンティティとは、精神分析家エリクソンに倣えば、「ある種の本質的な特性を他者と永続的に共有する」性質を含んだものをいう。(43) つまり宮川は、他者性を構成要素とするアイデンティティ論によって、他者の腹の「痛み」ゆえに「面背」が認められるという新たな道筋を切り拓こうとしているとみられる。

もちろん、従来の近代立憲主義の枠組みを前提にしても、アイデンティティ論をある程度は取り込むことが可能である。私的領域では、他者と連帯して生きるための「結社の自由」が保障されているし、公的領域では、平等な個人が対話を通じて互いの「差異」を承認することは妨げられないからである。しかし、この論理をもってアイデンティティを汲み取るには限界がある。なぜなら、結社の自由をもって他者性を承認する話と、対話を通じて差異を承認する話の関係性が不明なために、そこに腹の「痛み」ゆえに「面背」が認められるとする接続関係を見出すことはできないからである。そして、アイデンティティはこの接続関係の内にこそ見出されるのであるから、やはり従来の枠組みでは、他者の「痛み」を十分に汲み取ることはできないのである。

三

強い個人とその欠点

近代立憲主義が公共と個人の確立を目論みながらも、わが国においてそれが一向に叶わないのは、この「他者」の不在に原因がある疑いがある。このことは、一方で「公共」が前近代的な社会関係である「集団主義」に還元され、他方で「個人」が市場原理主義のもたらす「人間疎外」に帰結する、日本の現況がよく示している。(44) 集団主義と人間疎外は、前者が「私たち」と一括りにして自己と他者の違いを曖昧にする点で、後者が他者との関係に不可欠な人間性を失わせる点で、どちらも他者性を欠いている。これとは対照的に、神という絶対的他者との関係が精神史に刻み込まれた西洋諸国においては、個人主義の伝統と市民社会を確立することにいち早く成功してきた。

こうした日本社会の現状に対して、戦後の立憲主義論を代表する憲法学者樋口陽一は、「強い個人」論を処方箋として提示する。(45) 立憲主義の核心を主権と人権の緊張関係にみる樋口は、個人には国民との一体化を拒否する立場に立ち、国家権力の客体としてあくまで他者にとどまり続ける強さが求められると説く。しかし、この議論は同時に、あくまで統治の客体にとどまり続ける個人を起点に、いかに公共性を生み出せるかという難題を抱え込む。この難題に対して樋口は、フランスの citoyen

の観念を念頭に、「逆接続」の論理をもって答える。逆接続とは、国家からの自由を優位させて公共を限定することが、かえって公共の担い手をつくり出すのに役立つという考え方である(46)。

しかし、樋口の議論は、わが国の文脈に照らしたときに、二つの問題を抱えている。第一に、樋口の議論は、中間団体からの個人の解放と公共社会の実現に成功したフランス史の経験を背景にするが、これをいまだ追体験したことのない日本において、いかにしてそれが可能となるかが明らかではない。第二に、神という超越者のもとで個人主義を説く土壌が近代以前から生成されていた西洋諸国ならいざ知らず、これまで一度も超越的価値を手に入れたことのないわが国において、個人主義を確立し、逆接続によって公共へと辿り着くことができるのかは定かではない。

雑種文化論

かくして、超越的価値を知らないわが国の歴史伝統の中で、いかにして他者の不在を克服しうるかという難題が浮上する。これを解く一つの可能性を示したのが、加藤周一の「雑種文化論」である。加藤は、戦後早くも「日本文化の雑種性(47)」と題する論考の中で、超越的価値を知らず個人の自由が絶対化されたことのない日本の形は、西洋と同じ形にならないことを見抜いていた。ところが、加藤自身はそのことをむしろ「望ましい」と評価していた。そこには、外来文化との共存を遂げる日本文化の雑種性に「西洋の解決しなかった問題」を解決する希望が見出されている。その問題とは「戦争」である。「九条の会」の呼びかけ人の一人として奮闘した加藤は、交戦権の放棄を定めた憲法九条に、西洋を起源とする人権の価値をさらに高めて、真の意味で近代を乗り越えていく可能性を見出していた。

実際、近代立憲主義の前提とする主権国家モデルは、戦争の論理を必然的に内包している。なぜなら、ホッブズのいうとおり、主権国家は自己保存という根源的な欲求に根差している以上、その欲求を充足するための手段として、軍隊や兵器の保持を必要とせざるをえないからである。そして、戦力の保持を認めるからには、武力攻撃が発生する事態は避けられず、これをねじ伏せるための戦争を認めざるをえない。国連憲章も、基本的には武力による正義という立場を崩しておらず、正義の名のもとに戦争することを認めている[48]。

これは見方を変えれば、近代立憲主義は人権でさえも、究極的には「戦争」の論理で守ろうとしているということである。人権と戦争の結びつきについては、次のロールズの言明が参考になる。

人権とは、合理的な諸国民の法において特別な役割を果たす権利の集合である。つまり人権とは、戦争とその遂行のための正当化理由を限定し、ある政治体制の国内自治の限界を定めるものである[49]。

ここでは、人権侵害は武力行使によって他国の主権を制限するだけの十分な正当化理由を提供するということがいわれているが[50]、これは裏を返せば、人権保障を担保できるのもまた戦争しかないということである。このように、主権国家をモデルとする近代立憲主義は、人権の尊重のために人権侵害を伴う戦争を必要とせざるをえないという、ある種の本質的な矛盾を内に孕んだものといえる[51]。

これに対して加藤は、極東の島国起源の憲法九条が、近代における人権という価値をさらに高める可能性を有していると考える。つまり、人権の概念を戦争からは切り離して、反対に武装放棄と結びつけようというのである。この加藤の議論は、先の主権国家の論理からすれば到底「普通」とはいえない。実際、「普通の国になりたい」とする論法は、先般の集団的自衛権の行使を正当化する文脈でも広く用いられた。しかし加藤は言う。

「普通の国になりたい」というのは、実に理想が低いと思う。普通の国より、もう少しよい点があってもいいんじゃないかという気がする。(52)

この加藤の主張は、一種の近代の超克論であるが、近代の否定ではない。むしろ近代を受容しつつ、その可能性を広げていこうとする、近代の基礎の上に「現代」を上乗せする議論である。加藤に言わせれば、「普通の国」論は論理が逆転している。(53)本来的には、すべての国が九条のような態度をとるべきであって、九条を持つ国が「普通の国」になるべきではないからである。もちろん、現実的諸条件を考えたとき、直ちにすべての国が九条のような態度をとるべきということにはならない。しかし、日本は外的に滅ぼされる可能性が非常に低く、相対的に九条の態度を徹底する有利な条件に恵まれている。そうした中、わざわざ憲法九条を改正して、軍拡競争に参加することは愚の骨頂というわけである。

克服の視座――力から他者へ

以上の雑種文化論に「西洋の解決しなかった問題」を解決する希望を見出しうるとすれば、それは加藤の議論が、力の論理に頼ることなく他者へとつながる道筋を切り拓こうとしているからであろう。つまり、逆接続の論理に頼らずとも、個人と公共をつくりあげるだけの契機が、日本の憲法文化には一面において備わっているということである[54]。竹内好の言葉を借りるなら[55]、「西洋をもう一度東洋によって包み直す、逆に西洋自身をこちらから変革する」、加藤が言わんとするのはこの「文化的な巻返し」のことである。

こうした雑種を逆手にとる議論について、近時の樋口は「容易ならざる力業の試み」と評しながらも、一縷の望みを見出している[56]。もっとも、樋口自身は、「雑種文化としての憲法」の可能性について現時点では希望として語るにとどめて、なお「洋学紳士」に踏みとどまる方向性を示している[57]。しかし、それでは近代を超克する憲法九条は居場所を失うし、実存的生と結びついた先のアイデンティティ論を主題化することもできない。それでもなお、「強い個人」という「虚妄」に賭ける道[58]はありうるが、逆接続の論理をもって今日の危機的状況を打開しうるかは定かではない。

かくして、個人と公共の不在を克服する希望は、「雑種文化」や「アイデンティティ」を始めとする他者論に託されることになる。とはいえ、生の実存を背景にするこの種の議論は、文化的・人間的価値の相対性を前提とするため、近代立憲主義の普遍性と衝突する危険性を孕まざるをえない。駒村圭吾のいうように[59]、「他者としての human」の観念は「完成要求的契機」を含むため、「特定の実体的価値の専制」に転化するおそれがあるからである。しかし、もしこの完成要求的契機を相対化し、公共的熟議に自らの善の構想を相互にさらし合う「開放要求的契機」を引き出すための「理論や技法」が成熟すれば、他者論のアポリアはむしろ近代立憲主義の「駆動力」となる可能性を秘めていることは、駒村自身が認めるところである。

四

本書の構成

本書が論じようとするのは、この「駆動力」となりうる他者論を取り込んだ近代立憲主義の可能性である。そのために本書が論じるべきは、次の三つの項目である。

第一に、従来の近代立憲主義批判を展開する「**批判**」の項である。これは、従来の議論の限界点を抽出することを通じて、その裏側から問題点を照射しようとする試みである。ここでの目的は、他者の不在を明らかにすること、そのために近代立憲主義に駆動力が失われていることを示すことにある。具体的には、蟻川恒正の立憲主義論、長谷部恭男の公私区分論、尾高朝雄のノモス主権論を軸に、従来の議論の限界点と他者論の可能性を論じている。

第二に、他者の観念が有する全体性的契機を論じる「**全体性**」の項である。これは、他者の意義を明らかにすることを通じて、他者性の持つ潜在的な可能性を解き放とうとする試みである。ここでは、他者を招き入れることが立憲主義の「駆動力」となると同時に、その普遍性を揺るがしかねない「破壊力」を有していることが確認される。具体的には、ノモスの概念に着目して近代立憲主義に他者を招き入れようとしたロバート・カヴァー(Robert M. Cover)の思想を採り上げている。

第三に、他者論と近代立憲主義の接合可能性を模索する「**無限**」の項である。これは、他者性の無限的契機を論じることを通じて、公共への新たな可能性を模索する試みである。ここでは、無限との関係が、個人から公共への逆接続を、順接続へと転換する契機となることが示される。具体的には、他者論の哲学者エマニュエル・レヴィナス(Emmanuel Lévinas)のメシア主義論を伏線に、カヴァーの議論のユダヤ的側面を読み解くことで、個人と公共の接続可能性を論じている。

本論は、以上の三つの課題にそれぞれ対応して、第Ⅰ部・第Ⅱ部・第Ⅲ部の三部構成を採っており、最後に終章が置かれる。

先行研究との関係

本書が論じようとする「他者」の問題は、主に哲学の関心分野であり、とりわけ二〇世紀前半に現象学の始祖エトムント・フッサール(Edmund Husserl)が他者理解の問題を主題化して以降、議論が活発化してきている(60)。したがって本来であれば、フッサールから今日に至るまでの他者論にまつわる業績を、丹念に辿ることが求められるところである。しかし、この作業は門外漢の筆者が行うよりは、優れた専門業績に委ねた方がよいとの判断のもと、本書は憲法学の素材に限定して、他者の問題を論じることにしている。

そこで、憲法学の業績に目を転ずると、立憲主義と他者の関係を正面から扱った研究は、意外なことにほとんど見当たらない。これは、他者性の観念が、立憲主義の本質とされる「個人の尊重」を揺るがしかねないとの警戒感によるものと考えられる。ただその中でも、実質的には他者論に踏み込んだとみられる研究は少なくない。その代表が佐藤幸治の物語論である。佐藤は、自著『憲法』(青林書院、一九八二)の中で立憲主義へのアフェクションを告白しながらも、いつしか『憲法』に従って講義するのが苦痛になってきたとの思いを吐露し、物語によって立憲主義の復権を図ろうとした。(61) ここでいう物語とは、自己と他者との深いかかわり合いを自覚させる筋道またはその筋道を提供する「場」のことをいうから、ここで佐藤は実質的に他者論に踏み込んでいるとみられる。

さらに、従来の立憲主義が見落としてきた他者の姿は、別のかたちでも指摘されている。たとえば、「パトス」の不在を問題視する日比野勤の研究(62)や「情念」に着目する石川健治の研究(63)、「女性」の不在を問題視する辻村みよ子の研究(64)、他者への自由の観点からリベラリズムを再定位する井上達夫の研究(65)、「釜ヶ崎」を舞台に社会から排除されたホームレスの人々の窮状を訴え続ける遠藤比呂通の研究(66)等が挙げられる。本書はこれらの先行業績に多くを負いつつも、より包括的に近代立憲主義と他者の関係を検討しようとする点に特色がある。

本書の方法論

本書は、近代立憲主義「批判」を展開するに際し、方法論として現象学に依拠している。ここに現象学とは、事象そのものに立ち返ることを目的とするフッサールを始祖とする学をいう。(67) 現象学においてはそのための方法として、ひとまず世界の実在性を括弧に入れ、主観と対象の関係を「意識の志向性」にまで還元して考察する手続がとられる。現象学の任務は、この意識の志向性のロゴスを解明することで、世界と自己の関わりを明らかにする点にある。

本書が現象学を方法論として採用するのは、本書の主題である「他者」の問題を何よりも真剣に受け止めてきたのが現象学だからである。すなわち現象学は、現象学的還元を通じて超越論的自我にまで遡るため、そこからいかにして他者の意味を構成するかという、いわゆる他我問題を引き受けざるをえない。他我問題は今日に至るまで解決をみない難問ではあるが、少なくとも現象学はこの問いに意識的である点で他の方法論に比して優れており、ゆえに従来の憲法学に示唆するところも大きいと考えられる。

実際、本書第Ⅰ部では、公私区分を核心とする立憲主義の批判を試みているが、それを可能にするのは、世界を「主観―客観」構造で捉える認識に反省を迫る現象学の方法論である。また、第Ⅱ部では、ノモスという日常生活の世界を主題化しているが、このノモスは一定の現象学的還元を通じてはじめて得られるものである。さらに第Ⅲ部では、メシア的時間を取り上げているが、これもレヴィナスの現象学的時間論を前提にするものである。

本書の試みに対しては、大きく二つの批判が予想される。第一に、「他者」の観念の不明確性である。本書では、レヴィナスに倣い、他者を「私」から分離された「絶対的に他なるもの」と定義するが[68]、これだけでは不明確との批判は免れないだろう。しかし、他者はその性質上「理解」には馴染まないからこそ他者なのであって、正確な定義ができないのはいわば当然である。とはいえ、「私」と「公共」をつなぐ他者の意義がいかなるものであるかは当然示されなければならないが、それは本書の議論を追う中でおのずと明らかにされるべき事柄である。

第二の批判は、近代が神という他者を排除するところから始まったことに照らすと、他者をもって立憲主義の批判を試みるというのは論理的に不可能な試みであるとの批判である。しかし、およそ他者との関係を抜きにして個人や公共を語れないのだとすれば、一概に両者を相容れないと片づけるべきではない。もちろん、他者が個人の尊重を脅かすリスクを有することは否定されないが、近代立憲主義が化石化してゆくのをただ傍観するよりは、そのリスクを引き受けながら、よりよい道を切り拓こうとする方がベターではなかろうか。

近代という名の運命を受け入れながらも、その運命に呑み込まれてしまうのではなく、それをわずかでも前に進める努力をしていくこと、それが「偶然」にも近代という時代に生まれた我々の責務である。(69) 本書は、かような信念に基づいて書かれたものである。

(1) 一九四二年発行の雑誌「文學界」九巻九号・一〇号に掲載の諸論文およびシンポジウムを参照(河上徹太郎ほか『近代の超克』(冨山房、一九七九)一—二七一頁に所収)。
(2) 法学におけるポストモダニズムの潮流も多岐にわたるが、まずは松井茂記「批判的法学研究の意義と課題」法時五八巻九号一二頁以下、一〇号七八頁以下(以上、一九八六)を参照。
(3) 自民党日本国憲法改正草案(二〇一二)。同草案の問題点については、樋口陽一『いま、「憲法改正」をどう考えるか——「戦後日本」を「保守」することの意味』(岩波書店、二〇一三)八五—一二一頁を参照。
(4) 参照、石川健治「いやな感じの正体」朝日新聞二〇一四年六月二八日朝刊。なお、同草案のQ&A4は「立憲主義の考え方を何ら否定するものではない」とするが、「和」、「家族」、「社会全体」、「助け合い」を基軸とするその内容が、個人の尊重を基軸とする現行憲法の基本原理と鋭い緊張関係にあることは否定できない。
(5) 清宮四郎『憲法Ⅰ〔第3版〕』(有斐閣、一九七九)四一一頁。ただし、本当に「論理的」に不可能であるかについては議論の余地がある(大屋雄裕「憲法改正限界論の限界をめぐって」法の理論33(二〇一五)五一—六九頁)。
(6) 石川健治「九六条改正という「革命」」朝日新聞二〇一三年五月三日朝刊。

(7) 長谷部恭男「憲法改正要件の緩和」北海道新聞二〇一三年四月五日朝刊、同「憲法九六条の「改正」」論ジュリ九号(二〇一四)四一―四六頁(『憲法の論理』(有斐閣、二〇一七)所収)。
(8) 南野森「集団的自衛権と内閣法制局――禁じ手を用いすぎではないか」世界八四八号(二〇一三)二〇―二四頁(奥平康弘・山口二郎編『集団的自衛権の何が問題か』(岩波書店、二〇一四)所収)。
(9) 平成二六年七月一日「国の存立を全うし、国民を守るための切れ目のない安全保障法制の整備について」閣議決定。内閣の憲法解釈権力の内在的制約の重要性を説くものとして、蟻川恒正「憲法解釈権力――その不在に関する考察」法時八六巻八号(二〇一四)六―一一頁。
(10) 平成二七年六月四日第三回憲法審査会(第一八九回国会)長谷部恭男、小林節、笹田栄司各参考人発言。
(11) 同法の憲法適合性の審査権限を裁判所が有するかについては、統治行為論を巡る難しい問題がある。まずは、宍戸常寿「統治行為論について」山内敏弘先生古稀記念『立憲平和主義と憲法理論』(法律文化社、二〇一〇)二三七―二五三頁を参照。
(12) 両者の区別については、ルードウィヒ・ウィトゲンシュタイン(藤本隆志訳)『ウィトゲンシュタイン全集8 哲学探究』(大修館書店、一九七六)二〇二節を参照。これに対し、解釈変更が違憲であることの明確にして精緻な理論的説明はなされていないとみる見解として、藤田宙靖「覚え書き――集団的自衛権の行使容認を巡る違憲論議について」自治研究九二巻二号(二〇一六)三―二九頁。反論として、長谷部恭男『憲法の理性〔増補新装版〕』(東京大学出版会、二〇一六)二三七―二四一頁。
(13) 法の客観性の基準は、権威として機能しているかによって決せられる。憲法として現に機能する解釈を十分な理由なく変更することは、法の権威としての性格を否定するものである(*See* Joseph Raz, Between Authority and Interpretation 348-350 (Oxford University Press 2009))。
(14) 安保関連法の必要性・合理性の欠如について、長谷部・前掲注(12)二一三―二一六頁。
(15) Alexander Bickel, The Least Dangerous Branch: The Supreme Court at the Bar of Politics 16-23 (Yale University Press 1986).
(16) 阪口正二郎『立憲主義と民主主義』(日本評論社、二〇〇一)。
(17) 井上達夫「憲法の公共性はいかにして可能か」同ほか編『立憲主義の哲学的問題地平 岩波講座憲法(1)』(岩波書店、二〇〇七)三〇一頁。

(18) アメリカ合衆国の建国の父も、「多数者の専制」よりはむしろ「少数者の専制」に陥ることの方を恐れていた。アメリカ憲法史を共和政よりは民主政に近づけて読み解くものとして、参照 Akhil Amar, America's Constitution: A Biography (Random House 2005)。

(19) 戦後派世代間内部の葛藤を一括りに論ずることはできないが(石川健治「アプレ・ゲール、アヴァン・ゲール」辻村みよ子・長谷部恭男編『憲法理論の再創造』(日本評論社、二〇一一)七頁)、世代間同士の間に連続性が見られることもしばしばである(林知更「戦後憲法学と憲法理論」憲法問題一八号(二〇〇七)三九―五二頁)。

(20) 戦後派世代に強い影響を与えたもう一つの系譜として、「マルクス主義法学」が挙げられる(参照、竹森正孝「戦後憲法学とマルクス主義――自由主義と社会主義をめぐって」憲法問題八号(一九九七)八九―一〇四頁)。

(21) Hans Kelsen, Pure Theory of Law 201-204 (Max Knight trans., Lawbook Exchange 2d ed. 2002)(長尾龍一訳『純粋法学〔第二版〕』(岩波書店、二〇一四)).

(22) その嚆矢となったのが、芦部信喜『憲法訴訟の理論』(有斐閣、一九七三)である。

(23) これは芦部自身の実感である(芦部信喜ほか「〔座談会〕日本国憲法五〇年の歩み」ジュリ一〇八九号(一九九六)三〇頁)。

(24) 総合考量の枠内で違憲審査基準論が考慮されていることについては、千葉勝美「判解」最高裁判例解説民事篇平成四年度二四二頁を参照。これを肯定的に評価するものとして、木下昌彦「論究の芽　最高裁における憲法判断の現況――調査官解説を踏まえた内在的分析の試み」論ジュリ二三号(二〇一七)一六五頁以下。

(25) 芦部自身は当初、民主政の基礎に実体的なものを措定していたようにみられるが、プロセス憲法理論の隆盛を受けて、徐々に民主的政治過程論へ傾斜するようになる。民主的政治過程論の意義については、John Hart Ely, Democracy and Distrust: A Theory of Judicial Review (Harvard University Press 1980)。

(26) その間の消息については、芦部信喜『憲法学II――人権総論』(有斐閣、一九九四)一八八―二〇〇頁に詳しい。

(27) 宮沢俊義『憲法II〔新版〕』(有斐閣、一九七一)二二八―二三九頁。

(28) John Rawls, A Theory of Justice (Clarendon Press 1972)(川本隆史ほか訳『正義論〔改訂版〕』(紀伊國屋書店、二〇一〇)).

(29) その代表作が長谷部恭男『権力への懐疑――憲法学のメタ理論』(日本評論社、一九九一)である。

(30) JAMES TULLY, STRANGE MULTIPLICITY: CONSTITUTIONALISM IN AN AGE OF DIVERSITY 96 (Cambridge University Press 1995).

(31) M. J. SANDEL, LIBERALISM AND THE LIMITS OF JUSTICE 60–65 (Cambridge University Press 2d ed. 1998)(菊池理夫訳『リベラリズムと正義の限界』(勁草書房、二〇〇九)).

(32) 近代立憲主義がナショナリズムの問題をおざなりにしてきたことも、こうした批判を生み出す要因の一つである(参照、高見勝利「「戦後民主主義」後の憲法学の課題」憲法問題一八号(二〇〇七)六一、七〇頁)。

(33) 近代西欧思想が抱える問題点については、佐伯啓思『西欧近代を問い直す』(PHP文庫、二〇一四)。

(34) 二〇一八年三月一三日現在、自由権規約の加盟国は一七〇カ国、社会権規約の加盟国は一六七カ国にまで上っている(*See* United Nations Treaty Collection: United Nations)。

(35) クワインは、holism が保守性を導くとして、信念体系それ自体を大改定することはプラグマティズムの観点からは忌避されるとしている(W. V. O. Quine, *Two Dogmas of Empiricism, in* FROM A LOGICAL POINT OF VIEW 20 (Harvard University Press 1953)(飯田隆訳『論理的観点から』(勁草書房、一九九二)所収)。

(36) 最判平成二三年五月三〇日民集六五巻四号一七八〇頁、最判平成二三年六月六日民集六五巻四号一八五五頁、最判平成二三年六月一四日民集六五巻四号二一四八頁。

(37) 同判決の評釈は多岐にわたるが、まずは渡辺康行「日の丸・君が代訴訟」論ジュリ一号(二〇一二)一〇八頁参照。

(38) 同判決の論理構成の詳細については、江藤祥平「判批」法学協会雑誌一三〇巻六号(二〇一三)一四四九頁以下参照。

(39) 実際、今回の職務命令は原告の思想を狙い撃ちする点で、「腹」従の疑いが濃厚なものであった(最判平成二三年六月六日民集六五巻四号一八七三—一八七四頁(宮川光治裁判官反対意見))。

(40) 事実関係が同一でも、法律構成が異なれば帰結が異なるということはありうる(*E.g.*, Minersville School District v. Gobitis, 310 U.S. 586 (1940); West Virginia State Board of Education v. Barnette, 319 U.S. 624 (1943))。

(41) ありうる構成は、職務命令が原告の「国旗・国歌の象徴するものが、多様な個人を平等に尊重する憲法秩序と根本的に対立している」との主張を侵害するというものである(西原博史ほか「〔座談会〕日本国憲法研究(七)思想・良心の自由」ジュリ一三九五号(二〇一〇)〔長谷部恭男発言〕一二六頁参照)。

(42) 最判平成二三年六月六日民集六五巻四号一八六八頁(宮川裁判官反対意見)。
(43) Eric H. Erikson, Identity and the Life Cycle 102 (International Universities Press 1959).
(44) この集団主義と人間疎外の対抗軸として樋口が示したのが、homme と citoyen の観念である(樋口陽一『憲法という作為――「人」と「市民」の連関と緊張』(岩波書店、二〇〇九)一八頁)。
(45) 樋口陽一『国法学 人権原論〔補訂版〕』(有斐閣、二〇〇七)五四―六九頁。
(46) 樋口陽一『近代国民国家の憲法構造』(東京大学出版会、一九九四)九九頁。阪口・前掲注(16)二九〇―二九二頁参照。
(47) 加藤周一「日本文化の雑種性」思想三七二号(一九五五)五―一七頁。
(48) 国連憲章五三条・一〇七条(旧敵国条項)および五一条(自衛権)を参照。
(49) John Rawls, The Law of Peoples 79 (Harvard University Press 1999).
(50) *See* Joseph Raz, *Human Rights without Foundations*, *in* The Philosophy of International Law 9 (S. Besson and J. Tasioulas eds., Oxford University Press 2010).
(51) 人権を戦争と関連づけようとするロールズやラズのアプローチに対しては、人権とは人であるがゆえに認められるとする伝統的見解からの批判がある(Jeremy Waldron, *Human Rights: A Critique of the Raz/Rawls Approach*, *in* Human Rights: Moral or Political? (Adam Etinson ed., Oxford University Press 2014))。
(52) 加藤周一・樋口陽一『時代を読む――「民族」「人権」再考』(岩波現代文庫、二〇一四)一七九頁。
(53) 同一五八、一六二―一六四頁。
(54) 「二面において」と言ったのは、日本の「今＝ここ」文化は、逆に外部を欠いて部分主義に陥る弊害も有しているからである(加藤周一『日本文化における時間と空間』(岩波書店、二〇〇七))。
(55) 竹内好「方法としてのアジア」同『竹内好全集　第五巻』(筑摩書房、一九八一)一一五頁。
(56) 樋口陽一「「洋学紳士」と「雑種文化」論の間――再び・憲法論にとっての加藤周一」思想一〇四六号(二〇一一)一五八―一七三頁。高橋雅人「雑種的コンスティテューショナリズム」戒能通厚ほか編『法創造の比較法学――先端的課題への挑戦』(日本評論社、二〇一〇)五九―七〇頁と併せて参照。
(57) 洋学紳士は、西洋近代思想を理想主義的に語る中江兆民『三酔人経綸問答』(岩波文庫、一九六五)の登場人物の一人。膨張主義的国権主義思想を説く豪傑君と好対照をなしている。

(58)　かつて丸山眞男は、「大日本帝国の「実在」よりも戦後民主主義の「虚妄」の方に賭ける」と述べたが(丸山眞男『現代政治の思想と行動〔増補版〕』(未来社、一九六四)五八五頁)、選択肢は必ずしもこの二つには限られないのではないかというのが本書の問題意識である。
(59)　駒村圭吾「人権は何でないか——人権の境界画定と領土保全」井上達夫編『人権論の再構築』(法律文化社、二〇一〇)三—二六頁参照。
(60)　エトムント・フッサール(浜渦辰二訳)『デカルト的省察』(岩波文庫、二〇〇一)一六一頁以下。
(61)　佐藤幸治『憲法とその〝物語〟性』(有斐閣、二〇〇三)。
(62)　日比野勤「主体と制度——法主体と法制度」法社会学六四号(二〇〇六)四三—五九頁、同「憲法を考える前にはじめに(一)—(八)」法学教室二八三号六頁、二八四号一一頁、二八六号一〇頁、二八七号六頁、二八九号三四頁、二九一号二一頁(以上、二〇〇四)、二九二号一〇頁、二九三号八頁(以上、二〇〇五)。
(63)　石川健治「〈非政治〉と情念」思想一〇三三号(二〇一〇)二六二頁以下、同ほか「〔座談会〕法における人間像を語る」法時八〇巻一号(二〇〇八)一三—二七頁参照。
(64)　辻村みよ子『憲法とジェンダー——男女共同参画と多文化共生への展望』(有斐閣、二〇〇九)。
(65)　井上達夫『他者への自由——公共性の哲学としてのリベラリズム』(創文社、一九九九)。
(66)　遠藤比呂通『希望への権利　釜ヶ崎で憲法を生きる』(岩波書店、二〇一四)。
(67)　エトムント・フッサール(渡辺二郎訳)『イデーンⅠ-Ⅰ』(みすず書房、一九七九)第二篇参照。
(68)　エマニュエル・レヴィナス(熊野純彦訳)『全体性と無限(上)』(岩波文庫、二〇〇五)五二頁。
(69)　近代立憲主義の偶然性について、長谷部恭男『比較不能な価値の迷路——リベラル・デモクラシーの憲法理論〔増補新装版〕』(東京大学出版会、二〇一八)六九—七二頁。

第Ⅰ部
批判

第Ⅰ部は、従来の立憲主義には他者が欠落していること、そして、それが原因となって立憲主義に動態が失われていることを、明らかにしようとするものである。

第一章　意味の不在

序　節

近代立憲主義における他者の不在を示す格好の素材が、蟻川恒正の著作『憲法的思惟』[1]と、それが題材とするアメリカのBarnette判決[2]である。なぜ『憲法的思惟』なのか。それは同著がBarnette判決の内に、立憲主義の「異例に純粋な思考形式」を見出して、普遍的な「個人」を析出することに成功しているからにほかならない。これは次の二つのことを含意する。

第一に、蟻川による「個人」析出の試みにおいては、たとえば樋口が「強い個人」を析出するために依拠する比較経済史学や国制史的類型論等の歴史研究に依拠する必要が必ずしもない。なぜなら、普遍的な「個人」とは、一切の実体性を削ぎ落とされた言説上の仮構としてのみ存在するのであって、歴史的実体に還元して理解する必要がないからである。このような歴史的偶然性に依拠することを拒絶する蟻川の議論は、樋口憲法学の抱える理論的困難を克服する可能性を秘めており、ここで出発点

とするに相応しい。(3)

第二に、しかし同時に、蟻川の個人を析出する試みには一切の無駄がないために、かえって近代立憲主義の限界を明確に示唆する形となっている。このことは、Barnette 事件の当事者の属性である「エホヴァの証人」という実体性が、一切捨象されているところに象徴されている。

ここで注意しなければならないのは、普遍的な個人を析出するその過程で捨象されたものの中に、本書の主題である「他者」が含まれていなかったかという点である。本章は、この Barnette 判決を素材に、近代立憲主義の限界を見極めようとするものである。

(1)　蟻川恒正『憲法的思惟――アメリカ憲法における「自然」と「知識」』(岩波書店、二〇一六)。
(2)　West Virginia State Board of Education v. Barnette, 319 U.S. 624 (1943).
(3)　愛敬浩二『立憲主義の復権と憲法理論』(日本評論社、二〇一二)一七〇頁。

第一節　『憲法的思惟』――再考

第一款　普遍的個人

一

Barnette 事件とは、宗教上の理由から国旗敬礼を拒否するエホヴァの証人の信者が、公立学校における国旗敬礼の強制を定めた州法が憲法に違反するとして、同法の執行差止めを求めた事件である。連邦最高裁は、わずか三年前に事案をほぼ同じくするGobitis事件[1]において敬礼強制は合憲との判決を下していたにもかかわらず、ここで事実上の判例変更に踏み切り憲法違反の判断を下す。

　この判決が近代立憲主義にとって重要な理由は、とりわけその「時代性」にある。Barnette判決が下された一九四三年のアメリカといえば、第二次世界大戦の真っ只中にあり、国への忠誠がひと際強く求められた時代である。実際、戦争の公算が高まる中、「忠誠の誓い」を拒絶するエホヴァの証人は、敵対分子として多数派によって恐れられ、憎まれ始めていた。こうした時代の中で下されたBarnette判決であるから、それが近代立憲主義にとって意味するところはひとしおである。その意義は、厳格な思想統制主義を強いて反対分子の活躍を一切許さなかった同時代の日本と比較するとき一層明瞭となる。だが、同判決の意義は、敬礼強制を違憲としたその結論よりはむしろ、その結論へと至った理由にある。

　Barnette判決が敬礼強制を違憲とした核心的理由は、政府は「政治、ナショナリズム、宗教、その他あらゆる事項について、何が正統であるかを押しつけてはならない」という点にある。[2]説得や模範により国民統合を促進するのであれば格別、強制の手法を用いてこれを促進することは許されないというのである。しかし、これが一体どういう議論なのかは一見して明白ではない。なるほど、多数意見は、敬礼強制が「第一修正が公職者の支配から確保しようとする知性と精神の領域」を侵害すると述べているため、これが第一修正の問題であることはたしかである。[3]そして、第一修正は「信教の自由」と「表現の自由」を専ら保障したものであるから、エホヴァの証人が強制の対象者である本件事案においては、信教の自由を問題にしたとみるのが自然であろう。

ところが、Barnette判決は、国旗への敬礼の強制を、信教の自由の問題としては捉えていない。その理由は、多数意見を執筆したロバート・ジャクソン曰く、「国旗敬礼を法的義務とする権力がそもそも認められなければ、非同調者の信念が敬礼義務を免除するか否かを問題にする必要はない」からである。(4) つまり、政府が国旗敬礼を強制する権力を有しているかどうかをまずは問題にすべきであり、その権力が認められないのであれば、信教の自由どうこう以前の問題として、敬礼強制は憲法違反になるというのである。

かくして、信教の自由の問題ではないとすれば、消去法で表現の自由の問題ということになりそうである。実際、アメリカ憲法学においては、Barnette判決はエホヴァの証人の表現の自由を問題としたとする見方が支配的となっていく。ところがこの見方は、同判決がエホヴァの証人の自由ではなく、政府の権力の有無を問題としている点と整合しない。このように、アメリカ憲法学はBarnette判決に相応しい処遇を見つけられずにいた。そうした中、同判決の潜勢力を劇的に解き放ったのが、蟻川恒正の『憲法的思惟』である。まずは、蟻川のBarnette判決の「読み」を概観してみたい。

二

蟻川の議論は、まずBarnette判決が何についての判決ではないかを示すことから始まる。(5) 第一に、それは「信教の自由」についての判決ではない。ここでは「エホヴァの証人」というminorityを国旗敬礼行事から免除するかどうかは、問題とされていないからである。第二に、それはエホヴァの証人の「表現の自由」についての判決でもない。たしかに象徴的言論について言及はあるが、それはエホヴァの証人ではなく、政府の側の意思伝達を問題としているからである。第三に、それは「教育の自由」についての判決でもない。そこには、教育の自由を巡る判決で典型的に見られるような〈親の自由と public school の対抗〉の枠組みが見られないからである。最後に、それは「良心的拒否」についての判決でもない。なぜなら判決は、エホヴァの証人の私的良心を問題とはしていないからである。

では Barnette 判決は、一体何についての判決なのか。それは一言でいえば、個人の自由と社会契約説についての判決である。蟻川は、Barnette 判決の内にジャクソンの言説を読みこむことで、このことを明らかにしている(6)。敬礼強制を同じく違憲とするジャクソンの思考と他の五人の裁判官の思考を根底において分かつものは、個人の自由か minority の自由かという〈差異〉である。五人の裁判官が「エホヴァの証人」という minority しか見ないこの Barnette 事件の内に、ジャクソンだけは実体を意図的に切り落とすことで「個人」の概念を見ていた。この点、Barnette 事件を minority の自由の問題とみるとき、この事件は宗教的 minority に対する迫害の事案にしか見えないが、これを個人の自由の問題とみるとき、個人による政府の形成という〈反転〉の構造が浮かび上がってくる。この反転の構造を裏打ちするものこそが、かの社会契約説の考え方である。

Barnette 判決をこのように読むとき、同判決が保護しようとしたのが、エホヴァの証人でもなければ、親でも子供でもなく、純粋に言説上の概念としてのみ取りだされうる普遍的な「個人」であったということがわかる(7)。そうである以上、宗教性を背景にもつ信教の自由や教育の自由が問題にならないのは当然であるし、表現の自由は〈反転〉して「政府の言論(Government Speech)」に読み替えられることになる。かくして問題は、国旗のsymbolism言明が、政府に対し委託された権力の下で許されるか否かに集約される。

ここで蟻川は、ジャクソンの思考の内に、「近道(short-cut)」と「遅い経路(slow route)」の対抗を読み解く(8)。社会契約説的国家においては、治者と被治者の間に知的コミュニケーションが取り結ばれる必要があるが、そのためにはアメリカ史の教育が欠かせない。なぜなら、歴史教育は、時間を要する「遅い経路」ではあるが、国民が主体的に社会の建設を構想していくための不可欠の基盤だからである。これに対して、「symbolismは精神から精神への近道」であり、歴史教育よりも効果的な方法ではあるが、思考のショートカットとなるために、「知的コミュニケーションを封殺し、国民を判断停止に陥れ」、治者と被治者の関係を「不毛」なものへと仕立て上げる。

三

かくして蟻川は、Barnette判決の本質を、動詞reasonを貫徹させることによって個人を国家の外側に立たせた上で、その個人が動詞reasonの力を行使することによって国家を内側から創出しようとする「逆接続」の思考の内にみる(9)。ここに動詞reasonとは、「自由な人間は、自ら思考する人間でなければならない」ことを意味しており、その対極に想定されているのが、「思考の進路を取り囲み」、知性を「窒息させる」動詞mobの力である。ジャクソンは、エホヴァの証人に宗教的mob性をみながらも、その圧倒的現実にあえて抗して動詞reasonの力を貫いた。そこに近代立憲主義の「異例に純粋な思考形式」が見られると蟻川は言う。ここにエホヴァの証人の国旗敬礼拒否は、公共性と政治性を備えるものとして、市民的不服従たる資格を獲得するに至る。

Barnette判決の本質をこれほど鮮やかに描き出した作品を、私は他に知らない。しかしそれがくしくも、近代立憲主義の限界を同時にさらけ出すかたちになっている。Barnette判決の一貫したモチーフは、動詞reasonの主体たる普遍的個人の析出であった。問題は、その析出の過程で剝奪された実体性の中に他者が含まれていたために、立憲主義の駆動力までもが失われているのではないかという点にある。

第二款　カタログ化された諸自由

一

Barnette判決が普遍的な個人を析出する中で削ぎ落としたもの、それはアメリカ憲法のカタログ化された諸自由である。エホヴァの証人という属性が削ぎ落とされたことで、信教の自由・教育の自由・表現の自由・良心の自由の各自由は、いずれも固有の意義を失っている。なぜ、これらの自由は無効化されねばならなかったのか。

それは、これらの自由がいずれも他者との関係を必要とする点で、普遍的な個人の概念とは相容れないためである。すなわち、信教・良心の各自由は、信念を共有する他者の存在を必要とするし、教育の自由は、元々宗教教育の自由として発展した経緯がある(10)。また、表現の自由も、表現を通じて生活形式の認知を求める点で、やはり他者を必要としている。

　このカタログ化された諸自由を見ないということは、当事者の敬礼拒否の「動機」に目を向けないということを意味している。Barnette 事件において、エホヴァの証人が敬礼を拒否したのは、国旗敬礼が偶像崇拝禁止の戒律に抵触するからである[11]。ところが、Barnette 判決の論理からすると、敬礼拒否が、宗教的信念からくるものか、あるいは親の教育によるものかなどといった事情は全く重要ではない。この動機を意図的に無視するところに、普遍的な個人は成り立っているからである。エホヴァの証人という属性は、人間を判断停止に陥れて理性的思考を抑圧する点で、近代立憲主義にとっては「不純」とさえいえる。

　もちろん、このことから直ちに Barnette 判決が、宗教を軽視しているということにはならない。この論理によっても、公共空間の清廉性を汚さない程度の便宜を宗教に図ることは否定されないし、政府の行為が正当な権力の行使とされた場合には信教の自由に基づく「免除」の肯否が別途問題となりうるからである。しかし、それは政府の「慈悲」から出たものにすぎず、宗教的信念に積極的価値を見出したからではない。政府にはそうする必然性もなければ、そうしないことが近代立憲主義の精神に反するというわけでもない。

　問題は、カタログ化された諸自由を見ようとしない近代立憲主義は、果たして自由の駆動力を確保することができるのかという点にある。敬礼拒否の動機に関心がないということは、信仰の自由を勝ちとろうと熱心に闘ったエホヴァの証人たちが抱える生の衝動に目を向けないということである。ここでいう生の衝動とは、ホッブズがいうような機械論的発想の下にある「力」のことではなく、善を欲求するように我々を動かす理性的な「感情」のことである。Barnette 事件において証人たちは、この善を求める欲求に衝き動かされていたのであって、決して普遍的な個人の地位を求めて闘ったわけではない。したがって、国旗への敬礼拒否が、信教の自由としてではなく、実体性を削ぎ落とされた「個人」の自由として認められたとき、証人たちは、実は、試合に勝って勝負に負けていたのである。(12)

二

このカタログ化された諸自由が、いかにアメリカ憲法にとって本質的かを知るには、ゲオルク・イェリネック(Georg Jellinek)著『人権宣言論』(一八九五)が格好の素材となる。(13) この中でイェリネックは、従来の定説を覆す二つの挑発的なテーゼを提示している。

その一、個人の有する不可譲、生来的、神聖な諸権利を法律によって確立しようとする観念は、「政治的」なるものにではなく、「宗教的」なるものにその淵源を有する。従来、フランス革命の産物と考えられていたものは、実は宗教改革とその闘争の結果である。その二、個人の有する不可譲、生来的、神聖な諸権利という観念の「最初の使徒」は、一八世紀に生きたフランス人ラ・ファイエットやルソーではなく、力強く、奥深い宗教的情念に衝き動かされて、信仰の自由に基づく国家を打ち立てようと荒野に移り住んだアメリカ人ピューリタンのロジャー・ウィリアムズである。(14)

イェリネックによれば、フランス人権宣言の淵源は、自然権思想に基づくアメリカ独立宣言にではなく、イギリスから独立を目指した北アメリカ諸州の権利章典にある。この権利章典の基礎は、カルヴァン派の宗教的確信に衝き動かされて、信仰の自由を勝ちとるべく闘ったピューリタンたちによって築かれたものである。このピューリタンの先駆けとなったのが、植民地との間で信仰の自由を勝ちとるべく熱心に闘ったウィリアムズである。その結果として定式化された信仰の自由は、やがて他の個別的な自由が規定される足掛かりとなって、諸自由の実現へとつながってゆく。[15]

以上のイェリネックの議論は、カタログ化された諸自由の実現には、アメリカにわたったピューリタンたちが抱えていたような、生の衝動がぜひとも必要であったことを示している。[16] この議論が社会学的事実として正しいかについては、フランス人権宣言の淵源をルソーにみるエミール・ブトミーの批判に代表されるように、意見が分かれる。[17] 実際、啓蒙主義がピューリタニズムに及ぼした影響を考慮していない点など、イェリネックの議論に詰めが甘い部分があることはたしかである。[18]

しかし、ことアメリカに関する限り、イェリネックの以上の議論は幅広い支持を得ているように見受けられる。[19] 建国の父ジェームズ・マディソンが当初は権利章典を不要としながらも、憲法制定後間もなくこれを受け容れざるをえなくなったのも、人民の不満が、すでに久しく存在していた個人の諸権利の観念を新憲法が定めていないところにあると気がついたからである。[20]

実際、アメリカの過去の憲法政治[21]と呼ばれるものを振り返るとき、その根底に宗教的情念がうごめいていたということは珍しいことではない。アメリカ独立革命の原動力がピューリタンから受け継いだ倫理観にあったことは夙に指摘されており、その影響はアメリカ独立宣言にも色濃く見てとることができる。[22] また、南北戦争における奴隷解放の背景に宗教的信念があったことは、リンカーンのゲティスバーグ演説の中にも見てとれるし、[23] 最近でも、人種差別の解消を求めて闘った公民権運動の中心には、黒人教会とキング牧師の存在があったことは広く知られている。[24]

たしかに、アメリカ憲法は、国教樹立禁止条項を有しており、政治に宗教を持ち込むことを禁止している。しかし、ウィリアムズは、信仰の自由の確保のために国教樹立禁止が必要と考えたのであって、その逆ではない。国教樹立禁止の要請のために、信仰の自由の属性が害されるというのは、ウィリアムズの思考からすれば本末転倒である。国教樹立禁止条項は、国家と特定の宗教の結びつきを排斥するものではあるが、自由の源泉である信仰からそのエネルギーを得ることを排除するわけでは本来的にはないのである[25]。

ところが、Barnette判決のジャクソンの思考の如く、エホヴァの証人の敬礼拒否を「聖書への盲従」による「判断停止」の表われとみるとき、近代立憲主義の内に宗教的情念が入り込む余地はない。宗教的情念は、「思考の進路を取り囲み」、知性を「窒息させる」動詞mobの力にすぎないからである。もちろん、Barnette判決の見方からしても、自由の創設段階において何らかの衝動が必要であったことまで否定されるわけではない。しかし、いったん自由が成立してしまえば、不安定な要素を孕んだ実体的な生の衝動は脅威でしかなく、もはや必要ではなくなる。問題は、こうして自由の源泉を失った近代立憲主義は、果たして自由を維持し続けることができるのかという点にある[26]。

三

この問いに懐疑的なトーンを示していたのが、マックス・ウェーバー(Max Weber)である。ウェーバーはイェリネックから遅れること約一〇年、著書『プロテスタンティズムの倫理と資本主義の精神』(一九〇四—〇五)の中で、資本主義の精神と禁欲的プロテスタンティズム——とりわけピューリタンの宗教的倫理——との間に、社会学的にみて歴史的関係が存在すると主張して、今日に至るまで大きな物議を醸し出してきた[27]。このウェーバーのテーゼは、言ってみればイェリネックのテーゼを経済史の観点から引き写したものであるから、両者の議論には当然共通するところも多い。本書との関連でとりわけ重要なのが、ウェーバーが近代資本主義社会の行く末について述べている次の箇所である。

今日では、禁欲の精神は——最終的にか否か、誰が知ろう——この鉄の檻から抜け出してしまった。ともかく勝利をとげた資本主義は、機械の基礎の上に立って以来、この支柱をもう必要としない[28]。

この部分だけを読めば、禁欲の精神は近代資本主義社会をつくりあげる際に役割を果たしたものの、いったん社会が成立してしまえば鋼鉄のように堅い檻として圧倒的な力を有するため、もはや不要であるという趣旨にも読める。しかしウェーバーは、禁欲を欠いた資本主義の行く末については悲観的であった。曰く、

この秩序界は現在、圧倒的な力をもって、その機構の中に入り込んでくる一切の諸個人——直接経済的営利にたずさわる人々だけではなく——の生活のスタイルを決定しているし、おそらく将来も、化石化した燃料の最後の一片が燃えつきるまで決定しつづけるだろう[29]。

つまり、本来は被造物にすぎなかったはずの資本主義社会が、あまりに強大化したために、造物主

たる人間の精神をも支配してしまうに至るだろうということである。ここでは、もはや禁欲の精神は忘れ去られて、人間は自己の行為の意味を詮索することもなく、ただ機械の一部として富を追求し続けることになる。では、いったん成立して硬直化してしまったこの「鉄の檻」を打ち破る可能性はないのか。ウェーバーは言う。

> この巨大な発展が終わるとき、まったく新しい預言者たちが現われるのか、あるいはかつての思想や理想の力強い復活が起こるのか、それとも——そのどちらでもなくて——一種の異常な尊大さで粉飾された機械的化石と化することになるのか、まだ誰にも分からない[30]。

ウェーバーは、禁欲の精神が失われた近代社会の行く末は「機械的化石」であるという。もちろん、ウェーバーが以上で論じているのは近代資本主義の行く末であるから、同じことが直ちに近代立憲主義に当てはまるわけではない。しかし、ウェーバーは別の箇所で、人権の淵源にある宗教的確信はもはや大規模な現象としては生じえないと述べて近代の行く末を案じていたところをみると[31]、生の衝動が失われた近代立憲主義の行く末についてもやはり悲観的にみていたと考えざるをえない[32]。

では、我々はただ手をこまねいて、近代立憲主義が化石化するのを眺めているよりほかないのだろうか。ここではウェーバーの示した打開策は、役に立ちそうもない。現れるかどうかも分からない預言者をただ待っているわけにはいかないし、古代アテネに見られたようなシビック・ヴァーチューの復活は今日では望めそうにもないからである。もしいま我々にできることがあるとすれば、それは自由の実現に必要な「生の衝動」を可能な限り汲み取る努力をし続けることであろう。Barnette 判決のように、実体性から目を背けていては、近代立憲主義の化石化は止められそうにないからである。

ただし、ここで一つ注意が必要なのは、イェリネックとウェーバーはどちらも、近代社会を実現させる原動力として、プロテスタンティズムを想定していたという点である。したがって、以上の議論から、プロテスタントではない宗教一般の倫理観を汲み取るべきとの帰結を直ちに導くことはできない。そもそも、プロテスタンティズムの信仰体系には、近代社会の合理性や個人主義に馴染みやすい側面があったからこそ、その延長線上に人権や資本主義といった価値を生み出すことができたのであり、およそ宗教一般について同じことが当てはまるわけではないからである。

しかしこのことから、プロテスタントのみをモデルとして、それ以外の宗教の価値合理性を否定するのは、プロテスタント的な偏向である。そもそもアメリカ社会の底流には、ピューリタニズムの知性主義に反発して生まれた福音主義的信仰も流れており、後者の信仰に伏在するセクト精神が立憲思想を支えてきたと見ることもできるのである(33)。また、プロテスタントのように超越的価値を措定する宗教でなくても、日常生活に織り込まれた実践を通じて発揮される聖性の力が公共社会の原動力となることはありうる(34)。反対にプロテスタントであっても、非合理主義の傾向を強めて、特定の宗教的価値の公的具体化を推し進めているようでは、到底原動力にはなりえないであろう。

以上を要するに、宗教的情念に衝き動かされた使徒を一律に動詞 mob の現われとみなす Barnette 判決のような立場は改めて、宗教に意味の源泉としての可能性を認める必要はあるだろう。ただその上で、それぞれの宗教がどのように公共との関係を規律づけしていけるかについては、個々の文脈に即して理解していくよりほかない。それは、一律に宗教的信念から出でた行為を動詞 mob によると言い切ることに比べれば、より困難な作業となるに違いない。だが、動詞 mob に解消されない他者の姿を見出そうとすることは、とりわけ今日の危機的な近代立憲主義の状況に鑑みるとき、不可欠であるように思われる。

第三款　中立性の原理

一

以上のとおり、Barnette 判決においてはカタログ化された自由の固有性が一切剝奪されているが、同判決も信教の自由を完全に無視していたわけではない。国旗への敬礼強制は、一次的には国家権力の限界の問題であるが、二次的には信教の自由の問題となることを認めているからである。実際、以後の連邦最高裁は、信教の自由をいかにして近代立憲主義の内に取り込むかを巡って激しい葛藤を続けてきた。その葛藤は、一九七二年の Yoder 判決(35)と一九九〇年の Smith 判決(36)において、対照的な形で現れる。以下では、この二つの判決の比較を通じて、近代立憲主義の限界を見極めることとする。

二

ジョン・ロックは、政府と信教の自由の関係について、次のように述べている。

すべての人は他の人々に与えられているのと同じ権利を享有することができる。……生活の普段の状況で法によって自由とされるものは何であれ、神を崇拝するすべての教会の自由に任されなければならない(37)。

つまり、政府は宗教を理由にして自由の保障を拒むことは許されず、自由の法を平等に適用しなければならないということである。したがって、たとえばラテン語を話すことを一般に合法としつつ、教会での使用のみを禁ずることは許されない。そのような規制は、ローマカトリック教会を迫害する意図が明白だからである。

では、政府の規制が、宗教の迫害をねらいとするものではなく、公共の福祉の実現に向けられていれば問題は生じないのだろうか。規制に従うことがある人の良心の命ずるところと衝突するとき、規制と良心のどちらを優先すべきかが問題となる。ロック曰く、

人は自らが違法と判断する行為をすべきではなく、刑罰を受けるべきである。その刑罰をその人に課すことは違法ではない。政治的事柄にまつわる公共の福祉のための法に関する人の私的判断は、遵法義務を解除しないし、免除にも値しない(38)。

これによれば、政府の規制が公共の福祉の実現に向けられている場合には、遵法義務は解除されないため、あくまで良心を貫こうとすれば刑罰を甘受しなければならない(39)。ロックの生きた一七世紀の

イギリスは、宗教的迫害の時代であったから、以上の議論には、法の平等適用を説くことによって、迫害される宗教に属する者を解放するねらいがあった。

ところが、この議論は現代では難しい問題を生じさせる。今日においても法の背後に宗教的迫害の意図が潜んでいることは珍しくないが、より一般的なのは、宗教と非宗教とにかかわらず、すべての人に一般的な法を適用した結果、一部の宗教的活動にのみ「重大」な負担が及ぶ場合である。[40] この場合、ロックの議論に倣えば、良心に従おうとすれば法的制裁を甘受するよりほかなさそうであるが、信教の自由の重要性を思うとき、そう単純に結論づけてよいものか疑問もある。[41] この疑問が顕在化したのが Yoder 判決である。

三

Yoder 事件とは、一四歳から一五歳の子供に第九学年以上の学校教育を受けさせることを拒絶したアーミッシュの信者が、一六歳までの義務教育を定めた州法に違反したとして、刑事罰を科せられた事件である。すでにそれに先立つこと七年前、連邦最高裁は Sherbert 事件において、政府の行為が信教の自由に「実質的な制限」を課す場合には、その干渉が「やむにやまれぬ利益」によって正当化されなければならないと述べていた。[42] ただ Sherbert 事件は、土曜日の礼拝を義務とする宗派の信者が土曜出勤を拒んだため解雇され失業補償が得られなかったという事案であり、日曜日を安息日とする多数派には何らの制限も課されていなかったため、実質的には多数派と少数派の間で平等が図られたというに等しく、同判決の射程が便宜的措置を求める場面一般に妥当するかは明確ではなかった。

これに対して、Yoder 事件で問題とされた州の義務教育法は州市民のすべてを対象にしていたために、義務教育の免除を肯認することは、一部の宗教団体にのみ便宜を図ることをはっきりと意味していた。ところが Yoder 判決は、ロックの見解から大胆に逸脱する。

文面上中立的な規制であっても、その適用において、自由な宗教活動に不当な負担(unduly burden)を課す場合には、政府の中立性を求める憲法上の義務に反しうる。(43)

この言明は、国教樹立禁止規定との適合性を担保すべく、いまだ中立性の概念の内に展開を試みているが、ここでの中立性はもはやロック的な意味合いではありえない。自由な宗教活動に「不当な負担」を課すか否かの判断には、宗教的教義の機能や内容に立ち入った判断を伴わざるをえないからである。事実、バーガー判事による法廷意見は、アーミッシュの主張が宗教的信念に根づいたものかという点や、義務教育法がアーミッシュの共同体を蝕む危険は深刻なものかという点の検討にまで踏み込んでいる。さらに、アーミッシュは、トマス・ジェファソンが民主社会の基礎をなす理想型として称賛した「屈強な自作農」の美徳を体現する社会的単位であるとして、その教育を積極的に評価するまでに至っている。(44)

こうした法廷意見によるアーミッシュの位置づけは、もはや中立性概念に収まりきるものではない。ここではアーミッシュという実体性を削ぎ落とすどころか、むしろその生き方を積極的に認知しているからである。そしてこれこそまさに、アーミッシュが求めていたものでもある。アーミッシュは、義務教育法の適用からの「免除」を求めていたわけではなく、自己の生きる世界が世俗社会と並ぶそれ自体一つの規範世界であることの承認を求めていた。このことは、仮に義務教育法が押しつけられたならば、直ちに農場を売り払い他州に移転する覚悟で臨んでいたことからもわかる。(45) 自己の規範世界を認知しようとしない世俗社会と共存する気など、アーミッシュには微塵もなかったのである。

かくして、Yoder 判決がもたらしたものとは、この規範世界の存続であった。かかる Yoder 判決の拠って立つ論理は、普遍的な個人しか見ない Barnette 判決が前提とする論理とは一線を画している。むろん Yoder 判決では、二年の義務教育の免除が問題となったにすぎず、いまだ従来の立憲主義の枠組みを逸脱していないとの見方はありうる。しかしもしそうならば、義務教育の強制に「やむにやまれぬ利益」まで求めて、アーミッシュを保護しようとしたことの説明がつかない。近代立憲主義の論理を貫くならば、義務教育法を一律に適用してアーミッシュに遵法義務を課したところで、何ら問題を生じさせないはずだからである。

実際、Barnette 判決の論理をストレートに適用する限り、義務教育の免除という Yoder 判決の帰結を導き出すことは難しい。なぜなら、国旗への敬礼強制であれば、エホヴァの証人という属性を捨象してなお違憲の帰結を導けるのに対して、義務教育の免除が認められるためには、その行為が宗教的信念に根づいたものであることが決定的に重要だからである。(46) そうである以上、裁判所としても「宗教」と向き合わずして憲法違反の結論に至ることはできない。ところが、宗教性を認知して公的領域に接続するとなると、近代立憲主義を脅かすのではないかとの不安がたちまち生まれてくる。その不安が劇的に顕現したのが、次に見る Smith 判決である。

Smith 事件とは、ペヨーテと呼ばれる幻覚剤を神聖な儀式で使用したことを理由に解雇されたネイティヴ・アメリカン教会の信者が、失業補償を受けられなかった事件である。スカリアによる多数意見は「やむにやまれぬ利益」の枠組みを拒否して、ロック的な枠組みへと回帰する。

信教の自由への制約が、……一般的に適用されうる法律の単なる付随的効果である場合には第一修正に反しない(47)。

四

ここでスカリアは、幻覚剤の規制が一般的義務を課す規制であることを理由に「合理性の基準」とでもいうべき審査密度の低いテストを用いている。しかし、それをいうなら Yoder 判決も義務教育法という一般的義務を課す規制であったが、そちらでは厳格な審査が行われていたことと整合しない。スカリアもこのことは十分に承知しており、そこで両者の矛盾を解消すべく、Yoder 判決は信教の自由に加えて、教育する「親の自由」も問題となった「ハイブリッド」な事案だったと整理することで、同判決の射程をかわそうとしている(48)。

しかし、Yoder 判決をみたときに、親の自由がプラスアルファされたことが、厳格な審査を導いたとみるには些か無理がある。というのも、同判決は親の自由の根拠を修正一条の信教の自由に置いていることからもわかるとおり、親の自由に信教の自由と独立した価値を認めてはいないからである(49)。

したがって、スカリアは表向きこそ判例変更を避けているが、実質的には前提となる規律枠組みを変更したと見るのが妥当である。

では、なぜ Smith 判決は「やむにやまれぬ利益」を要求する Yoder 判決から転回を図ったのか。その理由は次のスカリアの言明に凝縮されている。

そのようなシステムを採用する社会は、無政府状態を招来することになるが、その危険は、宗教的信念の社会的多様性、およびいかなる信念をも抑圧しないという決意に直接比例して増加する。(50)

つまり、宗教的信念を野放しにしていたのでは、かえって無政府状態を招来して、宗教的多様性が害されることになるから、一般的規制からの例外を認めるべきではないということである。この議論が重要なのは、実はこれこそが、近代立憲主義の核心である公私区分論を根底で支えている論理だからである。宗教的多様性を尊重したいのであれば、普通ならその多様性をできるだけ汲み取る必要があると考えそうなところを、あえて多様性を捨象するという逆説的な選択肢を採るところに近代立憲主義の妙味が隠されている。

同じことは、序章で採り上げたわが国の国旗国歌起立斉唱判決にもいえる。同判決の結論を背後で支えていた論理が、教職員が思想良心に従って職務命令を拒否することを自由に認めれば社会が成り立たなくなる点にあったことは、同判決の調査官も示唆している。(51)私的領域の拡大を認めることは、公的領域を機能不全に陥らせて、かえって私的領域を退廃させることにつながるため、あえて私的良心の具体性には目を向けないという選択を採る。近代立憲主義を真剣に受け止める限り、Smith 判決の結論は必然であった。

五

実はこのことは、近代立憲主義の擁護者である法哲学者ロナルド・ドゥオーキンも認めるところである。曰く、

政治道徳の観点から見る限り、連邦最高裁判所が正しく、連邦議会が間違っている。仮にネイティヴ・アメリカン教会に薬物規制の免除の資格があるのであれば、ハクスリーの支持者も免除を受ける資格があるし、懐疑的ヒッピーは薬物規制法の全体を国教樹立に該当するものとして非難する資格がある(52)。

ドゥオーキンの政治哲学が求めるのは、政府によるすべての人の生に対する「平等な配慮」である。政府の規制のねらいが、ペヨーテの使用によって人々がさらされる深刻な危険を避ける点にあるのだとすれば、ネイティヴ・アメリカン教会に対して免除を拒否することは、平等な配慮を否定しない(53)。かくして、従来の立憲主義の論理を貫く限り Smith 判決にとどまるべきとの結論が導かれる。しかし本当にこれでよいのだろうか。自由権の中でも特別な地位を占めるとされてきた信教の自由について、この程度の配慮で足りるとするのは、自由の内実を骨抜きにするおそれはないだろうか。たし

かに、あらゆる宗教の具体性を等しく尊重することは、実際上不可能であるし、かえって公共の成立を困難にするだけかもしれない。しかし、そこから社会が成り立たなくなるとして、一切の多様性に目を向けないとするのは行き過ぎではないか。

実際、Smith 判決以降、連邦や州の議会は、様々な手法で実質的に Smith 判決を骨抜きにするような立法を行ってきた。まずは、連邦法（ＲＦＲＡ）が、一般的規制であっても信教の自由に重大な負担を及ぼす場合には、裁判所は Sherbert 判決の枠組みをもって事件を処理せねばならないと定めた[54]。連邦最高裁はすかさず、この法律を州に適用する限度で違憲としたが[55]、後に相当数の州は同じ内容の州法を制定するに至っており、最高裁自身も、連邦レベルにおけるＲＦＲＡの適用については合憲としている[56]。また、刑務所に収容されている受刑者の宗教を尊重する連邦法についても、最高裁は国教樹立禁止条項に反するとはしていない[57]。

こうした度重なる便宜の実施にもかかわらず、スカリアが懸念していた無政府状態の危険は現実化するに至っていない。このことは、社会が成り立たなくなることを理由として、一律に便宜を否定することの妥当性に疑いを投げかけている。実際、最高裁も、政治プロセスによって便宜を図ること自体は許容していることからして、一歩進んで義務的便宜を容認することに理論的な支障はないはずである。というのも、公私の区分を相対化させる危険性は、許容的便宜と義務的便宜の場合とで実質的に異ならないからである。

このように、中立性の原理は宗教的多様性を尊重する一つのやり方ではあるが、中立性に固執するあまりかえって他者の姿が見えづらくなっているのも事実である。そして実は、かくいうドゥオーキン自身も、死を目前にしてこの他者論の可能性に目を向け始めていた。それが「神なき宗教」論である。次節では、この議論を素材に、他者性を示す「象徴」の意義を明らかにしたいと思う。

(1) Minersville School District v. Gobitis, 310 U.S. 586 (1940).
(2) West Virginia State Board of Education v. Barnette, 319 U.S. 624, 642 (1943).
(3) *Id.* at 642.
(4) *Id.* at 635.
(5) 蟻川恒正『憲法的思惟——アメリカ憲法における「自然」と「知識」』(岩波書店、二〇一六)一七―七二頁。
(6) 同七三―一一三頁。
(7) 同一一五頁。
(8) 同一一六―一二一頁。
(9) 同一二一―一三一頁。
(10) ジョセフ・ラズ「自由な表現と個人の証し」森際康友編『自由と権利』(勁草書房、一九九六)二九〇―二九四頁参照。
(11) 出エジプト記(Exodus)二〇章四―五節(「あなたは自分のために像を作ってはならない。上は天にあり、下は地にあり、また地の下の水の中にあるものの、いかなる形も作ってはならない。あなたはそれらにひれ伏しても、それらに仕えさせられてもならない」(木幡藤子・山我哲雄訳『旧約聖書Ⅱ　出エジプト記　レビ記』(岩波書店、二〇〇〇)九一頁))。
(12) *See* Martha Nussbaum, Liberty of Conscience: In Defense of America's Tradition of Religious Equality 214 (Basic Books 2008).
(13) Georg Jellinek, Die Erklärung der Menschen- und Bürgerrechte (Verlag von Duncker & Humblot) 1895.
(14) *Ebd.*, S. 42.
(15) *Ebd.*, S. 43-44.
(16) 石川健治「〈非政治〉と情念」思想一〇三三号(二〇一〇)二七六頁以下。

(17) ブトミーの批判とイェリネックの応答については、初宿正典編訳『人権宣言論争――イェリネック対ブトミー』(みすず書房、一九九五)所収の諸論文を参照。

(18) この両者の相互連関性を夙に指摘していたのが、神学者エルンスト・トレルチである(Ernst Troeltsch, *The Ideas of Natural Law and Humanity in World Politic*, *in* Otto Gierke, Natural Law and the Theory of Society 1500–1800, VOL. I 201–222 (Cambridge University Press 1934))。

(19) *See* Hans Joas, *Max Weber and the Origin of Human Rights*, *in* Max Weber's Economy and Society: A Critical Comparison 372-374 (Charles Camic et al. eds., Oxford University Press 2005). ただし今日では、アメリカ権利章典の基礎は、バプティストやクウェーカー派ら福音主義的なキリスト教徒に求める理解の方がより一般的である(森本あんり『反知性主義』(新潮社、二〇一五)一一五―一二五頁参照)。

(20) *See* David Little, *Roger Williams and the Puritan Background of the Establishment Clause*, *in* No Establishment of Religion 103 (T. Jeremy Gunn & John Witte, Jr. eds., Oxford University Press 3d ed. 2012). 当初、合衆国憲法典が権利章典を有していなかったのは、制限政府の発想に基づいて国家権力の限界を明確にしさえすれば、個人の自由な領域を確保できると考えたためである。

(21) ここでの憲法政治とは、ブルース・アッカーマンに倣って、我ら人民による熟慮に基づく公益追求が問題となる局面を指している。*See* Bruce Ackerman, *Constitutional Politics/Constitutional Law*, 99 YALE L. J. 453, 462 (1989).

(22) Edmund S. Morgan, *The Puritan Ethic and the American Revolution*, 24(1) William and Mary Quarterly 3 (1967). 独立宣言は一般にジョン・ロックの影響を強く受けたものと理解されているが、同時に宗教的表象(自然の神、創造主、世界の至上の審判者、神の摂理)がちりばめられている点にも特徴がある。

(23) 「神の導きのもと、この国に自由の新たなる誕生をもたらすために身を捧げるべき大いなる責務がある」(Abraham Lincoln, The Gettysburg Address (November 19, 1863))。

(24) キング牧師の“I Have a Dream”スピーチもまた、宗教を強く意識したものである(Martin Luther King, Jr., “I Have a Dream” speech at the March on Washington for Jobs and Freedom (August 28, 1963))。

(25) *See* Mark DeWolfe Howe, The Garden and the Wilderness Religion and Government in American Constitutional History 6 (University of Chicago Press 1965).

(26) 以上の議論に対しては、国家の自己拘束説を説くイェリネックが主題化しようとしたのは、公共性ゼロの私的自由の空間であり、他者論とは無関係ではないかとの疑問が浮かぶ(「イェリネックが想定する倫理的真空空間と意味世界は正反対のイメージである」(石川健治「イン・エゴイストス　憲法学から見た公共性」長谷部恭男・金泰昌編『法律から考える公共性』(東京大学出版会、二〇〇四)一九六頁)。しかし、自由の「論理的」な成立条件としては他者は不要であるとしても、「現実的」条件としては他者への信仰が必要になるというのがイェリネックの議論の趣旨であると、ここでは整理している(石川健治「インディフェレンツ――〈私〉の憲法学」早稲田比較法学四二巻二号(二〇〇九)一五九頁参照)。

(27) マックス・ウェーバー(大塚久雄訳)『プロテスタンティズムの倫理と資本主義の精神』(岩波文庫、一九八九)。

(28) 同三六五頁。

(29) 同三六五頁。

(30) 同三六六頁。

(31) Max Weber, Political Writings 46–47 (Peter Lassman ed., Ronald Speirs trans., Cambridge University Press 1994).

(32) これに対しては、イェリネックのテーゼからウェーバーを切り離すことで、必ずしもウェーバーのように将来を悲観する必要はないとする見解もある(*See* Hans Joas, *supra* note 19 at 377–379)。

(33) Richard Hofstadter, Anti-Intellectualism in American Life (Knopf 1963)(田村哲夫訳『アメリカの反知性主義』(みすず書房、二〇〇三))。

(34) 島薗進「「宗教の進化」を論じうるか――パーソンズ宗教論の限界」富永健一・徳安彰編著『パーソンズ・ルネッサンスへの招待』(勁草書房、二〇〇四)一〇九頁。

(35) Wisconsin v. Yoder, 406 U.S. 205 (1972).

(36) Employment Division, Department of Human Resources of Oregon v. Smith, 494 U.S. 872 (1990).

(37) John Locke, A Letter Concerning Toleration (William Popple trans., 1689), reprinted in 33 Great Books of the Western World 19–20 (Mortimer J. Adler ed., 2d ed. 1990)(平野耿訳注『寛容についての書簡』(朝日出版社、一九七一)).

(38) *Id.* at 16.

(39) ロック自身の挙げる例で言えば、宗教を理由として子牛の犠牲を禁止することは許されないが、家畜を増加させるという国家の利益のためであれば、子牛の殺害の禁止は許される(*Id.* at 12–13)。

(40) この局面における今日の合衆国最高裁の傾向を包括的に論じたものとして、Michael C. Dorf, *Incidental Burdens on Fundamental Rights*, 109 HARV. L. REV. 1175 (1996)。

(41) ただし、ロックは無神論者を信教の自由の享有主体から除外していたことを考慮すると、ロックの議論は今日の文脈にストレートに妥当するわけではない。

(42) Sherbert v. Verner, 374 U.S. 398 (1963).

(43) Yoder, 406 U.S. at 220.

(44) *Id.* at 225–226.

(45) Brief for Respondent at 26, Wisconsin v. Yoder (No. 70–110) (quoting J. Hostetler, Amish Society 131 (2d ed. 1968)).

(46) 国旗敬礼行事がそもそも国家の正当な権威の行使といえるか疑わしいのに対して、義務教育は一般的に正当な国家の権威の行使と考えられている点に、両者の違いはある。

(47) Smith, 494 U.S. at 892.

(48) *Id.* at 882.

(49) Yoder, 406 U.S. at 241–249. このことは、公立学校への就学を望むかどうかにつき子どもの意思を確認すべきだとするダグラス反対意見の指摘に対して、法廷意見がその必要はないとしていることからもわかる。

(50) Smith, 494 U.S. at 888.

(51) 岩井信晃・菊池章「判解」法曹時報六六巻九号(二〇一四)二三九頁。

(52) Ronald Dworkin, Religion Without God 135 (Harvard University Press 2013)(森村進訳『神なき宗教——「自由」と「平等」をいかに守るか』(筑摩書房、二〇一四)). なお、ハクスリーの支持者とは、トランス状態で生きることを善い生き方と信ずる人々のことを指す。

(53) ただし、ドゥオーキンの議論からも、Yoder 判決を正当化することは不可能ではない。最大で二年にすぎない義務教育の免除によって失われるものは小さい反面、その義務教育の強制が信教の自由にもたらす制約は甚大だからである。

(54) The Religious Freedom Restoration Act of 1993, Pub. L. No. 103-141, 107 Stat. 1488 (1993).
(55) City of Boerne v. Flores, 521 U.S. 507 (1997). なお、RFRAは違憲とされはしたものの、判決から約二カ月後に当事者である市と教会の間で和解が成立した。
(56) Gonzales v. O Centro Espirita Beneficente Uniao do Vegetal, 546 U.S. 418 (2006).
(57) The Religious Land Use and Institutionalized Persons Act, 42 U.S.C. §2000cc; Cutter v. Wilkinson, 544 U.S. 709 (2005).

第二節　象徴

第一款　神なき宗教

一

第一節では、近代立憲主義が普遍的な個人像を貫徹しようとするあまり、他者の姿を捉えきれていないことを見た。ここで気づかされるのが、これまでの事例がいずれも「宗教」と深く関連しているという事実である。Barnette事件のエホヴァの証人といい、Yoder事件のアーミッシュといい、いずれも自己の宗教的信念を貫くことで世俗の法に従うことを拒んだ人々である。このように、他者との関係を探究することが、宗教に行き着くのは決して偶然ではない。なぜなら宗教とは、レヴィナスに倣えば、〈私〉と〈他者〉の間に結びつけられる〈きずな〉を意味しており、その性質上他者論と密接に関

わるものだからである。(1)

ところが、宗教と一口にいっても、それが意味するところは明確ではない。Barnette 判決が、エホヴァの証人による敬礼拒否をあえて普遍的な個人の行為と見なしたのも、宗教が「非理性」の所産であり、理性では計り知れないものを公共空間に接続することはできないと考えたためである。(2) 実際、日本の裁判所もまた、宗教とは何かという問いに関わり合うことを避けてきた。例外的に、宗教を「超自然的、超人間的本質……の存在を確信し、畏敬崇拝する心情と行為」と定義した津地鎮祭事件の名古屋高裁判決(3)があるが、上告審(4)は宗教の定義に立ち入ることなく事案を処理している。

しかし本来、近代立憲主義は、宗教の問いを避けては通れないはずである。というのも、立憲主義の標準装備ともいわれる「良心的兵役拒否」は、専ら宗教的信念を理由に認められるから、宗教の定義を明らかにすることは必須の事柄だからである。ところが、日本国憲法は憲法九条によって統治権から戦争権限を剝奪したために、幸か不幸かこの点が問題にされないままにきた。対照的に、アメリカの連邦最高裁は、兵役免除が認められる「宗教的信念」の要件を巡り葛藤を続けてきた。近代立憲主義における宗教の居場所を明らかにするためにも、この連邦最高裁の足跡をたどる必要がある。(5)

二

我々が宗教と言われて、ふつう真っ先に思い浮かべるのが「神」の存在である。実際、連邦最高裁も古くは、宗教の本質が神との関わりにあるとして、有神論に与することを明らかにしていた。(6) ところが、神の存在を信じないからといって宗教でないとすれば、仏教やヒンズー教は宗教ではないということにもなりかねない。しかし逆に、宗教の本質を神との関係に見ないとすると、一体いかにして宗教を定義するかという難しい問題が生じてくる。この点が正面から争われたのが、一九六五年のSeeger 判決である。(7)

Seeger 事件においては、神の存在については懐疑的であるが、「善と徳自体に対する信仰と献身、および純粋に倫理的な信条に対する宗教的な信仰」に基づいて戦争に反対すると主張する者について、宗教上の理由に基づく兵役免除が認められるかどうかが問題となった。この点、連邦法は兵役免除に要求される「宗教的信念」を「超越者(a Supreme Being)に関わる信念」と定義していたため、争点は「超越者」が神に還元されるのかどうかであった。(8) 結論として、連邦最高裁は、超越者は「伝統的な神」には必ずしも限られないとして、ある信念が超越者に関わるか否かは、「ある信念が誠実かつ意味あるものであり、その保持者の人生において、明らかに免除に該当する資格のあるものにとっての神に相当する位置とパラレルな位置を占めているか否か」(9)によって決せられるべきとした。

かかる連邦最高裁の立論を下支えするのは、神学者ポール・ティリッヒ(Paul Tillich)の学説である。ティリッヒによれば、宗教的態度の本質は「究極的関わり(ultimate concern)」の内にある。(10) 究極的なるものは、究極的関心の態度に対してのみ与えられるが、人間を存在論的に超越するため、有限の存在である我々がこれを対象として把握することはできない。そのため、究極的実在は我々の内に具体的経験として受容されるよりほかなく、これを具体的経験にもたらす媒体となるのが「宗教的象徴」である。(11) 究極的実在は、この宗教的象徴を通じて、神秘的な経験として我々の内面に働きかける。

もっとも、それ自体を超える他性を指し示すべき宗教的象徴が、有限なるものを指し示すようになるとき、信仰は偶像崇拝へと堕落する。[12]その危険を避けようとすれば、宗教的象徴は、それ自体の内に自己否定の要素を含まざるをえず、ここに宗教的象徴である人格神（Personal God）の究極性を否定する余地が生まれてくる。[13]つまり、人格神は肯定と同時に否定される必要があり、〈無神論〉の要素なくして〈有神論〉は保持されえない。[14]かくして、宗教にとって本質的なのは、人格神それ自体ではなく、存在の力の経験が非存在を克服する「存在への勇気」（the courage to be）である。[15]

以上のティリッヒの立論にならえば、Seeger の信念に伝統的な神の存在が欠けていたにもかかわらず、連邦最高裁が宗教的信念であることを否定しなかったのは、人格神の否定は究極との関わりを否定することを意味しないからである。たとえ神の存在を信じていなくても、その信念が究極的関わりの内にあるのであれば、当該信念は保護されなければならない。実際、その後の連邦最高裁は、宗教的信念とは、「何が正しく、何が誤っているかについての伝統的な宗教的確信に相当するところの道徳的、倫理的または宗教的信念である」と述べて、倫理と道徳を宗教に含めるところまで進んでいる。[16] Seeger 判決の衝撃はまさしく、宗教と神との結びつきが必然ではないことを示した点にあった。[17]

三

ここまでくれば「神なき宗教」という概念に行き着くのは極めて自然なことである。ドゥオーキンがその遺稿の中で論じようとしたのも、まさにこのことであった。

ドゥオーキンによれば、神の宗教は「科学」と「価値」の二つの側面から成る。[18]科学の側面とは、宇宙の生誕・歴史、人間の起源、死後の世界等に関わる「事実」の問題である。これに対して価値の側面とは、どのように人は生きるべきか、何に価値を見出すべきかという「規範」の問題である。そして、事実から価値を導き出すことはできないとするヒュームの法則による限り、神の内に事実に関わる答えを求めることはできても、価値に関わる答えを求めることはできない(19)。神はいかに生きるべきかを教えてはくれないのである。価値に関する問いについては、神ではなく、自らの内にある価値への信念に働きかけなければならない。したがって、無神論者も価値に関する問題を扱う限り、宗教的な生を営んでいることには変わりはないといえる。

以上のドゥオーキンの議論は、次の二つのことを帰結する。第一に、宗教の本質を〈科学＝神〉ではなく〈価値＝規範〉に求める以上、もはや宗教を非理性の所産として一蹴することはできない。そもそも、我々が宗教に対して非理性的との見方をするのは、近代科学では検証不可能な事柄とみるからである。しかし宗教の本質が、事実ではなく価値の領域にあるのだとすれば、科学をもってある生き方を不合理ということは意味をなさない。この見方は、宗教に理性を窒息させる力しか見ない Barnette 判決の思考とは、明らかに一線を画している。

もう一つの帰結は、宗教の本質から神の概念を消去したことで、より広範囲の事柄を宗教問題として取り込むことが可能になり、それによって他者の「痛み」により敏感に反応することができる点にある。たとえば、ドゥオーキンは、従来プライバシーの権利として保護されるべきかどうかが争われてきた堕胎の自由は、人間の生命という本来的価値に関わる信念であるから信教の自由として保護されるべきという(20)。存在の問いに関わる事柄は、いかにして生きるべきかという価値に関わる問いに直結するため、宗教的な信念に相当するからである。

　このとおり、ドゥオーキンの試みは宗教に理性の側面を見出す点で、他者論に活路を開く可能性を秘めたものといえる。ところが、ドゥオーキンはここから一気に「後退」を始める。ドゥオーキンの懸念は、神なき宗教の領域を切り拓いた今、宗教の範囲が際限なく広がるという点にある。[21] とりわけ、信教の自由に「特別」な保護を認める従来の立場を前提にする限り、何らかの方法で保護に値する宗教を選別しない限り収拾がつかなくなる。しかし選別するにしても、本人にとって重要であるとの一事をもって特別な保護を与えるわけにはいかないし、かといって内容に基づいて選別しだすと自律を侵害するおそれがある。

　こうした問題点を踏まえて、ドゥオーキンは、信教の自由に特別な保護を与えることを諦めて、倫理的独立性を保護するための一般的権利へと還元する方向に舵を切る。[22] これによれば、倫理的独立性が害されるのは、ある信念をその内容が誤っているからという理由で規制する場合など、政府がある宗教的信念を差別的に取り扱うときである。裏を返せば、たとえ宗教的活動に重大な負担が及んでいたとしても、「平等な配慮」がなされている限り倫理的独立性は害されないということである。こうしてドゥオーキンは、ロック的な枠組みとさして変わらない地点に議論を着地させている。

　このことは結局、ドゥオーキンの「神なき宗教」論が、他者論の持つ潜勢力を生かしきれなかったことを意味している。今日において信教の自由が本領を発揮する場面があるとすれば、それは世俗の一般的義務と宗教的義務が衝突する場面においてである。この場面において、ドゥオーキンのいうように、差別的に取り扱われない限り遵法義務は解除されないとするのは、他者の「痛み」に無頓着との罵りを免れないだろう。[23] もちろん、平等な配慮の限度では自己の信念を貫き通せるが、それは一般的な権利がもたらす反射的帰結にすぎず、「痛み」の固有性は剝奪されている[24]。宗教を広く取り込もうとして、そのために一律に保障の程度を切り下げるというのでは、折角の他者論が台無しである[25]。

第二款　象徴的世界

一

このように、ドゥオーキンの議論には限界もみてとれるが、従来見過ごされてきた憲法学における宗教的・倫理的な個人を主題化した点は卓見である。ところが、Barnette 判決の内にこの宗教的・倫理的な個人の居場所はない。このことは、「象徴的世界」が不在であるところにも現れている。象徴的世界の不在が問題となるのは、象徴の体系こそが人間に生きる「意味」を付与するものだからである。もし近代立憲主義がこの生きる意味を汲み取ることに失敗しているのだとすれば、それは意味を剝奪されることで生じる他者の痛みに無関心であるからにほかならない。以下は、この象徴という切り口から Barnette 判決の限界を探る試みである。

二

Barnette 判決の最大の仕掛けは、国旗敬礼行事を、エホヴァの証人の象徴的言論に関するものではなく、「政府」の象徴的言論＝Government Speech として捉えたところにある。この反転の構造によって、Barnette 事件は、人権侵害の事案から国家権力の限界の事案へと置き換えられている。そして、政府による象徴的言論は、治者と被治者の間の知的コミュニケーションを封殺し、国民を判断停止に陥れるものとして許されないとされている。

以上の立論には二つの問題が伏在している。第一に、反転の作出によって、エホヴァの証人の象徴的言論の側面が全く顧みられていない点である。国旗敬礼行事が政府の言論として許されるか否かを問うとき、問題なのは、国旗敬礼行事がコミュニケーションの方法として妥当であるか否かであり、証人が敬礼拒否によって何を意味していたかではない。第二に、象徴を用いたコミュニケーションの方法に「短絡的」という負の価値が荷わされている点である。Barnette 判決は、象徴を「精神から精神への近道」であるとして、被治者を思考停止に追い込むものとみている。ここでは、象徴一般に短絡的という負の烙印が押されたことで、人間にとって積極的な意味を持つはずの象徴的世界の働きまでもが見えづらくなっている。

ここに象徴とは、文化人類学者クリフォード・ギアーツの定義にならえば、意味の媒介物として働く対象、行為、出来事、性質、関係等をいい、経験に意味を付与するために用いられる表象をいう[26]。この意味における象徴は、単なる思考のショートカットではなく、それどころか思考の本質を規定するものである。このことは、我々に思考することを可能にする言語もまた象徴体系であることからも明らかであるが[27]、事はそれだけにはとどまらない。なぜなら、この「意味ある象徴の体系」なくしては、人間はカオスに陥り、生きていくことすら困難となるからである[28]。

すなわち、我々が、混沌とした現実を前に正気でいられるのは、これを統合して包括する「意味秩序」があるからである[29]。たとえば、「死」という現実は、それが他者のものであれ自己のものであれ、我々の日常生活の現実にとって最も恐ろしい脅威をなしている。にもかかわらず、我々が絶望に陥らず生きてゆけるのは、現実を覆う象徴的世界の中に死を統合することによって、死の恐怖を緩和してきたからである。前近代社会にあっては、宗教が象徴的宇宙となってその役割を果たしてきた(30)。

ところが、近代化の過程で宗教の求心力は急速に弱まり、代わりに近代科学が正当化の図式に据えられたために、人間が意味を必要としているという事実が見えづらくなった(31)。それもそのはず、近代科学とはある命題が事実に即しているか否かを検証する作業を指すのであって、生きる意味のような価値の問題を論じる場所ではないからである。しかし、近代科学があれば意味が必要ないかといえばそうではない。たしかに、我々は科学から多くを学ぶことはできるが、科学は肝心の生きる意味そのものを提供することはできないからである(32)。新しい知識を付け加えるのは科学かもしれないが、究極的な目的や価値を明らかにするのは、宗教に代表される意味ある象徴の体系である。

同じく、Barnette 事件におけるエホヴァの証人による敬礼拒否の意味もまた、彼らの象徴の体系を抜きにしては理解することはできない。証人たちが国旗への敬礼を拒否したのは、国旗が彼らの信仰体系の中で「偶像」にあたるからである。エホヴァの戒律において偶像崇拝禁止の戒律に違背することは、神の意志に背くことであり、世界における自己の位置を喪失することを意味している。国旗敬礼は一般的・客観的にみれば儀礼的な所作にすぎないかもしれないが、彼らにしてみれば自己の生きる意味の核心に抵触する重大な行為である。この点 Barnette 判決は、エホヴァの証人を勝たせせこそしたが、それは一切の宗教性を削ぎ落とした本来の自分ではない姿を押しつけることによってである。そこにエホヴァの証人の象徴的世界に対する配慮は、微塵もうかがわれない。

三

だが問題はそれだけにはとどまらない。近代立憲主義が象徴的世界を見ないことで切り捨てられるものの中には、宗教のみならず、社会運動もまた含まれるからである。[33] 一見すると大きく異なるように見える宗教と社会運動であるが、ある特定の世界観に従って現実とは異なる理想の世界の実現を目指す点では、実は両者は一致している。両者の違いは、理想が自己の生きる世界内で実現されていることで満足するか、それとも理想を社会全体にまで拡大しようとするかという点にあるにすぎない。理想を実現すべく自己の世界観に貞節を尽くして生きようとする点では、社会運動もまた象徴的世界の一つを構成している。

この社会運動の居場所が近代立憲主義の内にないことは、とりわけアメリカ憲法史を振り返ったときに致命的である。というのも、社会運動こそがアメリカ憲法を根底で支えてきた原動力といえるからである。[34] このことは公民権運動一つを例にとってもわかる。公立学校での人種隔離を違憲としたBrown 判決[35]は人種平等の実現に向けた始まりにすぎず、真の意味で平等が実現されるためには、キング牧師を中心としたグラスルーツの運動を待たなければならなかった。この運動は集団が主体となって展開されたものであるが、動詞 mob の表れとして片づけられるものではない。彼らは自ら思考する個人として共通の理想のもとに集まり、自己の世界観を社会に広げようとした自律的コミュニティである。

同じことはベトナム反戦運動にも当てはまる。「ベスト・アンド・ブライテスト[36]」と呼ばれるエリートたちが戦争の泥沼にはまり込む中で、この戦争からアメリカを救い出したのは、当初は minority にすぎなかった反戦運動家たちであった。象徴的言論が判例史に登場するのもこの文脈においてである。徴兵登録証明書を焼却した O'Brien 事件[37]や、生徒が黒い腕章の取り外しを拒否した Tinker 事件[38]は、戦争に反対する人々が象徴にその意味を込めて闘った結果である。この意味における象徴とは、決して精神から精神への近道などではない。開戦当初からこの戦争を正しい戦争であると信じて疑わない多数派を前に、反戦メッセージをメディアにのせて伝えるのが難しい中、反戦運動家たちが採りえた唯一の手段が、象徴に意味を託して社会にメッセージを発信する方法だった。

しかし、Barnette 判決の思考からすると、公民権運動も反戦運動も個人を集団へと埋没させて理性を窒息させる動詞 mob の表れにすぎない。普遍的な個人にこだわるあまり、肝心の憲法の原動力を汲み取ることはできないのである。問われるべきは、なぜ Barnette 判決は、このような硬直的な枠組みと化しているのかという点である。

四

Barnette 判決の名誉のために言えば、同判決が象徴的世界を顧みようとしないのは、決して象徴的世界を無価値と考えるからではない。むしろ象徴的世界に価値を見るからこそ、あえてそれを捨象して普遍性に賭けようとするのである。これはすでにみた「逆接続」の論理である。仮に象徴的世界をそのまま近代立憲主義に取り込むとなると、支配的な勢力によってすべての人々の行動秩序が規律され、かえって価値観の多様性が害される事態が生じかねない。そこで、あえて価値の源泉たる象徴的世界を捨象するのである。

実際、アメリカならいざ知らず日本の現状を見るとき、この懸念にはもっともなところがある。アメリカで宗教や社会運動が機能するのは、その中に個人が埋没することがないほどに個人主義の伝統が確立しているからである。ところが、日本はこれまで一度も個人を確立したことがないため、宗教にせよ社会運動にせよ集団の構成員の一員となるや否や、個人は集団の中に埋没してしまう傾向にある。戦後の労働運動・安保闘争や近時のカルト集団への帰依はその典型である。こうした中、戦略としてまずは普遍的な個人にこだわるという選択肢は、わが国の現状に照らす限り的を射ている。

しかし、この懸念がもっともだとしても、そのことから宗教や社会運動の持つ潜在力に一切目を向けないとするには論理の飛躍がある。個人が集団に埋没することの懸念は、それはそれとして対応すべきであり、近代立憲主義の原動力となる象徴的世界を取り込む可能性は、理論的には別途追求されてしかるべきだろう。公私の区分にこだわるあまり、私から公への道筋を切り拓いた宗教や社会運動を排斥するというのでは本末転倒である。実際、先の Smith 判決に見られるように、今日の近代立憲主義においては、一般的義務と個人の世界観が衝突するときには、負担の大小にかかわらず前者が優越するものとされており、公共圏確保の必要性が自己目的化している感がある。

ローマは一日にして成らずという諺が示すとおり、公共社会は一夜にして生まれるわけではない。Barnette 判決のように、普遍的な個人を析出しさえすれば、後は社会契約に基づいて公共社会が立ち上がると想定するのは楽観的にすぎる。たしかに、「万人の万人に対する戦争」を回避すべく、「理性」を働かせて契約を通じて平和状態へと移行するという社会契約説は一つの道筋を示している。(39) しかし、この論理では、自己への執着は相変わらず健在であるため、争いの火種は将来に引き継がれて、必ずや平和を脅かすことになる[40]。つまり、社会契約の論理は、戦争の暫定的な中断を可能にするにすぎず、実は公共がいかにして可能かという問いを棚上げしている疑いが強い。その証拠に、この論理では、公共を成立させるのに不可欠であるはずの「他者」が、一度も主題化されていない。

これに関連して、憲法学においては、憲法制定権者の意思を尊重すべきとする「原意主義」論[41]と、憲法は時代に応じて変化しうるとする「生ける憲法」論とが対立してきた。このうち Barnette 判決の論理に適合的なのは、原意主義論の方である。なぜなら、一回限りの社会契約で公共が立ち上がるとみる点で、憲法制定権者の意思に尽きるとみる原意主義に通じているからである。しかし、原意主義に対しては、「死者の手による支配」は自己統治の原則に反するとの有効な批判が向けられてきた。他方、生ける憲法論に対しても、時代に左右されないことを本質とする憲法が変化するのはおかしいという批判や、いつ何時に憲法が動くのかについての基準が明確ではないとの批判が向けられてきた。

だが、アメリカ憲法史を振り返ったときに、憲法が徐々に「善きもの」へ近づいてきたことは否定し難い[42]。その中には、奴隷解放や女性参政権のように正式の憲法改正を経たものもあれば、公民権やゲイライツのように解釈の変遷によって実現されたものもある。こうした変化は、一朝一夕にして成し遂げられるものではなく、当初は私的空間にとどまっていた理想が、徐々に賛同を経る中で公共空間において権利として結実したものである。このように、憲法というのは本質的に不完全なものであり、それをより完全なものにするためには我々の不断の努力が求められる。そのための活力が象徴的世界にあるのだとすれば、やはり近代立憲主義はそれを汲み取る理論を追い求めないわけにはいかないように思われる。

かくして、Barnette 判決の限界は、個人や公共を実現するためには他者を招き入れることが必要であることを教訓として示している。もちろん、他者の声を聴き取ろうと必死になるあまり、公私の区分を相対化させてはならない。しかし、近代立憲主義における私から公への道筋が象徴的世界によって切り拓かれてきたことを踏まえれば、公私の区分の重要性は認識しながらも、公私はどこかでつながっているとの認識を持つことが必要であろう。近代立憲主義を未完のプロジェクトとみる限り、そこには近代立憲主義を生き生きとさせる活力が常に求められているからである。そして、この活力が憲法文化の底流に流れていてはじめて、公私の区分を維持することは可能となるように思われる。

五

以上の検討が Barnette 判決の「批判」を通じて得られた示唆である。他者が不在であること、そしてそれが原因となって近代立憲主義に駆動力が失われていることを示すことができたとすれば、本章の目的は一応達成されたことになる。

しかしこのことから直ちに従来の立憲主義の枠組みを退けるとすれば、それは性急にすぎよう。なぜなら、近代立憲主義をメタ理論によって基礎づける長谷部恭男は、以上の問題点を十分に自覚した上で、象徴的世界を取り込んだ形で議論を展開しようとしているからである。次章では、この長谷部恭男の憲法学を素材として、近代立憲主義の従来の在り方を批判的に吟味することにしたい。

（1）「〈同〉と〈他〉との間に設定され、しかも全体性を構成することのないきずなを、宗教と呼ぶことにしたい」（エマニュエル・レヴィナス（熊野純彦訳）『全体性と無限（上）』（岩波文庫、二〇〇五）五五頁）。

（2）蟻川恒正『憲法的思惟――アメリカ憲法における「自然」と「知識」』（岩波書店、二〇一六）六八頁。Barnette判決の最大の意義は、蟻川曰く、「「エホヴァの証人」の宗教的潔癖を、政治的・公共的意味空間へと独自に接合した」点にある。

（3）名古屋高判昭和四六年五月一四日行集二二巻五号六八〇頁。

（4）最大判昭和五二年七月一三日民集三一巻四号五三三頁。

（5）以下は、日比野勤「憲法における宗教の概念――アメリカ合衆国における議論を素材として」公法研究五二号（一九九〇）一一二頁以下に詳しい。

（6）Davis v. Beason, 133 U.S. 333, 342 (1890).

（7）United States v. Seeger, 380 U.S. 163 (1965).

（8）§6(j) of the Universal Military Training and Service Act, 50 U.S.C.App. §456(j) (1958 ed.).

（9）Seeger, 380 U.S. at 165–166.

（10）Paul Tillich, The New Being 152–160 (Charles Scribner's Sons 1955).

（11）Paul Tillich, Dynamics of Faith 41 (Harper & Row 1957).

（12）Paul Tillich, *Religious Symbols and Our Knowledge of God*, Christian Scholar Vol. 38, No. 3 189, 189–193 (1955).

（13）もっともティリッヒは素朴実在論的な意味合いにおける人格神の観念は退けつつも、「人格だけが人格を癒すことができる」という観点から人格神観念それ自体は擁護していた点に留意が必要である（芦名定道「ティリッヒとアインシュタイン――人格神をめぐって」ティリッヒ研究第五号（二〇〇二）一一八頁）。

（14）Paul Tillich, *Science and Theology: A Discussion with Einstein*, *in* Theology of Culture 131 (Robert C. Kimball ed., Oxford University Press 1959).

（15）Paul Tillich, The Courage to Be 155–190 (Yale University Press 1952)（大木英夫訳『生きる勇気』（平凡社ライブラリー、一九九五））.

（16）Welsh v. United States, 398 U.S. 333, 339–340 (1970).

(17)　この点、Seeger も立脚するスピノザは、神をすべてとするものの、神と自然を同義とみるため、真理も神ではなく我々が経験する自然の内に存在する。スピノザの神学論では、聖書の権威の範囲も大幅に縮減されている(福岡安都子『国家・教会・自由――スピノザとホッブズの旧約テクスト解釈を巡る対抗』(東京大学出版会、二〇〇八)参照)。

(18)　Ronald Dworkin, Religion Without God 21–29 (Harvard University Press 2013).

(19)　is と ought の区別に関するヒュームの指摘については、*See* David Hume, A Treatise of Human Nature 302 (Oxford University Press 2000)(伊勢俊彦ほか訳『人間本性論　第三巻　道徳について』(法政大学出版局、二〇一二))。

(20)　Ronald Dworkin, Life's Dominion 155 (Alfred A. Knopf 1993)(水谷英夫・小島妙子訳『ライフズ・ドミニオン――中絶と尊厳死そして個人の自由』(信山社出版、一九九八)). Casey 判決におけるオコーナー・スーター・ケネディ各判事による相対多数意見は「自由の核心にあるのは、存在、意味、宇宙、人間の生の神秘に関する自己の概念を定義する権利」であると述べて、ドゥオーキンに近い考え方を示している(Planned Parenthood v. Casey, 505 U.S. 833, 851 (1992))。

(21)　Dworkin, *supra* note 18 at 128–132.

(22)　*Id.* at 132–137.

(23)　ただしドゥオーキンの立場においても、平等な配慮による政治的責務は法的実践の純一性(integrity)を根拠とするものであるから、正義やフェアネスなどの別の根拠を理由として、純一性の犠牲の上に政治的責務を否定することは妨げられない。

(24)　*Cf.* Ronald Dworkin, Taking Rights Seriously 192 (Harvard University Press 1977)(木下毅ほか訳『権利論〔増補版〕』(木鐸社、二〇〇三)).

(25)　ドゥオーキンの議論は、価値の次元を神の領域から毅然と区別できると考える点でも問題がある。この点は、本書第II部第一章第三節第三款を参照。

(26)　意味ある象徴体系は人間の行動を秩序づけるプログラムとして機能する(*See* Clifford Geertz, The Interpretation of Cultures 45 (Basic Books 1973)(吉田禎吾ほか訳『文化の解釈学(I)(II)』(岩波書店、一九八七))。

(27)　S・K・ランガー(矢野万理ほか訳)『シンボルの哲学』(岩波書店、一九六〇)一三三頁、ルードウィヒ・ウィトゲンシュタイン(野矢茂樹訳)『論理哲学論考』(岩波文庫、二〇〇三)二・一―二・二二五節。

(28) このことは、人間が秩序化の機構を生物学的に拒否されているため、自前で意味秩序を構築しなければならないという人類学的知見からも基礎づけられる(*See* Peter Berger & Thomas Luckmann, The Social Construction of Reality 47-52 (Doubleday 1966)(山口節郎訳『現実の社会的構成』(新曜社、二〇〇三))。

(29) これに対して、動物は死の意味を理解していないため、少なくとも死の恐怖から狂気に陥ることはないと理解されている(Ernest Becker, The Denial of Death 27 (Free Press 1973)(今防人訳『死の拒絶』(平凡社、一九八九))。

(30) カオスに満ちたこの俗世の中で、聖なるコスモスを創造することの意味については、ミルチャ・エリアーデ(堀一郎訳)『永遠回帰の神話――祖型と反復』(未来社、一九六三)参照。

(31) 近代科学が意味基底としての生活世界を隠蔽していることについては、エトムント・フッサール(細谷恒夫・木田元訳)『ヨーロッパ諸学の危機と超越論的現象学』(中央公論社、一九九五)。

(32) かのアインシュタインが言うように、「宗教のない科学は説得力がなく、また科学のない宗教は見通しがきかない(Albert Einstein, *Science and Religion, in* Out of My Later Years 26 (Philosophical Library 1950)).

(33) 意味世界には「隔離(insular)」と「贖罪(redemption)」の二つの形態があるが、前者は宗教、後者は社会運動に概ね相当する(*See* Robert Cover, *The Supreme Court, 1982 Term—Foreword: Nomos and Narrative*, 97 HARV. L. REV. 4, 35-40 (1983))。

(34) *See* Jack M. Balkin, Constitutional Redemption: Political Faith in an Unjust World 94-101 (Harvard University Press 2011).

(35) Brown v. Board of Education of Topeka, 347 U.S. 483 (1954).

(36) David Halberstam, The Best and the Brightest (Random House 1972)(浅野輔訳『ベスト&ブライテスト(上)(中)(下)』(二玄社、二〇〇九).

(37) United States v. O'Brien, 391 U.S. 367 (1968).

(38) Tinker v. Des Moines Independent Community School District, 393 U.S. 503 (1969).

(39) 社会契約のヴァージョンも多岐にわたるが、ここではホッブズのそれを念頭に置いている(トマス・ホッブズ(水田洋訳)『リヴァイアサン(一)』(岩波文庫、一九五四)第一三章)。

（40）　エマニュエル・レヴィナス（合田正人訳）『存在の彼方へ』（講談社学術文庫、一九九九）二四頁。
（41）　原意主義を最高裁の憲法解釈方法論として実践したのがスカリア判事である（Antonin Scalia, *Originalism: The Lesser Evil*, 57 U. CIN. L. REV. 849 (1989)）。
（42）　Bruce Ackerman, *The Living Constitution*, 120 HARV. L. REV. 1737 (2007).

第二章　近代立憲主義の理性

序節

本章は、長谷部恭男の学説を主な素材として、立憲主義における他者論の可能性を検討する。長谷部憲法学を取り上げる理由は、長谷部が「実践理性(practical reason)」と呼ばれる概念を憲法学の中心に据えることで、近代立憲主義の内に象徴的世界の居場所を見出そうとしているからである。象徴的世界への配慮を示している点では、長谷部の議論は Barnette 判決の思考に一歩も二歩も先んじたものといえる。

問題は、長谷部の描き出す立憲主義のかたちが、他者を十分に招き入れたものといえるかどうかである。本章の目的は、長谷部憲法学の検討を通じて、従来の近代立憲主義の限界点を明らかにした上で、その限界を克服する一つの視座を提供することにある。

第一節　政治的リベラリズム

第一款　国家の権威と実践的理由

一

長谷部憲法学の出発点は、「実践理性」ないし「実践的理由」の概念にある(1)。実践的理由とは、「なぜそうするのが正しいのか」や「なぜそれが善いことなのか」を説明する行動の理由である。この実践的理由は、原因と結果の関係や数学的な論理のつながりを説明する「理論的理由(theoretical reason)」とは区別される。理論的理由が「事実」の事柄に属するのに対して、実践的理由は何をなすべきかという「価値」の事柄に属する(2)。

では、なぜ人は行動するにあたって実践的理由を求めるのか。それは、理由ある行動には「価値」があると判断するからである。そもそも人が行動するのは、その行動が善をもたらすときや、何か悪いものを回避するのに役立つと考えるからである。つまり、人が実践的理由を求めるのは、自己の生に「善き意味」を与えようと望むからにほかならない(3)。

こうしてみると実践的理由とは、我々の生に意味を与える象徴的世界のことを、個人中心主義的に言い換えたものと言ってよい(4)。長谷部が実践的理由の概念を立憲主義の中核に据えるのも、この生の意味づけの問題を重視しているからである。

二

長谷部が実践的理由の概念を説明するに際し依拠するのが、法哲学者ジョセフ・ラズ(Joseph Raz)の学説である。(5)ラズは実践的理由を一次レベルの理由と二次レベルの理由に分けて、前者を「行動の理由」、後者を「ある理由のために行動する理由」と定義する。そして、二次レベルの理由のうち、一次レベルの理由に基づいて行動することを控えるための理由のことを、特に「排除的理由」(exclusionary reason)と呼ぶ。二つの理由の関係は、一次レベルの理由同士の衝突は理由の「強さ」によって決せられるのに対し、一次レベルの理由と排除的理由が衝突するときは常に排除的理由が優先する関係にある。(6)以上の実践的理由の働きを前提に、ラズは法が実践的権威として機能するとし、そのためには次の三つのテーゼを満たさなければならないとする。

①権威は依存的理由に基づいていなければならない。依存的理由とは、権威に命じられたか否かにかかわらず、名宛人の側にそうすべき独立して当てはまる理由をいう。

②権威は、各人が自ら一次レベルの理由に基づいて判断するよりも、権威に従った方が一次レベルの理由により合致した行動をとることができると主張できなければならない。

③権威の命令は一次レベルの理由に付加されるもう一つの理由ではなく、これにとって代わる排除的理由とならなければならない。(7)

この考え方に従うと、権威とは、名宛人から独立して存在する何かではなく、名宛人に奉仕するために存在するサービス提供者にすぎない。人々が権威の判断を受け容れるのも、権威に命じられたからではなく、権威に従った方が依存的理由によりよく合致した行動をとることができるからである。このように、権威は名宛人に奉仕するために存在する以上、権威に従うことは自律の精神に反するどころか、むしろ自律と適合的とさえいえる。(8)

では、権威に従った方が本来とるべき行動をよりよくとりうる場合とは、具体的にいかなる場合か。ラズはその典型として、権威が私人よりも優れた知識・経験を有している場合と、そうした知識・経験は有していないが人々の行動を調整する能力を有している場合を挙げて、政治的権威は主に後者を理由に正当化されると論じている。(9)そして、後者の典型として、「調整問題の解決」と「囚人のディレンマからの解放」を挙げている。(10)

三

長谷部は、以上のラズの議論を日本の憲法学に翻訳し、公共の福祉論を立て直そうと試みる。当時通説とされていた一元的内在制約説は、国家の権威の正当化根拠を、相互に衝突する多数の人権の調整に求めるものであった。この説明には、権利に外在的な理由によっては権利を制約しえないとすることで、公共の福祉による安易な制約を戒めるねらいがあった。(11)しかし、権利は権利以外によっては制約しえないとすると、社会全体の利益を実現することができず、かえって権利の効用が低下してしまうおそれがあった。

これに対して長谷部は、人はなぜ権威に従うのかという実践的理由を問うことで、国家の権威の正当性を導き出している[12]。それによると、人々は何をなすべきかに関する理由に基づき一般的に行動する自由を有するが、皆が好き勝手に行動すると相互に衝突する可能性が高まり、各人が自由を享受できる範囲はかえって狭まってしまう。こうした衝突を最小化するためには、各人が権威の判断を行為理由とする方が、一般的自由の効用を最大限に発揮することができる。つまり、国家の権威は、一般的自由の効用を発揮させる範囲で、かつその限りで正当化されうる。具体的には、「調整問題の解決」と「公共財の供給」がこれに当たる。

以上の長谷部の議論は、従来の権威の正当化論に比して、実践理性の尊重を徹底しようとする点に特徴がある。たとえば、社会契約説は権威の根拠を被治者の「同意」に求めるが、なぜ同意が根拠たりうるかは明らかではない。たしかに、同意が本人の自由な意思に基づくというのならわかるが、それでは不合理に同意しない場合や同意を与えた事実が存在しない場合には、権威を正当化できなくなる。この不都合を避けようとすれば、仮定的な同意をもって満足せざるをえない[13]。しかし、仮定的な同意とは合理的な人間であれば同意したであろう場合に認められるものであるから、同意を支える実質的理由に根拠を求めざるをえず、同意という道具立てはもはや権威の正当化理由として機能していない[14]。

他方、こちらも権威の正当化論として援用されることが多いのがプレコミットメント論である[15]。これは、将来において一時的な欲求に左右されることがないよう、憲法制定時の人民が自分自身を自己拘束したと説明する議論である。しかしこの説明は、憲法制定時の人民と今日の人民を同一視する点で明らかな飛躍がみられる。それでも、憲法制定者の知識が現在の国民の知識より優れている場合には、過去に拘束されることにも理由はあろう。しかし、もはや時代遅れとなっている知見にまで縛られる理由はないし、そもそも憲法の扱う問題について「より優れた」知識がありうるかは疑問である。また、人々の行動を調整する面においても、現在の社会状況に応じて調整方法を再調節する方が、社会全体の利益をよりよく実現できるのであれば、憲法制定者に従うべき理由はやはりなくなる。(16)

このように、従来の権威の正当化論は、必ずしも実践理性の地平にまで遡って考えようとはしてこなかった。これに対して長谷部の議論は、同意やプレコミットメントに寄りかかることなく、より直截に各人が権威に従うべき十分な理由があるかを問題とする点に特徴がある。(17)ただひたすらに実践的理由の有無を問うその姿勢には、個人の象徴的世界を最大限尊重しようとする長谷部の意図がうかがわれる。

四

もっとも、長谷部の議論に対しては、いくつかの批判が想定される。第一に、国家の役割が、調整問題の解決と公共財の供給に尽きることに対する疑問である。とりわけ古典的な共和主義を支持する論者からすれば、国家とはときに自分の生命を投げ打ってでも守らねばならない存在であったはずなのに、長谷部の議論では、せいぜい一人ひとりの利害に関わる特殊意思をより効果的に実現するための道具的な存在にとどめられている。(18)これに対しては、長谷部のようにおよそ国家を各人の実践的判断の地平にまで遡って正当化しようとするからには、権威の正当化が道具主義的になることは避けられないとの応答が可能である。むしろ、国家のために死ぬことの無意味さを明らかにして、実体として個人に先行して存在する古典的な国家概念を解体する点にこそ、長谷部のねらいはある[19]。

第二の批判は、調整問題の解決と公共財の供給という理由は、公共を基礎づける理由づけとしては些か弱いとの指摘である。というのも、この理由づけは広い意味では妥当するにしても抽象的であるため、説明の道具としては有効性を欠くようにも思われるからである。しかしこれに対しても、調整問題の解決や公共財の提供という理由づけは、経済学におけるゲーム理論に裏打ちされた強力なものであり、また理由の抽象度が説得力を直ちに減殺するものではないとの応答が可能である[20]。

では、長谷部の議論が十全かと問われれば、そこには議論の余地がありうる。問題は、上記の議論は「静態的(static)」な分析としてはその通りであるとしても、「発生的(genetic)」な説明としては寄与するところが少ないという点にある[21]。人はなぜ権威に従わねばならないのかと長谷部が問うとき、そこではすでに何らかの権威が確立していることが前提にされている。これは長谷部の関心が、専ら権威の正当性をいかにして調達するかという点にあり、公共それ自体がいかに生成されうるかという点にはないことを示している。ところが、公共を語るときの特有の難しさは、まさにこの「発生的」な側面にある。調整問題の解決や公共財の供給という理由付けは、外的視点からの「説明」としては優れているものの、内的視点からの「了解」としての説得力はさほど強くない。

もっとも、以上の批判は分析の視角の相違にすぎず、長谷部の権威論それ自体が失敗していることを示すわけではない。ただ、静態的な正当化論に特有の問題点として、公共空間を自己目的化する傾向がないかについては慎重を期する必要がある。というのも、静態的な正当化論は発生的な契機を欠くだけに、ともすれば既存の公共空間を所与とする危険性を孕むからである。もし公共空間を自己目的化する事態になれば、せっかく実践理性の地平にまで遡った努力が無駄になるだけでなく、実践理性に適うからとの理由で、本来各人の自律的判断に委ねられるべき事項が、広く公共の名のもとに制約されることにもなりかねない。

もちろん、周到な長谷部のことであるから、こうした批判は織り込み済みである。「切り札としての権利」という新たな概念を導入したことが、それを示している。この「切り札」には正当な国家の権威要求を覆す力が認められるから、たとえ大部分の人々と同じように行動する理由がある場面でも、「切り札」を振りかざすことで権威に従わないことが許容される。これにより、公共の福祉を名目とする国家の介入を一定の限度ではね返すことが可能となり、公共空間が自己目的化する危険に対処できる。このように長谷部は、権威の正当性を実践理性によって限界づけるだけでなく、さらにこの正当な権威を「切り札」をもって限界づけており、二重の意味で個人の実践理性を尊重していることがわかる。

ただし、この「切り札」が先の批判の応答たりうるためには、文字通り「切り札」としての役割を果たすものでなければならない。さもなければ、再び公共社会が自己目的化して、実践理性が呑み込まれるおそれがあるからである。ここに、長谷部のいう「切り札としての権利」が、真の意味での「切り札」たりえているのかという問いが浮上する。

第二款　切り札としての権利

一

長谷部は人権の正当化根拠を、個人の「自律(autonomy)」に求めている。そして、人権に、公共の福祉という根拠に基づく国家の権威要求を覆す「切り札」としての意義を認める。この「切り札」の概念は、元々はドゥオーキンによって広められたものである[22]。ここで興味深いのは、長谷部は権威論の文脈においてはラズの政治哲学に依拠するにもかかわらず、人権論の文脈においてはドゥオーキンの政治哲学に依拠している点である。ラズと同じく実践理性を重視する長谷部からすれば、この文脈においてもラズの議論を採用する方がより自然なように思われるのに、なぜドゥオーキンの議論に依拠するのか。以下、その理由を探ってみたい。

ドゥオーキンは、切り札としての権利を、「さもなければ正当であるはずの国家の権威要求を覆す権利」と定義する[23]。つまり、ある政策の実施が社会全体の利益を増進する場合でも、切り札としての権利を侵害するときは、国家の権威要求は正当とは認められない。では、対政府との関係で、どのような場合に切り札としての権利は侵害されるのか。それは政府が個人に対して「平等な配慮」ないし「平等な尊重」を欠く場合である。ここに平等な配慮とは、政府がすべての人の個人的選好(財や機会を自分が享受することへの選好)を、可能な限り満たすよう努力すること、平等な尊重とは、政府が論争的な善の観念に依拠することや、何が善き生であるかについて他の人々の外的選好(他者への財や機会の割り当てに対する選好)を考慮してはならないことをいう。外的選好が排除されるべきなのは、一人分の選好は一人分としか数えてはならないとする功利主義の原理に反するからである。[24] これによると憲法上の自由は、政府が外的選好に基づいて行動しそうな決定を類型化して、あらかじめこれを民主的政治過程から排除したものと整理される。

ここで重要なのは、ドゥオーキンは切り札としての権利の保障根拠を、権利の価値が公共の福祉の利益を上回る点にではなく、外的選好を含めて数えることが不公正な功利主義計算を招く点に求めている点である。[25] このことは、切り札としての権利が、公正な功利主義計算を達成するための手段的権利にすぎず、計算の公正さと独立して特定される権利ではないことを示している。[26] したがって、平等な配慮と平等な尊重への権利は、不公正な功利主義的衡量に基づく介入を禁止するにとどまり、公正な功利主義的衡量の「結果」を排除する理由とはならない。[27]

長谷部は、以上のドゥオーキンの権利論を日本の憲法学に翻訳する。[28] 曰く、「切り札としての権利」が侵害されるのは、他人の権利や利益を侵害しているからという「結果」ではなく、自分の選択した生き方や考え方が根本的に誤っているからという「理由」に基づいて干渉されるときである。なぜなら、前者とは違い、後者の場合には、自分のことは自分で決めるという自律の精神を否定しているからである。[29] このように、切り札としての権利が保障するのは「人格の根源的平等性」であり、行動の理由において差別されないという意味での「理由の平等」である。[30]

この議論に対しては、国家による介入の理由の如何にかかわらず、その行為が競合する善の構想に対して差別的効果をもたらす限り、自律の侵害を認めるべきではないかとの批判がなされることがある。国家はその行為の「結果」として、特定の善の構想に差別的効果をもたらすことがないように配慮する義務まで負うというのである。これは、国家の行為が差別的効果をもたらすときには権威の実践的理由を構成しないとする点で、先の理由の平等との対比で「結果の平等」を説く考え方といえる。しかしこの見解には二つの難点がある。

第一に、およそ国家の行為である限りは、何らかの差別的効果をもたらすことは避けられない。にもかかわらず、そのことを根拠に国家行為の正当性を覆すとなると、社会全体の効用を低下させて、かえって自律の保障にそぐわない結果を生じさせることになる。[31] 第二に、「結果の平等」の考え方は、あらゆる結果を平等に取り扱うというその性質上、道徳的に価値のない選択肢に対しても差別的効果を生じさせてはならないとの義務まで認めざるをえない。しかし、かかる帰結は、自律は善の追求のために行使される限りで価値があるという一般的な見方とは整合しない。[32]

こうしてみると、切り札としての権利は「結果の平等」を保障しているとの考え方を採用することは困難である。しかし、「理由の平等」の考え方にもまた問題はある。[33] この議論は、自律は国家が多様な善の構想に対して「中立的」ないし「非差別的」に振る舞うことで図られることを前提にするが、果たしてそう言い切れるものか定かではない。自律は複数の善き選択肢から一つを選び取ることで図られることからすると、むしろ国家は道徳的に価値のある選択肢は促進する一方で、価値のない選択肢は抑制するように振る舞うべきという卓越主義的な考え方も十分成り立ちうる。ところが長谷部はそうは考えなかった。問題はその理由である。

二

この問題を解く鍵は、実践的理由と並ぶ長谷部憲法学のもう一つの要である「比較不能性(incommensurability)」の概念に横たわっている。比較不能性とは、二つの選択肢のいずれかが他方よりも価値があるわけではないが、両方の価値が等しいともいえない状態を指している。[34] 長谷部はこの概念を説明するに際し、ラズの比較不能性の概念に依拠しているが、この概念から導き出す内容は両者の間で相当に異なっている。すなわち、長谷部は比較不能性を「政治的リベラリズム」に結びつけるのに対して、ラズはこれを「卓越主義的リベラリズム」に結びつけている。長谷部が切り札の範囲を「理由の平等」の範囲に限定したのは、以下にみるとおり、この政治的リベラリズムに依拠しているところが大きい。

長谷部によれば、個人の生き方を根底で支える価値観は比較不能であるから、この価値の多元性という状況を受け容れた上で、公正に協働しうる社会を構築しなければならない。この考え方は、ジョン・ロールズ(John Rawls)の政治的リベラリズムの構想に基づいたものである。[35] ここに政治的リベラリズムとは、「政治的」観念と「包括的」観念を区別する「公私二分論」のことをいう。宗教に代表される道徳的観念は、生の意味に関する考え方を含むため「包括的」であろうとするのが通常である。しかし、包括的道徳観は多様で相互に両立しないため、個別の包括的道徳に縛られない「政治的」な公共空間が必要となってくる。そこで世界を、これまで通り人々が包括的な道徳にコミットすることが許される私的空間と、自分の善の観念を反省・改訂しうる存在として自分を見る必要がある公共空間に区分して、多様な価値観の共存を図ろうというのが政治的リベラリズムの発想である。

この政治的リベラリズムの構想は、国家の「中立性」の考え方と分かちがたく結びついている。すなわち、人々が相互に比較不能な包括的道徳観にコミットする中で、それにもかかわらず合意しうる共通の意味とは、公的な政治の領域において自由で平等な市民として生きるのに必要な「政治的」な価値についてである。そして、それは自分以外の他の包括的道徳観も自らと同じように「道理的(reasonable)」と認めて、互いを差別的に取り扱わないことを本質的な内容としている。ここから、政府はあらゆる包括的道徳観に対して中立に振る舞うべきとする原理が導き出される(36)。

政治的リベラリズムは、かつてロールズ自身が提唱した包括的なリベラリズムに比べると、リベラルな価値の妥当範囲を政治的領域に限定する分だけ、包括的道徳観の多様性に随分配慮したものといえる。むろん、政治的領域を保障する必要性はいかなる個別の包括的道徳観に対しても優越するが、それは個別の包括的道徳観が間違っているからではなく、多元性の現実を受け入れるからには従わねばならない規範的原理があると考えるからである。当然、権利保障の範囲や程度も、包括的なリベラリズムの場合に比して、より広範囲に及ぶことになる。

以上を踏まえると、長谷部が「理由の平等」にこだわった理由もみえてくる。政府が個別の包括的道徳観を差別的に取り扱うことが許されるとなれば、公平な協働の枠組みはただちに崩れ去り、かえって個々の象徴的世界の存続にそぐわない結果となりかねない。多様な生き方を保障したいと望むのであれば、一見すると逆接的ではあるが、政治的空間は道徳的負荷のない中立的な空間であることが担保されなければならない。したがって、切り札としての権利の射程が非差別的な意図を要求する「理由の平等」に限られていたのも、中立性原理を要求する政治的リベラリズムの必然的な帰結だったとみることができる。

ただし、公的空間が中立的であることの当然の帰結として、個々の道徳的観念に依拠する文化や自律的なコミュニティの価値を積極的に承認することは難しくなる。たとえば、公立学校でイスラムのスカーフの着用を許容することや、宗教的コミュニティが伝統的に実施してきた教育を世俗的な義務教育と代替することを認めるのは難しい[37]。なぜなら、中立性の原理は、個別の包括的道徳のニーズに応答することを許容しないからである。それによって個々の実践的判断が阻害されることになったとしても、それは公共空間を実現するためのやむを得ない代償として甘受しなければならない。

ところがそうなると、「切り札」は本当に「切り札」たりえているのか疑問が湧く。個人の意味世界に重大な負担が及んだとしても、理由の平等が図られている以上遵法義務は解除されないとするのは、切り札というにはあまりに薄弱だからである。これに対しては、価値の比較不能性を承認する以上、文化や宗教の多様性を積極的に承認する措置をとりえないとしても仕方がないといわれるかもしれない。しかし、比較不能性の概念から導き出しうる内容は、必ずしも政治的リベラリズムの構想には限られない。このことは、同じく比較不能性を承認しながらも、卓越主義的リベラリズムの構想に依拠するラズの議論が示している。次節では、この卓越主義的リベラリズムの検討を通じて、実践理性を生かす別の可能性を検討したい。

（1）　以下、長谷部恭男『法とは何か〔増補新版〕』（河出書房新社、二〇一五）三一―三三頁参照。
（2）　この区別は、ドゥオーキンの「神なき宗教」論における事実と価値の区別に相当する（本書第I部第一章第二節第一款を参照）。
（3）　実践的理由を善の観念と結びつけるアリストテレス的な捉え方の復権は、哲学者アンスコムの仕事によるところが大きい(G. E. M. Anscombe, Intention (Blackwell 1957))。

(4) リベラリズムの善の観念と個人の意味世界は同視できるとするものとして、盛山和夫『社会学とは何か——意味世界への探究』(ミネルヴァ書房、二〇一一)一三八—一三九頁。

(5) *See* Joseph Raz, Practical Reason and Norms 15-48 (Oxford University Press 1999).

(6) たとえば、人は車を運転するとき、道のどちら側を通るかはどちらの方が安全かという理由で決めるが、いったん道路交通法によってすべての車は道の左側を通るべきと定められれば、その規定を理由として左側を運転する。これはその人の実践理性において、安全という一次レベルの理由が、道路交通法の規定という排除的理由に取って代わったことを意味する。

(7) *See* Joseph Raz, The Morality of Freedom 38-69 (Clarendon Press 1986).

(8) ただし、権威に従った方が問題をよりよく解決できる場合であっても、自ら判断すること自体に価値ある事柄が世の中には存在することを、ラズは否定しない(Joseph Raz, Ethics in the Public Domain: Essays in the Morality of Law and Politics 365-366 (Clarendon Press 1994))。

(9) *Id.* at 70-80; Raz, *supra* note 5 at 63-65. もっとも、消費者保護法制・労働安全衛生法制等は優れた知識を根拠に正当化されるし、課税や裁判は両者の側面を有している。

(10) ここでの調整問題とは、ゲーム理論でいうところのそれには限られず、大部分の人々にとって他の大部分の人々と同じ行動をとることが求められるが、他の大部分の人々がどのような行動をとるかが不確定な状況を広く指している(Raz, *supra* note 5 at 62-65)。

(11) この考え方はミルの他害原理と親和的である(John Stuart Mill, On Liberty (Batoche Books Kitchener 2001 〔1859〕)(塩尻公明・木村健康訳『自由論』(岩波文庫、一九七一)))。

(12) 長谷部恭男『憲法〔第七版〕』(新世社、二〇一八)一〇六—一〇七頁。

(13) *See* Raz, *supra* note 8 at 355-369.

(14) *See* Joseph Raz, Between Authority and Interpretation 334-338 (Oxford University Press 2009). 長谷部恭男『憲法の境界』(羽鳥書店、二〇〇九)一二—一三頁。

(15) *E.g.*, Jeremy Waldron, *Precommitment and Disagreement*, *in* Constitutionalism: Philosophical Foundations 271-299 (Larry Alexander ed., Cambridge University Press 1998).

(16)　もっとも、憲法制定者の意図は全く意味をなさないかといえばそうではない。ラズは、道徳的に許容された範囲内であれば、原意主義に基づく実践は権威の内容を構成すると論じている(RAZ, *supra* note 14 at 343-352)。なぜなら、道徳的原理は憲法の内容を一義的に確定するほど切れ味の鋭いものではなく、比較不能な複数の可能な選択肢を許容するため、この中のいずれを選択するかに際して、憲法制定者の意図が重要性を有するということがありうるからである。この場合、原意それ自体は憲法の権威を正当化する理由(merit reason)ではないものの、原意に従うことには一応の理由があるといえる。

(17)　この点で、従来の権威の正当化論の中でもフェア・プレイの議論は注目に値する。この議論のねらいは、権威に服従すべき十分な理由の存在にもかかわらず、コストを他者に転嫁して自らは便益のみを享受しようとするフリーライダーを排除するところにある。公共財の非排除性を踏まえるなら、たとえ実際の同意がないとしても、その供給に係る負担を配分させることには十分な合理性が認められる。フェア・プレイの議論を根拠に権威の正当化を試みるものとして、井上達夫「憲法の公共性はいかにして可能か」同ほか編『立憲主義の哲学的問題地平　岩波講座憲法(1)』(岩波書店、二〇〇七)三二六頁。

(18)　祖国のために死ぬことが神聖視されるに至った経緯については、エルンスト・カントロヴィッチ(甚野尚志訳)『祖国のために死ぬこと〔新装版〕』(みすず書房、二〇〇六)一―二九頁参照。

(19)　長谷部恭男『比較不能な価値の迷路――リベラル・デモクラシーの憲法理論〔増補新装版〕』(東京大学出版会、二〇一八)一九―二三頁。

(20)　「法と経済学」が憲法学の包括的理論たりうるかについてはなお争いはあるが、その有用性は否定し難い(*See e.g.*, RICHARD POSNER, THE ECONOMIC ANALYSIS OF LAW (Little Brown 1st ed. 1973))。

(21)　ここでの「静態的」と「発生的」の区分は、フッサール現象学における区分を念頭においているが、それに忠実というわけではない。両区分の生成過程については、榊原哲也『フッサール現象学の生成――方法の成立と展開』(東京大学出版会、二〇〇九)参照。

(22)　RONALD DWORKIN, TAKING RIGHTS SERIOUSLY 186-197 (Harvard University Press 1978).

(23)　逆に言えば、正当でない国家の権威要求に対して権利が機能する余地はない。この点を問題視するものとして JAMES GRIFFIN, ON HUMAN RIGHTS 20 (Oxford University Press 2008)。

(24)　たとえば、人種差別主義者が大部分の共同体において、黒人の選好は一人分以下に、白人の選好は一人分以上に数える選好を計算に含めることがこれに当たる(Dworkin, *supra* note 22 at 235, 275)。

(25) H. L. A. Hart, *Between Utility and Rights*, *in* Ronald Dworkin and Contemporary Jurisprudence 219 (Marshall Cohen ed., Rowman & Allanheld 1984). ただし、ドゥオーキンは功利主義による政策決定が妥当であると信じているわけではなく、現在の社会ではそれが一般に受け容れられているから功利主義を前提とするにとどまる(Ronald Dworkin, *Rights as Trumps*, *in* Theories of Rights 166 (J. Waldron ed., Oxford University Press 1984))。長谷部恭男『権力への懐疑――憲法学のメタ理論』(日本評論社、一九九一)一一九頁も参照。

(26) *See* Ronald Dworkin, A Matter of Principle 198 (Harvard University Press 1985).

(27) 切り札としての権利が問題となる場面では、正当な国家の権威要求が実践的理由として提示されているはずであるから、通常の実践的衡量の結果としては当該行動をとるべきではないが、そうした実践的理由を勘案しないことを許容する排除的理由として、切り札としての権利は機能する(長谷部・前掲注(14)一一三―一一五頁)。

(28) ただし、ドゥオーキンの「切り札」としての権利は覆される場合がありうるのに対して(Dworkin, *supra* note 22 at 191)、長谷部の「切り札」は一切の例外を許さない絶対的な権利である。この差は、ドゥオーキンの権利論が純粋に structural なものであるのに対して、長谷部の人権論は自律という substantive な価値を充塡している点に起因するものと考えられる。

(29) ラズが指摘するように、平等自体は empty な概念であるから、何が平等であるか否かを判断する理由が別途必要である(Joseph Raz, *Professor Dworkin's Theory of Rights*, 26(1) Political Studies 123, 129 (1978))。

(30) 長谷部恭男『憲法学のフロンティア』(岩波書店、二〇一三)二九頁。

(31) 長谷部恭男『憲法の理性〔増補新装版〕』(東京大学出版会、二〇一六)一〇九頁以下。

(32) Raz, *supra* note 7 at 380-381, 411-412. これに対しては、反道徳的な選択肢を含めた中から道徳的な選択肢を選りすぐることが自律に資するとの立場から、すべての選択肢を平等に扱うべきとの反論がありうる。しかし、あえて道徳的に価値のない選択肢を保障することまで自律に要求する必要があるかについては疑問がある。

(33) 切り札としての権利論の弱点は、本文記述の点に加えて、人権概念を節約的に使用するために、世界人権宣言以来の国際社会における豊富な人権実践を捉えきれない点にある。ロールズやラズは、この欠点を克服しようと、人権概念を国家主権が否定される局面にかからしめているが(John Rawls, The Law of Peoples 78-81 (Harvard University Press 1999); Joseph Raz, *Human Rights without Foundations*, *in* The Philosophy of International

Law (Samantha Besson and John Tasioulas eds., Oxford University Press 2010))′ 批判も強い(*See e.g.*, Jeremy Waldron, *Human Rights: A Critique of the Raz/Rawls Approach, in* Human Rights: Moral or Political? (Adam Etinson ed., Oxford University Press 2014))。

（34） Raz, *supra* note 7 at 322-328.

（35） 長谷部・前掲注(19)五八―六二頁。*See* John Rawls, Political Liberalism 133-254 (Columbia University Press 1993).

（36） 中立性の原理は、すでにロールズの『正義論』の内に萌芽的に現れていた。その中でロールズは、正義の原理が、無知のヴェールに覆われた人々の合意する二つの原理――平等な自由の原理と格差原理――に集約されると説く。そして、原初状態の人々は、善の構想を共有していないために、卓越性原理に合意することはないと論じている(*See* John Rawls, A Theory of Justice 325-332 (Clarendon Press 1972))。これに対しては、原初状態で合意された手続的正義に基づいて、人々が最善と考える道徳的観念を追求することはなお可能であるとするラズによる批判がある(Raz, *supra* note 7 at 124-130)。

（37） 参照、阪口正二郎「リベラル・デモクラシーにとってのスカーフ問題」内藤正典・阪口正二郎編『神の法vs.人の法』(日本評論社、二〇〇七)、および Wisconsin v. Yoder, 406 U.S. 205 (1972) 参照。

第二節　卓越主義的リベラリズム

第一款　人格的自律

一

ラズは、道徳的多元主義に立脚するにもかかわらず、ロールズの如く、道徳的多元主義と中立性原理との間に必然的な結びつきをみない。むしろ、道徳的多元主義は卓越主義と結びつくというのがラズの論旨である。ここに卓越主義とは、国家は比較不能な複数の善の構想を促進しなければならないとする考え方をいう[1]。圧倒的な支持を誇るラズの権威論に比して、ラズの卓越主義は驚くほどに支持が少ない。その主な要因は、卓越主義が一般に反リベラル的な観念であるとされていることにある。卓越主義は、ある生活様式が他のものより道徳的に優れていたり劣っていたりするとの判断は可能であることを前提に、国家は道徳的に価値のある選択肢は促進すべき一方で、価値のない選択肢は抑制すべき義務を負うとする。このような卓越主義の観念が、善悪の是非の判断は個人の自由に任されるべきとするリベラリズムの思考と両立しないことは一見して明白である。

　ところがラズは、リベラリズムは卓越主義と両立するどころか、それを要請すらしているという。ここでリベラリズムと卓越主義を結びつける媒体となるのが、人格的自律(personal autonomy)の概念である[2]。ここに人格的自律とは、人々は自己の生の作者となって自己の生を形作るべきであるとする観念をいう。そのために必要なのが「十分な範囲の選択肢」である。なぜなら自律的な生とは、他にいかなる生がありえたのか、今の生をいかにして選択したかによって特徴づけられるからである。限られた選択肢しか有しない人は自律的に生きることはできない。なぜならこの場合、事実上選びうる選択肢は限られており、その人自身が選びとった生き方とはいえないからである。自律的な生を営むためには複数の善き選択肢が必要であり、その中から一つを選びとることではじめて人はその人になる。したがって、自律は十分な善き生の選択肢に富んだ環境を要請しているとするのが、ラズの議論である。

かかる自律の理解を前提にすると、国家は自律的な生を可能とするような適切な公共文化を促進しなければならないとの帰結が導かれる。そして、法を実践的理由として捉えるラズの立場による限り、この結論は極めて「自然」に導かれる(3)。というのも、自律的な生の諸条件は誰にとっても価値あるものであるから、各人にそれを求めて行動する理由が当てはまるといえるからである。そして、ラズの権威論からすれば、国家が自律的な生の諸条件を提供するうえで一般人よりも適切な立場にあるのであれば、国家は卓越主義的理由に基づき行為すべきという帰結が当然に導かれる(4)。

以上のラズの議論を受け容れがたく感じるとすれば、それは何が善き選択肢であるかを決する任務を国家に託することへの不安によるものであろう(5)。この不安は、善を判断する国家の能力に対する懸念と、画一的な生を国家が押しつけることへの懸念の二つから成る。しかしラズは、国家の能力の欠如は、自律に相応しい環境を構築する国家の義務を原理的に否定するものではないし、また画一的な生を押しつける危険についても、むしろそれを理由に自律を支える公共文化を育んでこなかったリベラリズムの方を批判する。画一性へのおそれはこれを克服する方法を捻出することで対処すべきであり、このおそれに屈して政治的手段による自律的諸条件の追求を一切否定すべきではないからである。

こうして、比較不能性を卓越主義的リベラリズムに結びつけることで、ラズは中立性原理に立脚する政治的リベラリズムでは踏み込むことのできなかった領域にまで踏み込むことが可能になる。それが多文化主義の領域である。

二

ここに多文化主義とは、文化的・宗教的多様性を受容し、それに積極的に応答する考え方をいう。この多文化主義に対して、政治的リベラリズムは概して警戒的である。[6]一つには、文化的コミュニティが構成員の意思を抑圧して、個人の自由を侵害するとの懸念がある。[7]また、リベラルな価値を共有しない文化的コミュニティに対する不信感がある。これは、リベラリズムが正義の善に対する優位を前提にするため、ときにリベラルでない文化を未開の文化と位置づけがちであるところに起因している。さらに、多文化主義を正面から受け入れるとコスト負担の面などで共通の基盤を確保することができず、社会が成り立たなくなるとの懸念がある。

これに対して卓越主義的リベラリズムは、個人の生の意味づけは、その個人の属する文化的コミュニティの発展に依存しているとの認識から出発する。[8]なぜなら、自律的な生を営むのに必要な価値ある選択肢を提供しうるのは、包括的な「意味的全体」であるところの文化だからである。人は文化の一員になることではじめて多様な選択肢を手に入れられるし、アイデンティティを形成したり、親密な人間関係を築いたりすることができる。[9]このように、文化への帰属が自律の前提条件である以上、国家は文化的多様性を発展させるために、文化的コミュニティを広く奨励しなければならないという多文化主義の帰結が導かれるとラズはいう。

他方、先のリベラリズムの懸念についても、ラズは理由がないとみる。[10]まず、リベラルでない文化に対する不信については、異なる文化は互いに比較不能であるから一律に不信を抱くことには理由がない。たしかに、その文化が構成員に抑圧的であれば別であるが、いかなる文化も完璧ではありえないから、抑圧的といえるためにはその欠陥が構造的なものであることが必要である。第二に、個人の自由を抑圧する懸念に対しては、各コミュニティは他文化についても学ぶ機会を保障すると同時に、構成員に脱退の機会を保障することで対応すべきである。もし、抑圧の程度が深刻な場合には当該コミュニティに対する介入が認められてよいし、その程度にまで至らなくとも改革や緩和措置の実施の要求は正当化されてよい(11)。第三に、社会が成り立たなくなるとの懸念に対しては、多文化主義は寛容と尊重の精神を育むことのできる共通文化の存在を当然に要請していると説明される。

そしてラズによると、多文化主義は、国家に対して中立にはとどまらない積極的な措置を採ることを要求する(12)。第一に、文化的コミュニティの子どもたちは、親がそう望むのであればコミュニティ内部で教育されることが認められるべきである。ただし、文化の多様性に対する寛容と尊重の精神を育むためにも、他文化の歴史や伝統を学ぶ機会が各コミュニティにおいて保障されなければならない。第二に、文化的コミュニティの慣習や実践は、それが非寛容なものでない限り、公共空間において承認されなければならない。たとえば、公立学校においてイスラムのスカーフや十字架のペンダントを着用することは認められてよい。第三に、貧困や教育水準の低下の現象が、特定の民族に偏らないようにしなければならない。あるコミュニティの構成員の大部分が、貧困にあえぎ、十分な教育を受けられないようでは、自分の文化に誇りを持つことができないからである。第四に、国家は自律的な文化的コミュニティに対して、公的資源を積極的に分配しなければならず、パブリックフォーラムでは、あらゆる文化的コミュニティを受け容れるように努めなければならない。

このように、卓越主義的リベラリズムの立場からは、政治的リベラリズムでは捉えきれなかった多様な象徴的世界を招き入れることが可能となる。同じく文化の多様性を認識しながらも両者の帰結が異なるのは、政治的リベラリズムにおいては中立性原理を徹底するあまり、一切の価値に関わる判断が放棄されてしまっていたからである。政治的リベラリズムは、文化の重要性を認識しているにもかかわらず、いやむしろ認識しているからこそ、あえて文化的・宗教的多様性を捨象して、国家を中立的に振る舞わせようとしているのである。

三

ラズの卓越主義的リベラリズムに対しては、共同体主義に陥っており、個人の尊重を脅かすとの批判が向けられている。しかし、この批判は的を射たものとは言い難い。そもそも、政治的リベラリズムと卓越主義的リベラリズムの対抗軸は、「個人主義」対「共同体主義」にあるわけではない。たしかに、卓越主義的リベラリズムは文化的コミュニティの存在を重視するが、何よりも個人の福利(well-being)を重視する点で、共同体主義とは根本的に異なる。

たとえば、近年の共同体主義の論客として知られるマイケル・サンデルは、リベラリズムが想定する個人のことを、一切の価値の根拠を自己の選択能力のみに求める「負荷なき自己(unencumbered self)」であると批判する。(13) サンデルは、負荷なき自己は道徳的判断を成す能力を欠くと指摘し、代わりに「状況づけられた自己(situated self)」を主体とすることではじめて、共通善を実現する正義の構想が可能になると説く。(14)

だが、ラズの卓越主義的リベラリズムは、サンデルの共同体主義とは異なる。第一に、卓越主義的リベラリズムは共同体を重視するが、それはあくまで個人の福利に資する限りにおいてでしかない。人格的自律を出発点とするラズのリベラリズムは、共同体を所与とする共同体主義とは出発点からして異なる。第二に、たしかに卓越主義的リベラリズムは人が過去に状況づけられていることを認めるが、過去の理由それ自体に縛られるとするものではない。自律にとって重要なのは、今この時点において状況を脱するか否かという選択の可能性を認識のうえ、実践的理由に基づいて決断しうることである。

他方、ラズの卓越主義的リベラリズムは、サンデルの批判する「負荷なき自己」とも異なる。なぜならラズは、コミットメントが行為主体の行為理由を一変させることを認めているからである。[15] ここにコミットメントとは、複数の比較不能な選択肢を前に、人が「意志(will)」の力によってする決断のことである。[16] このコミットメントは、理由が尽きたときに働く意志の力であるから、それ自体は理由ではない。しかし、いったんコミットメントを果たすと、それを遵守することが当初の行動の理由とは独立した価値となって、新たな行動の理由となる。[17] この点を捉えれば、人は過去に状況づけられているとみることは可能である。

このように、ラズの想定する自己とは、状況づけられた自己でも、負荷なき自己でもなく、一方では過去に囚われつつ、他方では過去を乗り越えていこうとする両義的な自己である。かかる自己の概念は、共同体主義の想定する自己の概念には到底収まりきるものではない。

四

以上の議論に照らすと、比較不能性を自律の概念と結びつけるなら、むしろ多元的な選択肢を保障する卓越主義的リベラリズムは極めて自然な帰結といえよう。逆にいえば、ラズと同じく比較不能性の概念に立脚しながらも、政治的リベラリズムに立脚する長谷部の立論には「不自然」な面があるということになる。問題は、なぜ長谷部が「不自然」な道を選んだのかである。

その理由を長谷部は明確に述べてはいないが、卓越主義的リベラリズムが従来の憲法学のパラダイムとは上手く整合しないことを懸念してのことではないかと考えられる。以下では、卓越主義的リベラリズムを憲法学に「翻訳」することで生じる不都合を浮き彫りにしたいと思う。

第二款　憲法学との整合性

一

卓越主義的リベラリズムは、国家に自律の前提となる諸条件を促進する役割を求めるため、従来の消極的・積極的自由の二分論でいえば、積極的自由の方を重視する。ところが、日本の憲法学では、元来、積極的自由より消極的自由を重視する傾向が強い。その背景には先の大戦時における国家統制への反発をみてとれるが、実はこの傾向は日本だけにとどまるものではない。[18]消極的自由の古典的理解を唱えたトマス・ホッブズから「二つの自由概念」論を唱えたアイザイア・バーリン[19]に至るまで、西洋諸国においても消極的自由を強調する傾向は顕著であり続けた。とりわけ東西冷戦は、計画経済の実現の下に積極的な介入を実施する東側と、「見えざる手」による自由経済の実現を目論む西側の対比を浮き彫りにして、西側諸国において消極的自由の概念を優位させる一因となった。

しかし、消極的自由の概念はひとたび歴史的な文脈から解き放つと、その内実はたちまち不明確となる。消極的自由は一般には「外的障害の不在」と定義されるが[20]、この定義には「散歩の自由」と「改宗の自由」の間の重みを区別できなくなるという難点がある。また、何が外的障害に当たるかはそれ自体論争的な事柄であり、価値と無関係に判断するのは困難である。このように消極的自由それ自体は空虚な概念であるから、その本質を捉えようとすれば、消極的自由の名の下に保障しようとする価値を正面から問題とせざるをえない[21]。

では、なぜ外的障害は不在でなければならないのか。ラズによれば、それは自律の前提となる「独立」の要件を妨げるからである[22]。外的障害には「強制」と「操作」の二つがある。「強制」が自律を侵害するのは、行為主体の選択肢を減少させるからである。これには選択肢の幅が十分な程度を下回る場合だけでなく、十分な幅の選択肢は保障されていても特定の選択肢を追求しないように強制される場合も含まれる[23]。また、実際の帰結に影響を及ぼさないまでも、強制が行為主体を侮辱する意図でなされる場合も自律の侵害に当たる[24]。これに対して「操作」は、行為主体の選択自体には介入しないものの、その選択に至るまでの判断過程を不当に歪める点で、やはり自律を侵害する。

ところが、このように消極的自由の価値を自律にみるとすると、積極的自由よりも消極的自由を特別視する根拠は疑わしくなる。というのも、自律の前提条件としては「独立」のほかにも、「十分な幅の選択肢」の存在や、自己の生を自ら形作るための「行為能力」の存在が含まれるからである。[25] そして、十分な幅の選択肢や行為能力は、自律的な生を営むために積極的に必要とされるものであるから、従来の区分でいえば積極的自由に相当する。したがって、国家の役割には当然、これらの自由を積極的に実現することまで含まれることになる。

それどころか、自律との関連でいえば、消極的自由は積極的自由に資する限りにおいてのみ価値があるとラズはみる。[26] というのも、国家の介入を禁止する趣旨は行為主体の選択肢を減少させないためであるが、十分な選択肢の幅を確保するために介入することは、この趣旨にむしろ適合的だからである。たしかに、介入は道徳的に堕落した選択肢を減少させることにつながるが、自律に資するのは善き選択肢に限られることからすると自律の侵害にはならない。さらに、強制による方法は侮辱の意図を伴うことも少なくないが、個人の自律の前提条件を確保するための介入であればそうした意図は伴わないのが通常である。このように、積極的自由の実現を目的とする国家の介入は消極的自由の趣旨に反するものではなく、その意味で自由論の中心にあるのは、むしろ積極的自由である。[27]

二

ところが日本の憲法学は、自律と積極的自由との間に結びつきをみることを躊躇してきた。その原因の一つとして考えられるのが、加害原理との不整合である。ジョン・スチュアート・ミルによって定式化された加害原理とは、国家は他者への加害を阻止する場合に限り強制力を用いることが許されるとする考え方である。[28] この考え方からすると、国家が積極的自由の実現の名のもとに強制力を行使することは、他者への加害が問題となる場面ではないから、加害原理に反することになりそうである。しかし、ラズは卓越主義と加害原理が衝突するとは考えていない[29]。ここでのポイントは、何をもって「加害」を構成するとみるかである。もしここでの加害が作為による自律の「喪失」に限られるのだとすれば、たしかに加害原理を消極的自由と結びつけることには理由がある。しかし、加害の範囲に自律の促進に「失敗」することまで含めるのであれば、不作為もまた加害を構成することになるから、積極的自由の実現を理由に介入することはむしろ加害原理に適合的である[30]。

もっとも、加害の範囲に自律の促進の失敗まで含めるとなると、国家は道徳的に価値のない選択肢を強制的に排除することも許されそうだが、これはまさしく従来から自律の侵害に当たるとされてきた典型的な場面であったはずである。しかしラズは、卓越主義的な目的は強制の手法によって追求される必要はないという[31]。国家の任務は卓越主義に基づいて、特定の活動を助成したり、その利用可能性を広めたりすることで足り、強制力を行使して特定の選択肢を排除する必要まではないからである。たしかに、強制力は必要な資金を課税によって調達する場面では必要となるが、それは十分な幅の選択肢を確保することが目的であり、そこに卓越主義的考慮が直接的に働いているわけではないから、加害原理に反することにはならない[32]。

さらに、積極的自由を警戒するもう一つの要因として、道徳的個人主義との不整合が考えられる。実は日本の憲法学は、七〇年代に繰り広げられた岡田与好と渡辺洋三らの間の「営業の自由論争」を経るまで、「国家による自由」の存在にはそれ程自覚的ではなかった[33]。この論争をきっかけに、経済的自由の文脈では自覚的になったものの、それを精神的自由の文脈に拡大することにはなお慎重であった。その背景には、国家が精神的自由の分野に介入することに対する警戒感もさることながら、国家による自由という考え方が、経済的自由のように制度の設営を前提としない精神的自由にはうまく妥当しないとの考慮が働いていたように思われる。

こうした中、長谷部は、精神的自由には「人権」の側面のみならず、「公共財の権利」としての側面があると説き、精神的自由の領域においても国家による自由を語る余地を見出す[34]。たとえば表現の自由には、自己実現に資する側面のみならず、民主的政治の活性化や寛容の精神を育むなどの公共価値に資する側面もある。この公共価値の側面は、表現主体である個人の権利に還元されるものではなく、社会全体の利益を根拠とするものであるから、これを積極的自由という形で制度的に保護する必要がある。この長谷部の議論をきっかけに、国家による自由と精神的自由の間にあった溝も徐々に縮まってゆく。

ところが、ここで二つの壁が立ちはだかる。第一に、公共価値に基づく権利論は、個人の利益のみを根拠として権利を肯定してきた従来の憲法学の権利論とは折り合いがつかない。公共財としての権利は社会全体の利益を根拠に認められるものであるから、どうにかしてその範囲を道徳的な個人主義とは衝突しない限度にとどめておく必要がある。そのための方策が、公共財としての権利は個人との関係で「手段的(instrumental)」な価値を有するにすぎないとすることである。長谷部が選んだのもこの道であった[35]。

しかし、これでは自律と積極的自由との間の溝は縮まらない。一方で、ラズが国家に卓越主義に基づく行動を認めることができたのは、自律に資する積極的自由の存在を自律にとって「本質的(constitutive)」なものとみていたからである。[36] もし積極的自由が手段的な価値しか有しないのだとすると、国家が卓越主義的に行動すべきということは困難である。むろん、手段的とはいえ自律に資する行為ではあるから、国家が卓越主義的に行動する選択肢が全く排除されるわけではないが、中立で清廉な公共空間を維持する必要性の前には、積極的自由は一歩譲らざるをえないであろう。

第二の問題は、自律に公共財としての側面を認めることは、「自律の権利」を否定するという一見するとグロテスクな帰結を導く点にある。というのも、権利というのは権利主体の利益が他人を従わせるのに十分な理由となる場合に認められるが、自律に本質的な公共財は、個々人の利益ではなく社会全体の利益をもって正当化されることになるため、自律の権利を否定する結果にならざるをえないからである。[37] むろん、このことが意味するのは、自律が重要ではないということではなく、国家に義務を負わせるためには集団の利益を根拠とする必要があるというだけである。

ただそうはいっても、いったん自律の構成要素の中に公共財としての側面を含めてしまうと、自律の「切り札」としての側面が弱められてしまうとの懸念が生じるのはもっともなことであろう。公共の要請を覆す働きを有する切り札それ自体が、公共によって支えられているというパラドクスを、自律に必要な積極的自由が自律に「本質的」であるからという理由だけで乗り越えられるかは定かではない。とりわけ危惧されるのが、国家が自律を実現するという名目で、実は「切り札」を侵害する事態である。そうなるくらいなら、いっそのこと国家を不介入にとどめておこうとする選択は、個人の確立もままならない日本の文脈を考慮するとき、相当の説得力を有しているように思われる。[38]

三

以上の考察により、日本の憲法学が自律と積極的自由との間に結びつきを見ることを躊躇した理由が、加害原理や権利コンセプトとの不整合にあることが明らかになった。長谷部が卓越主義的リベラリズムを退けた理由も、おそらくこの辺りにあったように思われる。

こうしてみると長谷部とラズは、個人の自律のために象徴的世界の存在を重視する点で、実は一致している。両者の対立軸は、象徴的世界を促す環境として、国家は「中立的」に振る舞うべきか、それとも自律の「質」の確保にまで努めるべきかという点にあるにすぎない[39]。これは論理的にいってどちらかが正しいという問題ではないが、実践理性への配慮という点からすれば、「質」の確保にこだわるラズの議論の方が、より自然な帰結ということはいえそうである。

もっとも、「質」への介入を目論む卓越主義的リベラリズムに、画一的な生を押しつけるおそれがあることは否定できない。この懸念に対してラズは、おそれはそれを克服する方法を捻出する方向で対処すべきというが、井上達夫が指摘するとおり[40]、多元主義的卓越主義は時々の支配集団の恣意を抑制しうる原理的な歯止めを有しているわけではない。そうした歯止めを有しないままに公共を語っても、実はそれが「疑似公共性のトリック」である可能性は否定できない。

しかし、不介入を徹底する政治的リベラリズムの思想であれば、真の公共性への道筋を拓きうるかといえば、そうとはいえないように思われる。たしかに、政治的リベラリズムは、一見すると正義の論理によって自己と他者の共有する公共を実現することに成功しているようにもみえる。しかしこの議論は、他者論に踏み込んでいるようでありながら、実は他者論を棚上げしている疑いが強い。実は、長谷部の立憲主義論の最大の問題点も、この点にあるというのが本書の見立てである。

（１）JOSEPH RAZ, THE MORALITY OF FREEDOM 395–399 (Clarendon Press 1986).

（２）*Id.* at 369–378.

（３）Joseph Raz, *Facing Up: A Reply*, 62 S. CAL. L. REV. 1227, 1230–1232 (1989).

（４）むろん、他の実践的理由と衡量した結果、その行為をすべきでないという結論に至ることはありうるが、それはその都度の局面に応じて判断されるべき事柄であり、一切の卓越主義的理由をア・プリオリに公共空間から排除すべきことにはならない。

（５）*See* JOSEPH RAZ, ETHICS IN THE PUBLIC DOMAIN: ESSAYS IN THE MORALITY OF LAW AND POLITICS 117–120 (Clarendon Press 1994).

（６）*See id.* at 174–175.

（７）この点は日本の最高裁でも、団体の紀律と思想良心の自由の間の衝突として、繰り返し問題とされてきた（南九州税理士会政治献金事件（最判平成八年三月一九日民集五〇巻三号六一五頁）参照）。

（８）*See* RAZ, *supra* note 5 at 175–178.

（９）集団とメンバーシップの問題については、Avishai Margalit and Joseph Raz, *National Self-Determination*, *in* RAZ, *supra* note 5 at 125–145.

（10）RAZ, *supra* note 5 at 183–188.

（11）多文化主義は文化の多様性の維持を目的とするものであるが、一切の変化を否定するものではない。文化の消滅は生成と同じく生活の一部をなしており、ある文化が他の文化を同化することも、それが侮蔑の念から出たものではなく、そのプロセスが漸進的なものである限り認められてよいとされている（RAZ, *supra* note 1 at 423–424）。

（12）RAZ, *supra* note 5 at 188–191.

（13）MICHAEL SANDEL, LIBERALISM AND THE LIMITS OF JUSTICE 62 (Cambridge University Press 2d ed. 1998).

（14）　それは、「自らの家族、共同体、国家、国民の構成員として、自らの歴史の担い手として、過去の革命の子孫として、現在の共和国の子孫として、現在の共和国の市民として」の自己である（*Id.* at 179）。
（15）　Raz, *supra* note 1 at 385-390.
（16）　Joseph Raz, *Incommensurability and Agency, in* Engaging Reason: On the Theory of Value and Action 46-66 (Oxford University Press 1999)、および長谷部恭男「私が決める」同『憲法の境界』（羽鳥書店、二〇〇九）一一五―一二八頁。
（17）　もちろん、コミットメントは、あらゆる他の道徳的考慮を排除するわけではないが、コミットメントそれ自体は、独立した価値として実践的衡量の在り方に影響を与える。
（18）　トマス・ホッブズ（水田洋訳）『リヴァイアサン（二）』（岩波文庫、一九五四）第二一章。
（19）　Isaiah Berlin, *Two Concepts of Liberty, in* Four Essays on Liberty (Oxford University Press 1969)（小川晃一ほか訳『自由論〔新装版〕』（みすず書房、二〇〇〇））．ただし、バーリンが積極的自由より消極的自由を強調していたとの見方には留保が必要である。消極的自由の強調は、冷戦プロパガンダとしての色彩に由来するものにすぎず、バーリンの価値多元論に照らせば、積極的自由は消極的自由と同程度に価値が認められる。
（20）　トマス・ホッブズ（水田洋訳）『リヴァイアサン（一）』（岩波文庫、一九五四）第一四章。
（21）　この問いを期せずして主題化していたのが、「単なる自由」と「自由権」の区別を説いた宮沢俊義である（宮沢俊義『憲法Ⅱ〔新版〕』（有斐閣、一九七一）八八頁以下）。
（22）　Raz, *supra* note 1 at 148-157.
（23）　強制の例としては、生物学的必要性や個人的必要性に迫られたものが考えられる。ある選択をしなければ小指を切ると脅迫されるのが前者、親族に危害を加えると脅迫されるのが後者の例である。どちらの場合も、事実上他の選択をする余地は残されていない。
（24）　ラズは、強制の方法によることは、対象者を理性的な主体と扱っていないことを象徴的に表す社会的規約が存在しているという。しかしこれには当然例外がある（Raz, *supra* note 1 at 378）。
（25）　*Id.* at 372-373, 408.
（26）　*Id.* at 409-410.
（27）　消極的自由の考え方を徹底すると、仕事中に友人と話をすることや、隣の家の木を伐採することを否定する消極的自由の判断においても、広汎な選択肢に影響するか否かという観点は不可欠である(*Id.* at 410)。このように、必要とされる広汎な選択肢は十分に確保されているから、自律を否定していることにはならない。しかし、これらの選択肢を否定したとしても、なお自律にことまで、自由を制約していることになりかねない。

（28）　John Stuart Mill, On Liberty 8 (Batoche Books Kitchener 2001〔1859〕).

（29）　Raz, *supra* note 1 at 412–424.

（30）　この加害の見方の違いは、加害の対象者の見方の違いでもある。加害を自律の喪失にみる考え方は、加害の対象者を特定の個人に限るために、対象者が明確となる強制的な行為に限って加害と構成する。これに対して、加害を自律の促進の失敗にみる考え方は、加害の対象を不特定個人とみるため、選択肢の幅が自律の要求に満たない状態を不作為で放置することも加害を構成する。

（31）　Raz, *supra* note 1 at 417. とはいえ、原理的には、道徳的に価値のない選択肢を強制によって排除することは妨げられない。しかしラズは、強制という方法による限り、道徳的に価値のない選択肢のみを制約しつつ、価値のある選択肢に介入しないというような「実際的方法」は存在しないとして、この場面での強制力の行使を否定している(*Id.* at 419)。

（32）　もっとも、課税による方法が、本当に自律を侵害しないと言えるかどうかは議論の余地がある(Jeremy Waldron, *Autonomy and Perfectionism in Raz's Morality of Freedom*, 62 S. CAL. L. REV. 1098, 1142–1147 (1989))。たとえば、ある特定の行為の抑止を目的として導入される特別税については、課税の局面に卓越主義的考慮が不可分に結びついており、その行為を抑止される行為主体の自律的な判断過程を歪めるものとして、強制に準ずる操作に当たると議論することも可能である。

（33）　営業の自由論争とは、営業の自由は、歴史的にみると国家からの自由ではなく、公序として追求されてきたという岡田与好の問題提起を契機として発展した論争をいう(論争の消息については、中島茂樹「「営業の自由」論争」法時四九巻七号(一九七七)三三四―三四〇頁を参照)。

（34）　この文脈で長谷部が好んで援用するのが、独占禁止法とのアナロジーである。独占禁止法には、取引の自由を制限する自由制約立法の側面もあるが、不公正な取引を禁止することで競争を可能にする自由促進立法の側面もある。

（35）　長谷部によると、公共財としての権利は、一般的な行動の自由を最大化させる点に主眼があり、自律の保障を直接目的とはしていない。

(36)　ラズのいう「本質的」の中には、他の何にも資することのないそれ自体が目的であるものに加えて、それに不可欠な構成要素も含まれる(RAZ, *supra* note 1 at 200)。

(37)　*Id.* at 247.

(38)　参照、巻美矢紀「「憲法上の権利」に関する一考察――「自律」と「公共」」長谷部恭男ほか編『現代立憲主義の諸相(下)』(有斐閣、二〇一三)三一―五六頁。

(39)　この点で、近時のアメリカの Citizens United v. Federal Election Commission (130 S. Ct. 876 (2010))判決は示唆的である。会社の選挙言論を規制する法について、同判決は、会社と我が人民(We the People)を区別することなく、言論者のアイデンティティを理由に政治言論を規制することは、内容に基づく規制に該当し許されないとしてこれを違憲とした。国家の不介入を徹底するのであれば、同判決の結論は妥当なように思われるが、真の問題は、会社が一般財源から無制限の資金を政治言論に注入することが、一人ひとりの個人が選挙に際して有すべき「等しく効果的な声」を奪うことにはならないかどうかである(参照、蟻川恒正「会社の言論」長谷部恭男・中島徹編『憲法の理論を求めて――奥平憲法学の継承と展開』(日本評論社、二〇〇九)一六九頁)。ここでは、言論の「量」と「質」のどちらを優先させるかが問題となっている。

(40)　井上達夫『他者への自由――公共性の哲学としてのリベラリズム』(創文社、一九九九)一九九―二〇〇頁。

第三節　他我問題

第一款　力と他者

一

長谷部によると、近代立憲主義の核心は「公」と「私」の区分にある。それは、公共の利益に関する道徳と、個人の生き方に関わる道徳は、異なるレベルの理由づけによって支えられる必要があることを示している。このように道徳を二つに分断するのは、「多様な価値観の対立・相剋のため、人はいかに生きるべきかに関する共通了解が失われた」ためである。そうした中で得られる共通の意味とは、「寛容で公正な、開かれた社会を可能とする共通了解としての道徳」でしかありえない。公私の区分は、個人の生き方を支える多様な価値観の対立が、公共の利益に関する審議と決定の領域に入りこまないために不可欠である(1)。

しかし以上の議論は、公私の区分を内容とする近代立憲主義の「必要性」を示すものではあるが、その「可能性」まで基礎づけるものではない。必要性はそれ自体では可能性を基礎づけない以上、いかにして公私の区分を実現できるかについては別途論証の必要がある。従来、この文脈で援用されてきたのが社会契約説である。社会契約説は、自己を起点としながら、自然状態における不都合を理由に社会の成立までを正当化する。これによると、社会の成立根拠はあくまで「私」にあるが、私は自然状態から抜け出したいとの一事をもって「公」へと歩を進める。しかし、この説明は万全とはいえない。以下では、今日に至るまで憲法学に強い影響を及ぼしているトマス・ホッブズ(Thomas Hobbes)の議論を元に、このことを例証したいと思う。

二

ホッブズは、まず国家を分解し人間の本性を分析した上で、そこから得られた原理に基づいて社会現象を構築するという説明を試みる。[2] 曰く、人間とは、アリストテレスの言うような本性からして社会に適合する「ポリス的動物」ではなく、権力や富、名誉といった力への「欲望」にまみれた生き物である。そのため、自分たちすべてを威圧しておく共通の権力がないところでは、各人がこの欲望を実現せんと自由を行使するあまり、「万人の万人に対する戦争」状態に陥ることは避けられない。そこには「継続的な恐怖と暴力による死の危険」しかなく、人生は「孤独で貧しく、つらく、残忍で、しかも短い」。このような恐怖を消滅させて平和を樹立するには、各人は自然法の命ずるところに従い、自由の相互放棄を内容とする契約を取り結び、「国家」の設立に向かう必要がある。

以上のホッブズの論証は、現象から原因を探求する「分析」と、原因から現象を説明する「総合」から成る自然科学のモデルを下敷きとしている点に特徴がある。[3] ホッブズにとっては政治哲学もまた科学の一部であり、人間も国家もすべて同一の原理で機械論的に説明される必要があった。この同一の原理が、コナトゥス(conatus)と呼ばれるあらゆる物体の運動の端緒となる「力」であり、人間形態においては「欲望」として発現するものである。人間はこの欲望のせめぎ合いゆえに戦争状態に置かれるが、同時にコナトゥスは自己保存欲求として平和への努力を命じるため、国家設立への道が開かれてくる。ここに国家は、それ自体機械である人間の欲望に始まり、その欲望を貫徹することで発現する「欲望する機械」として誕生する。

以上のホッブズの論証において、実際に自然状態から社会状態への移行を可能にしているのは、「力」の論理以外の何物でもない。[4] 自己保存欲求から生まれる恐怖を克服することができるのは、個々人の力の「相対的」な優位性を無化することのできる「絶対的」な力だけだからである。[5] このように、自己の主体性から国家の設立に至るまでを、一貫して「力」の論理で説明する点はホッブズの強みであるが、それは同時に弱みでもある。なぜなら、公共性は、本来「私」と「他者」の間に克服し難い断絶があることを前提にするが、ホッブズは力の論理で「私たち」という一元的なかたちへと流しこんで、他者との関係を消滅させているからである。結局、ホッブズは「力」という絶対的な視点を想定するだけで、いかにして公共が可能になるのかについては十分な論証をなしえていない。

三

実は、同じことは、近代立憲主義の依拠する政治的リベラリズムの構想にも当てはまる。近代立憲主義は、人々の善の観念は様々であるという想定から、あらゆる善の観念を超えた超越的な視点において公共空間を構築すべきだと議論している。しかし、この議論には超越的な視点に立ちうることを前提にしている点で明らかな飛躍がみられる(6)。そもそもこの世界の外部にある超越的視点を導入すること自体が結論を先取りしている嫌いがあるし、その論証は超越的なだけに不可能であろう。政治的リベラリズムは、超越的な視点に立つことで公共社会を可能にしているが、実はその移行過程を棚上げしている疑いが強い(7)。

このことを慮って、近時ハーバーマスの討議性民主主義論に公共圏再生の活路を見出す動きが、憲法学でもみられる。この議論は、自律的な市民が理性的討議を継続する中で市民的公共性は生まれてくるとみるため、超越的視点を導入する必要がない点に強みがある。しかし、ハーバーマスのいう啓蒙期以来の討議に基づく市民的公共性は、ナチス時代においては喝采に基づく「ファシスト的公共性」にいとも簡単に転化したことを忘れてはならない[8]。この転化の危険性を手当てすることなく、市民主義的に公共性を語るハーバーマスの議論に楽観的な面があることは否めない。さらにいえば、近時はハーバーマス自身、「ポスト世俗化」社会の到来を認めて、宗教を織り込んだ形での公共性のかたちを模索している[9]。これらを踏まえると、従来の議論の問題点を洗い直す方が先決といえよう。

では、なぜ従来の近代立憲主義は公私区分の基礎づけに失敗しているのか。その原因は、近代立憲主義が公共性を目がけて一挙に飛躍したために、本来公共の可能性を語るなら避けて通れないはずの重要な問いを遣り過ごしてきた点にある。それが他我問題である。

四

他我問題とは、人はいかにして他者を認識することができるかという問いである[10]。たとえば、私は「他者が痛がっている」というとき、そのことで一体何を意味しているのだろうか。他者の痛みを私が想像していると答えたいところであるが、それはありえない。なぜなら当の本人ではない私には、他者の痛みの感覚は分からないからである。私が想像する他者の痛みの感覚とは、実は他者になりかわった私の痛みの感覚でしかない。つまり、「他者が痛がっている」という言葉は、その文字面に反して、他者の痛みの感覚を意味するものではありえない。ここに、他我への到達がいかにして可能となるかという問いが浮上する。

では、なぜ他我問題は解決されねばならないのか。それはもし私が他者を認識できないとすると、私は私の世界から抜け出すことはできず、公共社会を実現することが不可能になるからである。そもそも私が他者と共同して何かを生み出そうとするのは、他者を「かけがえのない」個人として認識している場合に限られる。(11) 我々がロボットを使用して何かをつくり出したときに、ロボットと共に生み出したとはいわないのは、人間にはロボットの痛みの感覚が分からないからである。他者をかけがえのない存在と認識できない限り、法や道徳に基づいて公共社会が生み出されることは期待できない。

五

この他我問題は、一見すると机上の空論にすぎないようにもみえるが、アメリカ憲法における奴隷制の問題を考えるとき、途端に現実味を帯びてくる。今日の目から見れば明らかな不正である奴隷制を、なぜ当時の人々は容認することができたのか。(12) それは、奴隷を「人」ではなく「物」としてみていたからであろう。「物」だからこそ、人に対してであれば強制性交罪を構成する行為が「使用」となり、殺人罪を構成する行為が「処分」となるのである。(13) もし当時の人々が奴隷の痛みの感覚を共有できていたなら、あのような惨い仕打ちをすることはなかったに違いない。

さすがに今日では、奴隷制ほどあからさまな不正が横行することは稀であるが、それでも他我問題を解決しない限りは公共社会へは進めないとする点では議論の構造は同じである。ところが、従来の立憲主義においては、力の論理や超越的視点を導入することで一挙に公共空間を創りあげてしまうために、他我問題が遣り過ごされている。たしかに樋口陽一は、国家をどこまでも「他者」とみなすことが、強い個人を成り立たせて、そこから自由な結合が生まれるとするが、(14) それは結局、他者の認識可能性の問いを棚上げしているにすぎない。実際、憲法学が他我問題を遣り過ごしてきたことは、長谷部自身も認めている。

大森荘蔵に出会うと、社会公共などということを考える前に、そもそも他我とは何かという問題に突き当たってしまい、しかも生活実感に即したその回答はいまだに見つかっていないことに気づかされる……「公共の福祉」とか「公共空間」とか口にする度に、筆者がひっかかりを感じてうつむき加減になるのは、そのあたりに原因がありそうである。[15]

他我問題に生涯をかけて取り組んだ大森荘蔵に言及する文脈でなされた長谷部のこの言明は、他我問題を克服しないまま公共空間を語ることへの後ろめたさを直截に言い表している。「調整問題の解決」や「公共財の提供」を根拠に公共空間を基礎づける長谷部であるが、長谷部自身その説明に完全に満足しているわけではないのである。もしそうなら、「個人＝自己」から「国家＝他者」へと一挙に移行する棚上げの思考からは脱却して、個人と公共を接続する契機となる「他者」の認識に努めなければならない。そうすることではじめて、近代立憲主義は、公共を切り拓いて公私の区分を確立することができるはずである。

では、いかにして近代立憲主義に他者を迎え入れることは可能か。実は、他者論の可能性を示す議論は、戦後間もなく日本の憲法学にも示されていた。それがノモス主権論である。法哲学者によって展開されたこの議論は、当初から憲法学説によって痛烈に批判され、比較的最近に至るまで終わった議論と目されていた。しかし、実はこの議論の処遇の仕方如何によっては、その後の日本の憲法学の在り方は随分と変わっていた可能性がある。次款では、この議論を素材として、他者論の可能性を模索することにしたい。

第二款　戦後という時間

一

日本国憲法の前文では、「われら」という言葉が繰り返し用いられる。同じように、アメリカ憲法の前文でも、主語は"We the People"である。では、ここでいう「われら」とは、いったい誰のことを指すのか。そのような一語で括られるような、同質的な「われら」など存在するのか。それは「日本国民」のことであると言われるかもしれない。しかし、日本国民は憲法を制定されてはじめて国民となるから、その憲法を制定する主体が国民ということは、論理的な順序からしてありえない。それは、国民以前のもっと生の存在、すなわち「人民」ないし「日本人」でなければならない。

では、我々が日本人というとき、それはどこからどこまでの人々を含むのか。そこに明確な輪郭を定めることは不可能であるが、(16)それでも時代を境に一定の区切りをつけることならできる。いま立憲主義の文脈で考えるとき、その境界線はおそらく「戦前」と「戦後」の日本人の間で最も明瞭に引かれうる。なぜなら、全体主義から個人主義への転換をもたらした「敗戦」の事実こそが、「今日」の我々と「過去」の我々を明確に境界づけるからである。その意味で、戦前の日本人とは、戦後の我々にとって「他者」とみることもできる。

ではなぜ同じ日本人なのに、敗戦を契機に戦前の日本人は「他者」となったのか。それは、あの戦争が一体何のための戦争だったのかが、今となってははっきりと分からないからである。なるほど、戦前の日本人は、天皇制を中心とする国体護持のために戦ったといわれれば、そのとおりかもしれない。しかし、民主主義と自由主義を謳歌する戦後の我々にとって、国体や全体主義はもはや過去の遺物でしかない。したがって、そのために死ななければならなかった戦前の他者の居場所を、戦後の内に見つけることも当然難しくなる。

問題は、この戦前の他者を、無意味なものとして切り捨ててよいのかという点にある。少なくとも、戦艦大和の最期に乗り合わせた臼淵磐大尉が、「負ケテ目ザメルコトガ最上ノ道ダ……日本ノ新生ニサキガケテ散ル　マサニ本望ジャナイカ(17)」というとき、自己の死が新生日本にとって無意味になるとは考えていなかった。また、敗戦後間もなく東大総長を務めた南原繁が、戦没学徒の弔いに際し、「われらは諸君の尊い犠牲の上に新たに祖国を再建しなければならぬ(18)」との言葉を寄せたときも、戦前の他者は無意味ではなかった。

それから約七〇年、果たして、我々は「負ケテ目ザメ」、戦前の他者の「尊い犠牲」の上に新たな日本を作ってきたといえるだろうか。ここに、戦後の日本人は、戦前の他者をいかに処遇してきたのかという問いが浮上する。結論からいえば、我々は戦前の他者を迎え入れることには失敗してきた。そのことは、憲法九条を巡る議論の構造にもっとも顕著に表れている。

二

憲法九条は、文字面を素直に眺める限り、画期的な内容である。戦争放棄や武力不保持を世界に率先してうたった憲法九条は、戦争の論理を内包するネーション・ステートモデルからいち早く脱却して、「全世界の国民」を単位とするグローバルな秩序の確立を目指すものであった[19]。戦後七〇年を経た今日でもその画期性は全く色褪せないどころか、世界情勢が混乱する二一世紀においてその重要性はますます際立っている。本来なら我々は、今なお戦争の時代を抜けきれない世界に対して、憲法九条の革新性をもっとアピールしてもよいはずである。

ところが、我々にそうはさせてくれない特有の事情が憲法九条にはある。それは、憲法九条が外国の軍事力のもとに「押しつけ」られたという事実である。すなわち、連合国軍総司令部は占領下の日本に対し、戦争放棄、戦力の不保持を柱の一つとする総司令部案を手渡し、日本政府はこれを基礎として新憲法の制定に至った経緯がある。その意味では、憲法九条は日本国民が自ら選び取ったものではない。多少うがった見方をするなら、連合国軍としては日本が二度と危険な侵略戦争を起こすことがないよう軍事力を取り上げる必要があり、それが憲法九条に規定されただけのことである[20]。評論家の江藤淳は、このことをアメリカ国立公文書館の資料に基づいて早くから示そうとしていた[21]。以上の経緯からすると、日本国民が憲法九条を誇らしげに掲げることは、世界からすると甚だ滑稽に見えるというわけである。

もちろん、押しつけられたとはいえ、今日に至るまで何とか憲法九条を守り続けてきたという自負をもって、自尊心を保ち続ける道はありうる。実際、昨今の集団的自衛権の行使容認に対する反対運動や憲法九条をノーベル平和賞に推す運動は、憲法九条の原点はともかくとして、「戦争はいけない」

という その一点に集約することで、戦後七〇年続いてきた伝統を守ろうとするものであった[22]。しかし、どれだけ戦後の無垢な歩みを強調しようとも、憲法九条がその始まりにおいて押しつけられたという事実は消えることがない。むしろ、憲法九条の画期性を叫べば叫ぶほど、どこかで後ろめたさを感じるという人も少なくないはずである。

この後ろめたさへの反動からか、今度はいっそのこと自分たちの手で自主憲法を制定してしまえばよいという動きが出てくる。一からつくり直せば、もう押しつけ云々といった問題に悩まされることもなくなるからである。二〇一二年に自民党が公表した憲法改正草案や昨今の集団的自衛権に係る解釈変更は、この方向性に沿ったものといえる。しかし、自主憲法を制定しさえすれば、以上の問題が消えてなくなるかといえばそうではない。押しつけから逃れようとしてなされた自主憲法制定は、それ自体が押しつけられたというコンプレックスの現れにすぎず、所詮現実逃避にすぎないからである。かくして、護憲・改憲のどちらの立場に立つにせよ、押しつけの構造は抑圧されたままである。

三

では、当の日本の憲法学は、憲法九条をどう受け止めてきたのだろうか。まず、押しつけ憲法論に対しては、憲法改正草案が貴衆両院で圧倒的多数をもって可決された点を捉えて、そもそも押しつけられたこと自体を否定する見解も有力である[23]。また、仮に押しつけられたとしても、明治憲法も安政条約に象徴されるような外圧によって押しつけられたものである以上、明治憲法の立場から日本国憲法は押しつけられたとする批判は内在的に一貫していないとの応答もなされている[24]。どちらの見解にも共通しているのは、押しつけられたという事実それ自体を、正面から受け止めようとはしていない点である。

同じことは、憲法九条の解釈論、とりわけ自衛のための戦力の保持が合憲か違憲かを巡る議論にも現れている。通説は、条文の建前そのままに、憲法九条は一切の戦力保持を禁止していると解する違憲説に立つが(25)、実際に外敵に攻め込まれたときのことを考えると、非武装平和主義にとどまることは現実的ではない。そこで、最近では「戦力に至らない武力は許容される」という合憲説も有力であるが、この立場においても集団的自衛権の行使は認められないとする見解が圧倒的である。

しかし、同じ自衛権でありながら個別的自衛権は許されて集団的自衛権は許されないとする解釈を正当化することは容易ではない(26)。有力説は法律家共同体の了解を根拠に挙げるが、これは現に機能している憲法がそうだというだけで、その了解の根拠にまで遡って理由を説明しているわけではない。結局、合憲説・違憲説どちらの見解も、なぜ戦争がいけないのかについて突き詰めた議論をしているわけではなく、憲法九条が押しつけられた事実は抑圧されたままである。

安念潤司の次の言葉は、以上の事態を明晰に言い当てている。

結局、日本人は戦争を再定義できなかった。分からないものは分からないとして封印するのが処世の知恵であろう。いかに思考停止といわれ、一国平和主義と嘲られようと、戦争は、通常の民主主義的な討論過程で扱うにはあまりに得体の知れない怪物であった(27)。

たしかに、あの戦争が一体何のために戦われたのかについて、日本人は今日に至るまで納得のいく答えを見出せないでいる。(28)このような難題は、解決不能なものとして封印してしまうのが一つのやり方であろう。なぜ押しつけられたかを考え出すと、戦争について突き詰めて考えなければいけなくなる。そうするよりは、戦争はいけないというただ一点に集約して、憲法「第九条教」を信じ込んでいるほうが賢明というわけである。(29)

こうして、憲法の原点に潜む問いは封印された。しかし、そのために今日の我々は、靖国神社参拝・旧日本軍慰安婦・沖縄基地問題に象徴される様々な難題を解決できないでいる。これらの問題はいずれも「戦争の記憶」に関わる事柄なだけに、憲法の原点に帰らずして解決への道は開けてこないのであるが、抑圧の構造がそれを妨げている。日本がアジア諸国に対して戦争の過ちを「謝罪」しながら一向に解決をみないのも、それが戦前の責任を自らのものとして引き受ける覚悟のないままになされたものであるからであろう。(30)

この事態を打開するためには、押しつけられたという点を含めて過去を受け入れ、戦前と戦後を断絶する思考から脱却する必要がある。そのためには、戦前の「他者」と向き合うことが不可欠となる。しかし一体、どうすれば向き合ったことになるのか。その一つの回答として示されたのが、加藤典洋の『敗戦後論』である。

四

加藤典洋によれば、戦後日本社会には、人格分裂の症状がみられる。(31)ここに人格分裂とは、一方で日本が行った侵略戦争をアジアに謝罪する「外的自己」がありながら、他方でその反動から全く逆の行為に及んでしまうような「内的自己」がいる社会の在り様をいう。これら二つの人格は、全く逆の方向を向いてはいるが、敗戦という「汚れ」を受け止めることを回避している点で、実は共通している。外的自己は平和憲法を実質的には自分で欲したと考える点で、内的自己は自主憲法を制定しようと現実逃避する点で、どちらも原点の「汚れ」を見ていない。この人格分裂を克服するには、内的自己の亡霊を生み出さないための死者の弔いが必要となる。

　では、いかにして死者を弔うことは可能か。加藤によれば、それは「日本の三百万の死者を悼むことを先に置いて、その哀悼をつうじてアジアの二千万の死者の哀悼、死者への謝罪」を行うことによってである[32]。弔いが必要な死者には、他国の「無垢」な死者のみならず、自国の「汚れ」た死者も含まれるが、加藤の議論の特徴は、被害者である他国の死者に先立って、まずは加害者である自国の死者を悼むべきとする点にある。その理由は、自国の死者をまず引き受けて謝罪主体である「我々」を先に構築せずして、他国の死者への哀悼や謝罪をすることはなしえないからである。「悪い戦争にかりだされて死んだ死者」をその無意味さゆえに哀悼することではじめて、我々は他国の死者の前に立つことができると、加藤はいう。

　以上の加藤の議論に対しては、侵略者である自国の死者を「先に置く」ことを求める点において強い批判がなされている。たとえば、哲学者の高橋哲哉は、「あの戦争」が侵略戦争だったと認めるなら、侵略者の責任を問わなければならないところ、加藤は侵略者への哀悼を先に置くことでその責任を曖昧にしていると批判する[33]。もし責任を引き受けようとするなら、まず誰よりも他国の死者を哀悼すべきなのに、侵略者である死者を先に哀悼すべきというのは、侵略者を「かばう」行為に等しいというのである。もっとも高橋も、侵略者である自国の死者への責任を引き受けることの重要性は否定しない。しかし、その責任は加藤のように彼らを「かばう」ことによってではなく、「彼らとともにまた彼らに代わって」、被害者への償いを果たすことによってでなければならない[34]。

このように、加藤の議論には、自国の死者を先に置く点でなお釈然としないところはあるけれども、戦前の他者と向き合わずして、戦後のモラルの主体である「我々」を立ち上げることはできないとする点で、憲法学に示唆するところは大きい[35]。高橋の批判についても、加藤自身はその対立軸を「他者が先か、自己が先か」に見ているが、ここで「自己」とされているものも、戦前の死者という点では、実は「他者」であることに変わりはない。先後関係はともかくとして、自国と他国の双方の「他者」と向き合わずして、戦後のねじれは解消しえないとする点で、実は加藤と高橋は一致している。

それは、戦前と戦後という時間を「断絶」ではなく「接続」の構造の中で受け止めることを意味している。加藤によれば、一九四五年八月に欠けていたものとは「負け点」の継承である。本来であれば「敗けた」という声を発すべきところ、「戦争はよくない」と言うことから始めたために、平和主義の叫びには一向に重みが感じられないのである[36]。我々が本来憲法九条から読み取るべきなのは、「汚れ」のない平和主義ではなく、敗者に向けられた「恥を知れ」という呻きだったのである。

敗戦の日、ある新聞は二面を「白紙」で出したことで知られている。その編集局長曰く、「昨日まで鬼畜米英を唱え、焦土決戦を叫び続け」ながら、「〝国民も今日から転換するのだ〟など、どの面下げていえた義理か[37]」。厳しい言論統制はあったにせよ、戦前は国家の戦争遂行の一翼を担った新聞社からすれば、敗戦と言われておいそれと民主主義や平和主義を謳って、新たな出発を祝う気には到底なれなかったということであろう。

では、日本の戦後憲法学は、戦前と戦後の転換点をいかに捉えてきたのか。憲法の「汚れ」を引き受けて、死者への責任を果たしてきたといえるだろうか。答えは否である。

第三款　ノモス主権論——再考

一

日本国憲法は、明治憲法の改正の形式によって誕生したものの、両者の間に法的連続性があるとは一般に考えられてはいない。なぜなら、主権者の交代を伴う憲法改正は、改正の枠内ではもはや捉えきれないからである。しかし、これが明治憲法の改正でないとすると、いったい日本国憲法の制定をいかにして正当化しうるかが問題となる。

この点で一般に受け入れられてきた説明が、宮沢俊義の八月革命説である(38)。それは、国民主権の確立を要求するポツダム宣言の受諾により、主権が天皇から国民へ転換する法的意味における「革命」があったと説明する。この議論は、主にケルゼンの根本規範論に依拠している(39)。ケルゼンによれば、国家とはすなわち法のことであり、法体系の妥当性を究極的に基礎づけるのはその頂点にある根本規範であるため、国家の同一性は根本規範の同一性に依存する。そして、この根本規範は、すべての実定法規範の前提となる規範であり、それ自体は思惟の上で前提とされた「仮説」にすぎないため、前提とされる仮説が変わりさえすれば、世界を一変させることも可能となる。かくして、明治憲法と新憲法との間に生じた断絶も、仮説が変わったとすることで、一挙に説明することができる。

このように、八月革命説が導入されたそもそもの経緯が、主権の転換という法的には不可能な現象を説明することにあった以上、同説において戦前と戦後が「断絶」の構造の中で受け止められているのは当然のことである。しかし、元々のねらいがどこにあったにせよ、八月革命説が結果として戦前と戦後の断層を架橋し難いものにして、戦前の他者の姿を見えづらくしてしまった面があることは否定できないように思われる。

問題の一つは、根本規範が仮説とされたことで、なぜ根本規範に従うべきかという問いが消し去られてしまったことにある。ケルゼンが根本規範を仮説にとどめるのは、事実と当為を完全に区別するヒュームの法則に忠実であろうとするからである(40)。もし仮説でないとすると、根本規範それ自体はもはや上位の規範法則から導かれない以上、事実に根拠を求めざるをえなくなり、ヒュームの法則と衝突してしまう。そこで、思惟の次元で一挙に飛躍することで、根本規範の原点を不問にするのである。しかしその結果、根本規範の正当性を巡る問いは法的には「不純」なものとして一切顧みられることがない。新たな根本規範が、敗戦によって押しつけられたという事実が抑圧されてしまうのである。

問題の二つ目は、八月革命説が一夜の内に革命を実現したとみることで、戦後の「我々」存在を一挙に立ち上げることに成功したかのような幻想を抱かせている点にある。たしかに、国家を法と同視するケルゼンの議論からすれば、根本規範の移動は新たな国家を基礎づけるのに必要かつ十分な説明であろう。しかし、認識の方法が変われば戦後の「我々」が立ち上がるというのは、観念論的にはそういえたとしても、存在論的にみれば全く無責任というよりほかない。ポツダム宣言の受諾によって主権が国民へ転換したというのは所詮「建前」にすぎず、内実が伴わなければ国民主権は絵に描いた餅である。それどころか、建前の転換に尽きると言い切ることは、国民の戦前から連なる責任を曖昧にするおそれがある。

こうして、今日まで通説とされる八月革命説は、戦前の他者を封印することとなった。もっとも、国民主権と天皇主権の原理的な違いを明確にする必要があった当時の時代状況に鑑みれば、これもやむをえなかったといえる。だが、両者の違いが明確な今日においては、より批判的な検討が求められる。ここで気づかされるのが、新憲法制定の直後、八月革命説に真っ向から対立して、宮沢との間に激しい論争を交わした法哲学者尾高朝雄の存在である。この尾高・宮沢論争は一般に宮沢の勝利で終わったものとされており、国体の変革には当たらないことを主張した尾高の議論は、今日では時代遅れと受け止められている感がある。[41]しかし、尾高の議論をそう簡単に片づけてよいものかは検討の余地がある。なぜなら、尾高はあえて時代を跨ぐことで、宮沢には見えていなかった何かを主題化しようとしていた可能性があるからである。

二

尾高は、宮沢とは違い、新憲法の制定によって国体が変更されたとは考えない。[42]なぜなら、主権の「担い手」は変わっても、主権の「内容」が変更されたとは考えないからである。尾高にとっての主権とは、国家の政治の在り方を最終的に決める主体ではなく、一切の政治動向を制約すべき「ノモス」である。ここにノモスとは、一切の地上の権力者の上に在ってその行動を規律する「正しい統治意思の理念」、すなわち「政治の矩」をいう。ノモスは、実力をも規律する高次の概念であるから、主権の所在が変わることによって直ちに変化するものではない。したがって、主権の所在が天皇から国民に転換したとしても、ノモスの実質が変わらない以上、国体の変革には当たらないといえる。むしろ、政治の根底にノモスを認めるという意味では、国民主権と天皇制は「連続」したものといえる。

以上の議論を展開する尾高のねらいは、どこにあるのだろうか[43]。一つには、国民主権と天皇主権との間に血を通わせようとする「政治的」な意図がある。「新憲法が日本の民主政治の将来に禍根を残すこと」をおそれて、新憲法の天皇制が国民主権の理念と調和しうることを示そうとしているのである。しかし、尾高がノモスの主権を主張するのは「政治的」な理由からだけではない。いかなる実力も法の根本原理によって方向づけられねばならないとする「法哲学的」な理由からもそうしているのである。尾高によれば、国民主権といえども、国民は意のままに国法の内容を決定しうるわけではなく、ノモスの根本理念に従って決定すべき重大な「責任」を負っている。つまり、主権が国民に存するというのは、国民が自らの努力によってノモスを実現する責任を負うということを言いかえたにすぎない。

こうしてみると、ノモス主権論の主眼は、「事実」の主権に「当為」の主権を対峙させることで、「事実」から「当為」へと至る道筋を切り拓こうとする点にあることがわかる[44]。主権が政治を現実に動かす「事実」の力だとすると、法は政治の意のままに操られるということにもなりかねない。これに対して、主権を実力をも規律する「当為」と理解すれば、事実としての政治は当為の理念に方向づけられるため、事実から当為へと至る道が開かれてくるわけである。これは裏を返せば、「事実」の主権の限界を露わにしようとしているということでもある。その限界とは、敗戦直後の日本国民の力ではこれだけの憲法を作り上げることはできなかったという事実である。[45]

尾高がこの事実を浮かび上がらせることができたのは、主権を根本規範のような「建前」としてではなく、ノモスという「理念」としてみていたからである。たしかに、新憲法の前文は「日本国民は、……この憲法を確定する」と宣言しているが、これを「建前」通りに受け取っていては、「事実」の主権の限界は見えてこない。この宣言を今後のあるべき筋道を示した「理念」として読んではじめて、それと乖離した現実の姿が限界として浮かび上がってくる。そして、この限界を自覚することではじめて、「憲法は国民自らの努力と責任によって作られるべき」との帰結が導かれてくる。

以上の議論に対して宮沢は反論を寄せる。批判の要点は、尾高においてはノモスを強調するあまり、肝心の天皇主権と国民主権の対立がぼかされているという点にある。[46] たしかに、ノモスが天皇を通じて具象化される必要があると述べるなど、尾高の議論は「政治的」な思惑から天皇制に傾斜し過ぎている面があることは否めない。尾高自身も論争を進めていく中で、この点は自分が間違っていたことを潔く認めている。

しかし、反対に宮沢は、天皇主権か国民主権かの問いにこだわり過ぎたために、尾高の議論の「法哲学的」な側面に応答することに失敗している。尾高があくまでノモスにこだわったのは、主権を政治の在り方を決める「力」としてではなく、規範意味の複合態である「政治の矩」としてみていたからである。主権の担い手である国民ですらも従わねばならない意味的制約があるとすることで、尾高は他者に対する責任の論理を主題化しようとしていた。ところが、宮沢は根本規範を異にするというばかりで、主権を「建前」ではなく「責任」とみるべきとする尾高の議論を真剣に取り上げようとはしない。宮沢の目には、戦前の「他者」の姿は見えていないのである(47)。

三

しかし、なぜ尾高には戦前の他者の姿が見えるのだろうか。その理由は、尾高が国家を認識するための方法論として、現象学に依拠しているところが大きい(48)。一方で、宮沢の依拠するケルゼンの純粋法学は、対象が純粋に方法によって規定されるとする新カント派哲学を背景に成立しているために、対象の一側面のみを見て他の側面を全く度外視する傾向があり、独我論の域を超えることはできない(49)。これに対して、事象そのものに立ち返ろうとする現象学は、意識の志向性の分析にまで遡って、世界と自己との関わりを明らかにしようとするために、自己と世界をつなぐ他者の契機を避けるわけにはいかない。尾高がめざしたのは、この現象学を用いて、他者との共同性の内にある国家の本質的な意味を明らかにすることであった。しばし、尾高の議論を概観することにしたい。

尾高によれば、現象学の目的は、客観的実在の「意味」を反省と批判によって明らかにすることにある。そのための方法として、ひとまず世界の実在性を「括弧の中に入れ」、主観と対象の関係を純粋意識に還元して考察する「現象学的還元」という手続がとられる。この現象学的還元は、自然的態度を排除して超越論的主観性へと遡る「超越論的還元」と、偶然的要素を排除して意識の本質を取り出す「本質直観」に分かれる。その中でも尾高が重視するのが後者の方法、中でも観念的対象の理念的意味を把握することを可能にする「意味的直観」の方法である。この点、ごく普通の感性的知覚によって与えられるのが個体的なものにすぎないのに対して、全体の意味志向を充実化する意味的直観であれば、より高次の類型的本質を取り出すことが可能となる(50)。

尾高は、この意味的直観の方法を通じて、国家の本質を取り出す。それによれば、国家とは、様々な構成要素を部分として成立する客観精神の成態であり、高次の観念的対象領域に属している。それは、一切の経験や投企を、国家の活動たらしめているところの意味的全体である(51)。各々の国家は、その国家がその国家たる所以の客観的意味を有しており、その意味が失われない限り国家の同一性は中断されない。このようにして実在する国家とは、個人間に成り立っている共同性が感覚の世界で客観化されたものであるから、私以外の他者に対しても同様に与えられているものである(52)。尾高が戦前の他者をも取り込んだ形で、国家を論じることができた理由はここにある。

では、尾高のいう「責任」の論理は、一体どこからくるのか。現象学においては、観念的対象の把捉は、それだけを切り離して独立に行われるものではなく、感性的知覚によって「底礎」されることを要する(53)。したがって、国家の実在をいうためには、多数国民の事実活動によって底礎されることが必要である。この点、ケルゼンの根本規範論も、上位の規範法則による下位の規範法則の制約は認めているが、上から下への規範意味上の制約だけでは国民の事実行為は法的には浮かび上がってこない。尾高のように下から上への事実による意味の底礎の関係を認めてはじめて、「責任」の論理を主題化することができる。

四

こうして尾高は、現象学的還元によりノモスを取り出して、戦前の他者を取り込むことに一応は成功した。もっとも、尾高が本当の意味で他者を迎え入れることに成功しているかといえば、そうとはいえないように思われる。問題は、尾高の議論では、国民が国家の「部分」と位置づけられるために、国家に対する精神的服従が説かれている点にある。むろん、国家を意味的全体として捉える限り、構成要素である個々の国民の変動は意味を失わせないから、国民を部分と位置づけることそれ自体は誤りではない。また尾高は、国家の意味が国民の事実活動によって底礎されることを求めており、国民の「主体性」に一定の意義を認めていることもたしかである。

しかし、尾高がすべての国民はノモスに従わねばならないとするとき、そこには個人の自由の居場所が失われている。自由とは、尾高自身が言う通り「選択の可能性」[54]であるから、そこには当然「選択しない」という選択肢も含まれていなければならない。戦前の他者を引き受けないという選択肢が示されることのない選択しないという自由が含まれていない。ところが尾高のノモス主権論には、この選択しないという自由が含まれていない。ところが尾高のノモス主権論には、この選

択しないという自由が含まれていない。戦前の他者を引き受けないという選択肢が示されることのないままに、責任だけが説かれているのである。だが、そもそも自由のないところに責任は発生しないのであるから、ここでは戦前の他者が引き受けられているようでありながら、実際には他者は全体性の内に没入同化している。

実は、同じような批判は、先の加藤の『敗戦後論』にも向けられていた。たとえば、川村湊は、加藤の言うように戦前の「汚れ」を引き受けるということは、戦後において良きものだと考えられてい

る「無責任なノン・モラル」の柔軟さが欠如しており、別の意味での自己欺瞞に陥っていると批判している。[55] 戦前と戦後の決定的な違いが、モラルの名のもとに特定の責任を押しつけられないことにあるのだとすると、憲法が押しつけられたという事実に直面せよとする加藤の議論は、戦後に生きる我々のノン・モラルの権利を害している可能性があるというのである。

もっとも加藤も、ノン・モラルの権利の重要性は否定しない。[56] なぜなら、ノン・モラルの権利を有しながらもあえて責任を引き受けることで、はじめて他者に出会うことができると考えるからである。興味深いことに、加藤はこのことを尾高と同じ現象学によって基礎づけようとしている。加藤曰く、現象学では、どこまでも疑うことのできる「超越」の側面と、もはや疑うことが意味をなさない「内在」の側面があり、超越は他者、内在は主観に重ね合わせることができる。あらゆる確信成立の構造において超越と内在は一対の構造をなしており、主観はすでに他者を必要な存在として呼び込んでいる。両者の違いは、超越がその可疑性ゆえに客観的な正しさの中に置かれているのに対して、内在はその疑いえなさゆえに誤りうることの中に置かれている点にある。そして、客観的な正しさよりも、誤りうることの中にこそ自由と無限はあるから、他者へとつながる道筋も内在の中から開けてくる。加藤がノン・モラルの権利を出発点とする所以である。

五

このように同じく現象学に依拠しながらも、一方で加藤がノン・モラルの権利を主題化し、他方で尾高が自由の居場所を見つけられないでいるのはなぜか。その理由は、尾高が意識の「内在」にまで還元することを拒否して、国家の実在を客観的に所与としている点にあると考えられる。たしかに、尾高は意味的直観を通じて国家の本質を取り出してはいるが、現象学的還元は客観精神を救い出すために用いているにすぎず、その客観精神を突き詰めて還元しようとはしていない。本来、現象学の任務は、純粋意識の領域から客観的実在の意味を確定するところにあるはずなのに、純粋意識にまで遡及することを拒否しているのである。それどころか、「寧ろ、逆に社会を存在の根源に置き、個人をこれから派生せしめること」が必要であると述べて[57]、事の本末を転倒させている。このように社会ありきで出発する以上、個人の自由はおろか他者の姿を主題化しえないとしても不思議はない。

しかし、なぜ現象学の始祖フッサールに直接師事したこともある尾高が、意識の内在面に還ることを拒否するのか。尾高自身は、国家が「既に成立した後には、明らかな客観的実在者として主観に対立し」ていることを理由に挙げているが[58]、これは国家の客観性を自明視するだけで直接の理由にはなっていない。むしろ真の理由は、主観に還ることが他我問題のアポリアを招くことを知って、それを避けようとしたところにあると考えられる。実は尾高は、現象学的反省があくまで個人意識の自我極を中心とするために、そこから他我問題という難問を抱え込むことを知っていた。そこで、本家フッサール自身も解決しえない難問を抱え込むよりは、国家の客観的な実在性をある程度は自明視し、その意味を把捉するために必要な限りで、現象学的還元を遂行すれば足りると考えたのだろう。

このことは、尾高がウェーバーの社会科学方法論を退けているところに顕著に現れている[59]。ウェーバーは、一切の社会現象を個々の行為にまで還元して、その行為に結び付けられた「主観的に思念された意味」の理解を通じて、社会現象の構造を理解しようとする。これに対して尾高は、主観的意味の理解は科学のなしうるところではなく、客観的意味表現の限りでしか認識の対象とならない以上、意味の理解とは客観的に表現された精神の理解にとどまると述べて、ウェーバーを批判している。ここには、他我への到達が不可能であることを理由に、主観へ還ることを拒否する尾高の姿勢が顕著に現れている。

しかし、その結果、尾高のノモスは客観的な正しさの水準にとどまることになり、戦前の他者と戦後の我々は、漠然とノモスの下に包摂されている。このように客観的な正しさを措定することの危うさは、その正しさが誤りえないことの中に置かれている点にある。誤りえないとなると、その正しさを実現するために必要ならば、「部分」である国民は命すら投げ出さねばならないということにもなりかねない。実際、戦前の日本では、国家のために死ぬことの意味を強制されて、多くが犠牲となった。ノモスの実現を目指す「全体意思」への精神的服従を説く尾高の議論に、どこか全体主義の響きがすることも理由のないことではない(60)。

もっとも、尾高は全体意思をルソーの「一般意思」と類比させていることからして(61)、全体意思の観念を全体主義と結びつけるには不当な疑いもある。この点ルソーは、主権者の意思を、私的利益を追求する特殊意思の総和である「全体意思」を超えた「一般意思」とすることで、全体の利益に尽きない他者との共通の利益を主題化しようとしていた(62)。しかし、実はルソーの一般意思の概念も同様の問題を抱えている。それは、一般意思には絶対的な主権性が与えられているため、一般意思に反するものはすべて抹殺されてしまう点である。これも、一般意思が本当に人々の共通の意思を体現しているなら問題はないが、実際には一般意思なるものはフィクションにすぎない。

ルソーもこの危険性には自覚的であり、これを手当てすべく一般意思の実現には「天才的な立法者」の存在が不可欠であると主張していた[63]。ところが、こうした立法者の出現という幸運に与れるならよいが、実際には自分こそが一般意思を代弁していると主張する独裁者が、人民の敵を抹殺するということが起こりうる。実際、ルソーの理想とする社会を目指したロベスピエールは、人民の敵を粛正する恐怖政治によって独裁を強化するに至った。ルソーの論理による限り、ノモス主権論においても独裁政治を招来する危険性は否定されていない[64]。

六

かくして、尾高は他者の認識の問いを曖昧にしたために、ノモスを通じて他者を招き入れる試みは失敗に終わったと評価することができる。ただし、尾高の置かれた時代状況を踏まえるなら、それもやむをえないことではある。戦前の他者を迎え入れつつも、戦前の過ちを繰り返さないためには、客観的な正しさを先に置くよりほかなかったと推察されるからである。しかし、時代的制約から解放された今日においては、尾高の失敗はそれとして受け止めつつも、ノモス主権論に秘められた可能性をより深く探求していく必要がある。

振り返ると、尾高が現象学の観点からノモスを主題化して、他者を迎え入れようとしたこと自体は間違っていなかった。尾高の過ちは、そのノモスを絶対的な主権と描き出したために、事実から当為へと至る筋道を一本しか示しえず、そのために憲法の核心にある「個人の尊重」の概念を曖昧にした点にある。個人の尊重は、客観的に正しい生き方を強制したのでは図ることはできない。自律的な選択を行うことのできる環境の中で、各人が自ら正しいと信ずるところに従って生きることではじめて図られる。ところが、尾高の議論には、国家のノモスとは別のノモスに生きる可能性が否定されている。これでは他者の姿が見えてこないとしても無理はない。

いま求められているのは、ノモスの世界を忠実に描き出すことである。国家のノモスのみならず、日常の生活世界に在る多様なノモスの形を描き出してこそ、自己と他者のつながりによって形作られる公共の可能性を切り拓いていくことができるからである。このことに気づいた一人の憲法学者が登場するのは、尾高の議論から数十年後のアメリカにおいてである。第Ⅱ部「全体性」では、その憲法学者が著した一つの論文を題材に、立憲主義を再興する可能性を模索する。

（1）以上、長谷部恭男「権利の機能序説」同ほか編『法の生成／創設　岩波講座現代法の動態（１）』（岩波書店、二〇一四）二五―一七頁（『憲法の論理』（有斐閣、二〇一七）所収）。

（2）以下、トマス・ホッブズ（水田洋訳）『リヴァイアサン（一）』（岩波文庫、一九五四）第一三章。

（3）以下、佐々木力「リヴァイアサン、あるいは機械論的自然像の政治哲学（上）（下）」思想七八七号五五―一〇〇頁、同七八八号一九―六二頁（以上、一九九〇）。

（4）斎藤慶典『力と他者――レヴィナスに』（勁草書房、二〇〇〇）八五―九七頁は、ホッブズが理性の内に「力」の論理しか見ていないことを明快に指摘している。

（5）参照、木庭顕「Hobbes, De cive における metus 概念」国家一三〇巻三・四号（二〇一七）一頁以下（『憲法９条へのカタバシス』（みすず書房、二〇一八）所収）。

（6）盛山和夫『社会学とは何か――意味世界への探究』（ミネルヴァ書房、二〇一一）二三八―二三九頁。

（7）政治的リベラリズムは、道徳観念排除法則をメタ・レベルの原理に据えることで、公共空間を基礎付けようとしているが、国家が道徳的に中立的に振る舞うことで望ましい帰結が得られる保証はない上に、そもそも「中立」が何を意味するのかも定かではない。超越的視点を導入することは、かえって社会公共と善の観念との間に架橋し難い断絶を生み出して、公共空間の活気を喪失させる要因となっている。

(8) 佐藤卓己「ファシスト的公共性」井上俊ほか編『民族・国家・エスニシティ』(岩波書店、一九九六)一七七頁以下(『ファシスト的公共性――総力戦体制のメディア学』(岩波書店、二〇一八)所収)。

(9) ユルゲン・ハーバーマス(鏑木政彦訳)「公共圏における宗教」島薗進・磯前順一編『宗教と公共空間――見直される宗教の役割』(東京大学出版会、二〇一四)九一―一二七頁。

(10) 大森荘蔵『流れとよどみ――哲学断章』(産業図書、一九八一)七一頁。大森のいう他我問題は「他人の痛みはどうすれば分かるのか」という認識論的な問題ではなく、「他人の痛みという概念をどう理解すればよいのか」という意味の問題である(野矢茂樹『大森荘蔵――哲学の見本』(講談社、二〇〇七)一九―二四頁)。

(11) 参照、大屋雄裕「外なる他者・内なる他者――動物とAIの権利」論ジュリ二二号(二〇一七)四八―五四頁。

(12) 「すべての人間は平等に造られている」と独立宣言で高らかに謳ったアメリカ建国の父トマス・ジェファソンもまた、奴隷主であったことで知られている。

(13) 自らも奴隷であったフレデリック・ダグラスによる自叙伝は、当時の奴隷が置かれた悲惨な境遇を知るための格好の素材である(Frederick Douglass, Narrative of the Life of Frederick Douglass, An American Slave (Anti-Slavery Office 1845)(樋口映美監修、専修大学文学部歴史学科南北アメリカ史研究会訳『アメリカの奴隷制を生きる』(彩流社、二〇一六)))。

(14) 樋口陽一『近代国民国家の憲法構造』(東京大学出版会、一九九四)九九頁。

(15) 長谷部恭男「とらわれて」同『憲法の Imagination』(羽鳥書店、二〇一〇)六八頁。

(16) 参照、小熊英二『単一民族神話の起源』(新曜社、一九九五)。

(17) 吉田満『戦艦大和ノ最期』(講談社文芸文庫、一九九四)四六頁。

(18) 南原繁「戦歿学徒を弔う」立花隆編『南原繁の言葉』(東京大学出版会、二〇〇七)二四四頁。

(19) 憲法九条には、一国平和主義ではなく、同時進行していた国連の理想実現への努力を命じた側面がある(加藤典洋『戦後入門』(ちくま新書、二〇一五)三四六―三四九頁)。

(20) 参照、一九四六年二月三日「マッカーサー三原則」。ただし、自衛権の放棄の発想がマッカーサー一人によるものだったかについては争いがある(五百旗頭真『日米戦争と戦後日本』(講談社学術文庫、二〇〇五)二二四頁）。
(21) 江藤淳『一九四六年憲法――その拘束』（文春学藝ライブラリー、二〇一五）。
(22) もちろん、昨今のＳＥＡＬＤｓを中心とする新しいかたちの市民運動の意義を過小評価してはならないが、真の意味で市民社会を確立したというにはまだほど遠い地点にある。
(23) 芦部信喜『憲法〔第六版〕』（岩波書店、二〇一五）二五―二九頁。
(24) 加藤周一・樋口陽一『時代を読む――「民族」「人権」再考』（岩波現代文庫、二〇一四）九二―九五頁、長谷部恭男『憲法〔第七版〕』（新世社、二〇一八）四九頁。
(25) 芦部信喜『憲法学Ⅰ　憲法総論』（有斐閣、一九九二）二五九頁。
(26) 参照、愛敬浩二「自衛権論の現在と憲法九条論の課題」ジュリ一三七八号（二〇〇九）一一八―一一九頁。
(27) 安念潤司「日本国憲法の意義と運営」長谷部恭男編『憲法と時間　岩波講座憲法（６）』（岩波書店、二〇〇七）二五五頁。
(28) 加藤陽子『それでも、日本人は「戦争」を選んだ』（朝日出版社、二〇〇九）を始め、わが国の歴史研究において先の戦争に至った理由を問うことは、いまだアクチュアルな問題である。
(29) 安念潤司「憲法と憲法学」樋口陽一編『ホーンブック憲法〔改訂版〕』（北樹出版、二〇〇〇）五七―五八頁。
(30) 日本が抑圧によって不問にしてきたものの中には、自らの加害責任のみならず、原爆投下の「被害責任」も含まれる（加藤・前掲注(19)二五五頁以下）。
(31) 以下、加藤典洋『敗戦後論』（講談社、一九九七）（『敗戦後論』（ちくま学芸文庫、二〇一五）所収）。
(32) 同七六頁。
(33) 高橋哲哉「汚辱の記憶をめぐって」群像五〇巻三号（一九九五）一七六頁以下。
(34) 高橋哲哉「《哀悼》をめぐる会話――「敗戦後論」批判再説」現代思想二三巻一二号（一九九五）二三八―二五四頁。
(35) 戦後憲法学の問題の一つは、根本規範や承認のルールなどの法実証主義的な観念に依拠することで、戦前の他者を封印してきたところにある。
(36) 加藤・前掲注(31)八八頁。
(37) 毎日新聞社百年史刊行委員会編『毎日新聞百年史』（毎日新聞社、一九七二）二一一頁。

(38)　宮沢俊義「八月革命の憲法史的意味」世界文化一巻四号(一九四六)六四頁以下。

(39)　Hans Kelsen, General Theory of Law and State 115–122 (Harvard University Press 1949)(尾吹善人訳『法と国家の一般理論』(木鐸社、一九九一)). ただし、宮沢は、ケルゼンよりはラートブルフの根本規範論に共鳴しており、ケルゼンに忠実というわけではない(芦部信喜『憲法制定権力』(東京大学出版会、一九八三)二〇三頁参照)。

(40)　長尾龍一『ケルゼン研究Ⅰ』(信山社、一九九九)九八頁。

(41)　その中で尾高朝雄を劇的に甦らせたのが石川健治の一連の研究成果である(石川健治「イン・エゴイストス　憲法学から見た公共性」長谷部恭男・金泰昌編『法律から考える公共性　公共哲学(12)』(東京大学出版会、二〇〇四)一八一頁以下、同「コスモス──京城学派公法学の光芒」酒井哲哉責任編集『「帝国」編成の系譜　岩波講座「帝国」日本の学知(1)』(岩波書店、二〇〇六)一七一頁以下参照)。

(42)　尾高朝雄「国民主権と天皇制」国家六〇巻一〇号(一九四七)二一四─二三九頁。もっとも尾高も、純粋な法理論の見地によれば、国体は変革されたことを認めている。

(43)　尾高朝雄「ノモスの主権について──宮沢教授に答う」国家六二巻一一号(一九四八)五七四─六〇三頁。

(44)　尾高朝雄「事実としての主権と当為としての主権」国家六四巻四号(一九五〇)一九七─二二二頁。

(45)　尾高・前掲注(43)五九二─五九三頁。

(46)　宮沢俊義「国民主権と天皇制とについてのおぼえがき──尾高教授の理論をめぐって」国家六二巻六号(一九四八)二五七─二九〇頁。

(47)　もちろん、宮沢は宮沢で、戦前の他者を断絶することが、立憲主義に資すると考えていたことは間違いない。宮沢の八月革命説の真価については、石川健治「八月革命・七〇年後──宮澤俊義の8・15」法時八七巻七号(二〇一五)八〇頁以下を参照。また八月革命説の「断絶」の意義については、高田篤「ポツダム宣言の受諾──憲法的断絶について語られたことの意義と射程」論ジュリ一七号(二〇一六)一八頁以下を参照。

(48)　以下、尾高朝雄「現象學と法律學」法時五巻一〇号(一九三三)一九〇八─一九二六頁(同『法律の社会的構造』(勁草書房、一九五七)所収)。

(49)　ケルゼンの純粋法学は、新カント派哲学の方法論、特にヘルマン・コーエンの規範論理主義に近い立場にあることが知られている。ただし、当初ケルゼンが自身の理論をつくり上げた際には、カントのことは殆ど意識していなかったようである(ハンス・ケルゼン(長尾龍一訳)「『国法学の主要問題』(第二版)序文」同『ハンス・ケルゼン著作集Ⅳ』(慈学社出版、二〇〇九)一三四頁)。
(50)　感性的直観と範疇的直観については、エトムント・フッサール『論理学研究4』(みすず書房、一九七六)第六研究第六章参照。尾高が意味的直観と呼ぶのはこの範疇的直観のことである(尾高朝雄『国家構造論』(岩波書店、一九三六)一〇五頁。以下、同書からの引用は、新字体・新かな使いに改めた)。
(51)　山口節郎「解釈学と社会学」思想六五九号(一九七九)一〇六頁。
(52)　ヴィルヘルム・ディルタイ(久野昭訳)『解釈学の成立』(以文社、一九七三)八四頁。
(53)　尾高・前掲注(50)二六八頁以下。
(54)　尾高朝雄『自由論』(勁草書房、一九五二)一〇頁。
(55)　川村湊「湾岸戦後の批評空間」群像五一巻六号(一九九六)二九六—三一五頁。
(56)　加藤・前掲注(31)一〇七—一一二頁。
(57)　尾高・前掲注(50)三六頁。
(58)　同三三—三四頁。
(59)　同一一〇—一一七頁。
(60)　同四一八頁は、現代ファシズムを「反対分子に対する如何に不合理な弾劾や排撃が行われて居るにせよ、大体として協成社会団体の実現を目指すものと言うことが出来る」としている。
(61)　尾高・前掲注(42)二三〇—二三一頁。
(62)　ジャン＝ジャック・ルソー(桑原武夫・前川貞次郎訳)『社会契約論』(岩波文庫、一九五四)参照。
(63)　同六一—六七頁。「主権者の決定に従うのは主権者だから」という同語反復を避けようとするなら、このような天才的な指導者の存在は不可欠である(参照、小島慎司「主権、この悩ましさ」朝日新聞二〇一六年九月一四日朝刊)。
(64)　参照、長谷部恭男「主権のヌキ身の常駐について」法時八七巻九号(二〇一五)一〇三—一〇八頁(『憲法の論理』(有斐閣、二〇一七)所収)。

第II部

全体性

第Ⅰ部では、従来の近代立憲主義が他者を十分には迎え入れてこなかったこと、それが原因となって今日の近代立憲主義に動態が失われていることが明らかになった。しかし他方で、戦後間もなく「ノモス主権」という名の下に他者論の可能性が示されていたこと、けれどもノモス主権論は他者論の潜在力を十分には生かしきれなかったことも明らかになった。

これを受けて第Ⅱ部では、ノモスの潜在力を限界まで引き出そうとしたロバート・カヴァー(Robert M. Cover)の論稿——*Nomos and Narrative*——を読むことを通じて、新しい立憲主義のかたちを模索することにする。

第一章　意味の世界

序節

一

Nomos and Narrative は、一九八三年に Harvard Law Review 誌に掲載された論文である。[1] 同論文を巡ってはこれまでに多数の論稿が寄せられており、シンポジウムでもたびたび採り上げられるなど、[2] 母国アメリカにおいては高い関心をもって受け止められてきている。[3] ところがわが国では、最近になって愛敬浩二[4] や巻美矢紀[5] によって紹介がされたことを除いては、この論文に言及がなされることは稀であり、ましてや正面から取り上げて包括的に検討したものは見当たらない。[6] そこでまずは、著者のカヴァーについて紹介した上で、この論文を採り上げる意義を論じるところから始めたい。[7]

カヴァーは、一九四三年にボストンで生まれ、一九八六年に四二歳の若さで急逝した。プリンストン大学を卒業後、コロンビアロースクールで法律を学んだカヴァーは、その後コロンビアとイェールの両大学で教鞭を執った。この経歴だけを見ればカヴァーはいかにも「法学者」という感じだが、実は熱心な「運動家」でもある。学生時代は公民権運動に深くコミットし、南部で監獄に収監された経験も持つ。しかも、この運動家としての姿は決して一過性のものではなく、大学教員となった後も、黒人への不当起訴に反対してメガホン片手に演説したり、職員の労働条件改善を訴えてピケラインを形成したりする姿が目撃されている。

カヴァーを語る上でもう一つ重要なのが、その「ユダヤ教徒」としての姿である。敬虔なユダヤ教徒であったカヴァーは、毎週土曜日の朝は民族衣装を身にまといシナゴーグへ通い、午後は仲間たちとタルムードの講読に勤しんだ。このユダヤ教徒としての姿は、彼の「教育者」としての在り方にも影響を及ぼしていたといわれる。カヴァーは、教育者としての自分をコミュニティの一員と位置づけ、教師と学生は互いを尊重し合う「関係性」で結ばれると考えていた。カヴァーが人との「繋がり」を何より重視していたことは、普段はカシェルの食べ物しか口にしなかった彼が、友人の家に招待されたときに述べたとされる次の一言からもわかる。「友だちの家では出されたものを食べる。友情の方が重要だから」。厚い信仰の前に友情を優先するこの一言は、カヴァーの人間性をよく物語っている。

以上のカヴァーの人間的な在り方は、彼の学者としての歩みとも響き合う。カヴァーの当初の関心は、アメリカにおける「奴隷制」の歴史的研究に向けられたが、これはかつて公民権運動にコミットした自身の過去からすると自然な流れといえる。その研究の集大成が、単著 Justice Accused (1975) である。(8) その中では、奴隷制の憲法問題に直面した裁判官が、その反道徳性に気づきながらも、これを見過ごすよりほかなかった不条理が、鮮やかに描き出されている[9]。

この頃のカヴァーを「前期」と名づけるなら、「中期」の関心は、このような実定法の抱える不条理をいかにして克服できるかという点に向けられている。その集大成が本書の採り上げる *Nomos and Narrative* である。そこでは、生き生きとした法の姿を描き出そうとする「運動家」としてのカヴァーの側面を存分に見てとることができる。

そして、〈後期〉というにはあまりに短すぎる晩年にカヴァーが取り組んだのが「ユダヤ思想」の問題であった。カヴァーはその最中に志半ばにして倒れたため、残念ながらこの問題に対する最終的な解決を我々は知ることはできない。しかし、カヴァーが晩年にユダヤ思想に深く魅せられていったことは、*Nomos and Narrative* の先に、何かを見出そうとしていたことを示唆している。

二

では、なぜ本書は *Nomos and Narrative* を採り上げるのか。それは、この論文がノモスを通じて「他者」を立憲主義の内に迎え入れようとしているからにほかならない。しかも、ここでいうノモスとは、尾高の言うような国家のノモスではなく、国家と対峙する自律的なコミュニティのノモスであるだけに、本当の意味での「他者」を迎え入れる可能性は、こちらの方が大きいといえる。

ところが意外なことに、これまでアメリカ憲法学は、*Nomos and Narrative* を「他者」の思想として読み解こうとはしてこなかった[10]。たとえば、カヴァーと同じくイェールで憲法を教えるロバート・ポストは、カヴァーの議論が、公的領域を「空っぽで意味のないもの」に貶めていると批判する[11]。ポストにはカヴァーの議論が、自律的コミュニティのノモスに固執する点で、「自己」に閉じこもった思想であるかのように映るのである。

しかしこの見方は、カヴァーの議論の表層しか捉えきれていない。たしかに、カヴァー自らが「アナーキー」と呼ぶことからわかるとおり[12]、国家のノモスを措定しないその議論に相対主義の側面があることは否定できない。しかし、カヴァーがアナーキーというとき、それは「支配者の不在」を意味するにすぎず、「法の不在」を意味するわけではない[13]。カヴァーがアナーキズムによって克服しようとするのは、支配的な「力」によって「他者」を我々という存在に同化し、一挙に公共性を成し遂げようとする議論である。これに対してカヴァーは、力ではなく意味から成るノモスに立ち返り、そこから公共の可能性を模索しようとしている。

したがって、カヴァーの議論は、同じくノモスを措定する尾高の議論とも決定的に異なる。尾高のように、客観的に正しいノモスを措定して公共を語るというのは、ある意味ではたやすい。なぜなら、私と他者という克服し難い二元性を、客観的な正しさを通じて「私たち」という一元的な形へ流し込むことで、すでに他我問題は棚上げされているからである。他方カヴァーは、客観的な正しさを自明視することなく、私と他者の繋がりから生み出されるノモスの姿を描き出すことから出発している。カヴァーがここで引き受けようとしているのは、他我問題を棚上げすることなく公共への可能性を模索するという、より一層困難な課題である。

以上が *Nomos and Narrative* を本書が採り上げる理由である。以下では、同稿を読むことを通じて、カヴァーがいかに立憲主義に他者を迎え入れようとしたかを明らかにする。

(1) Robert M. Cover, *The Supreme Court, 1982 Term—Foreword: Nomos and Narrative*, 97 HARV. L. REV. 4 (1983).

(2) 近年も二〇〇五年にシンポジウムが開催され、同稿に関する多数の論稿が寄せられている(*See* Robert Post et al., *Rethinking Robert Cover's Nomos and Narrative*, 17(1) YALE J. L. & HUMAN 1 (2005))。

(3) 一九九五年五月時点における論文引用頻度回数において *Nomos and Narrative* は四一位にランクインしている。同稿より上位の論稿の中で同稿より後に公表されたものはわずか一件にすぎず、同稿の引用頻度回数の多さを物語っている(Fred R. Shapiro, *The Most-Cited Law Review Articles Revisited*, 71 CHI.-KENT. L. REV. 751, 769 (1996))。

(4) 愛敬浩二「「物語」としての国民主権——佐藤憲法学と「物語」論」同『立憲主義の復権と憲法理論』(日本評論社、二〇一二)一一八頁以下。

(5) 巻美矢紀「日本国憲法に「物語(narrative)はあるか」」辻村みよ子・長谷部恭男編『憲法理論の再創造』(日本評論社、二〇一一)六三頁以下。

(6) この点で佐藤幸治が自身の物語論の起点にはカヴァーの論文があると述べている点が注目されるが(佐藤幸治『現代国家と人権』(有斐閣、二〇〇八)七九頁)、両者の物語論の間には相当の隔たりがある。

(7) 以下の伝記に関する叙述は、カヴァーの追悼会の参加者の言葉を収録した文献に専ら依拠している(Guido Calabresi et al., Remarks Made at a Memorial Service for Robert M. Cover, Chancellor Kent Professor of Law and Legal History at Yale Law School, SEPT. 14, 1986 (Yale Law School 1987))。

(8) Robert M. Cover, Justice Accused: Antislavery and the Judicial Process (Yale University Press 1975).

(9) *See* Ronald Dworkin, *Review of Robert Cover, Justice Accused*, *in* Times Literary Supplement, 5 December 1975.

(10) 管見の限り、カヴァーの *Nomos and Narrative* を他者論の見地から読み解いた文献は見当たらない。わずかに、レヴィナスの正義の観念を、カヴァーの暴力に関する議論と結びつけて理解する論稿が一つあるのみである(Robert Gibbs, *Verdict and Sentence: Cover and Levinas on the Robe of Justice*, *in* Essays on Levinas and Law at 95–110)。

(11) Robert C. Post, *Who's Afraid of Jurispathic Courts?: Violence and Public Reason in Nomos and Narrative*, 17 (1) YALE J. L. & HUMAN 1, 15 (2005).
(12) Robert M. Cover, *The Folktales of Justice: Tales of Jurisdiction*, 14 CAP. U. L. REV. 179, 181 (1985).
(13) *Id.* at 181.

第一節　ノモス

第一款　世界構築

一

Nomos and Narrative は次の一節をもって始まる。

我々はノモス——規範世界——に生きている。我々は、正と邪、合法と不法、有効と無効の世界を不断に創造し維持している。法学者は、規範世界を社会統制のための専門的装置と同視しがちである。たしかに、正義の規則や原理、法の形式的制度そして社会秩序の慣習は、世界にとって重要である。しかし、それらは我々の注意を引くべき規範世界のほんの一部でしかない。いかなる法的制度や法規の集まりも、それを位置づけ意味を付与する物語から離れては存在しえない。十戒のそれぞれに一つの聖典があるように、あらゆる憲法には叙事詩がある。ひとたび法を、法

に意味を与える物語の文脈で理解するとき、法は、遵守されるべき単なる規則の体系ではなく、我々の生きる世界となる。(1)

法は何のためにあるのか。この問いに対して我々は、社会統制のためにあると答えるのが一般的である。(2) しかしカヴァーはそうは考えない。法に社会統制の側面があるのは事実だが、それは法のごく一部の側面でしかない。むしろ、法とは我々の生きる「世界」そのものであるというのが、カヴァーの核心的主張である。なぜカヴァーはそう考えるのか。それを知るためにはまず、法と社会統制が結びつけられるに至ったそもそもの経緯を辿る必要がある。

社会統制としての法の概念は、古くはホッブズにまで遡る伝統的な考え方である。(3) ホッブズは、自然状態を戦争状態とみて、平和な社会生活を手に入れるためには、人々は自然法の命ずるところに従い契約を締結し、絶対的な主権を設立する必要があると説いた。この議論の枠組みからすると、主権が揺るがされると戦争状態に逆戻りしかねないため、主権者には極めて広範な社会統制の権限が与えられることになる。

そしてこの傾向は、自然法の伝統が衰退し、法実証主義が台頭するにつれ、より一層強まってゆく。(4) その代表格であるオースティンは、主権とは人々が慣習的に従っているところの社会的事実にすぎないとして、主権を単なる服従の事実に還元している。(5) さらにケルゼンは、この傾向を推し進めて、法とは強制を命じる諸規範から成る強制秩序であるというところにまで行き着く。(6) 他方、H・L・A・ハートは、「認定のルール」という一種の社会規範を法秩序の中核にみるが、(7) 社会規範の内実は公務員を始めとする法律家集団の慣習によって決せられるため、(8) 社会統制の性格はここでも顕著である。

このとおり、古くはホッブズの主権論から、近時の法実証主義の議論に至るまで、法が社会統制のためにあることは殆ど自明視されてきた。もっとも、この見方に対しては、権利を重視する論者からの有力な批判がある。その代表格が「純一性(integrity)としての法」の概念を唱えるドゥオーキンである。(9) ここに純一性とは、先例や慣行を回顧的に調和させることで抽出される「正しい」原理のことを指す。このように、法を「正しさ」を希求する企てとみることで、権威への不服従が権利として認められる余地が生まれる。(10) しかし、この見方も社会統制の性格からは自由ではない。純一性の観念を裁判所の先例に依拠させることは、裁判所に社会統制の一般的権限を認めるに等しいからである。

カヴァーが覆そうとするのは、以上の支配的な法の見方である。カヴァーによれば、法とは、人間の生を「意味」で充塡する世界であり、人間はこの意味の網目から成る規範世界に生きている。この見方は、同じ規範世界でもケルゼンのそれとは全く違う。ケルゼンのいう規範世界は授権規範の総体から成る無機質で「観念的」な体系にすぎないが、カヴァーのいう規範世界は我々が生きる日常的な「生活世界」を指している。従来の法概念論は、この生活世界を忘却してしまったがために、法のごく一部の側面しか捉えきれていなかったというのがカヴァーの主張である。

だが問題は、いかにして「我々はノモスに生きている」という命題を正当化するかにある。そもそもここでいうノモスとは何か。それが尾高のいうような客観的に「正しい統治意思の理念」を意味するのだとすれば、多元的な世界に生きる今日の人々はそのようなノモスの住人ではないといってよい。またカヴァーは、およそ人間であれば必ずノモスの住人であると考えているようだが、それではいかなるノモスにも属さないノン・モラルの権利は保障されないことになり、尾高と同様の過ちを犯すことになる。こうしてみると、カヴァーの主張を鵜呑みにはできず、綿密な検討に付す必要がある。

二

では、なぜ「我々はノモスに生きている」といえるのか。カヴァー曰くそれは、人間存在そのものが、「世界構築(world-building)」の営みだからである(11)。この「世界構築」の概念は、元々バーガー(Peter Berger)とルックマン(Thomas Luckmann)の共著による『現実の社会的構成』に由来する概念である(12)。カヴァーもノモスの着想を同著に得ているとみられるため、ここでは同著の議論を概観しておく必要がある(13)。

『現実の社会的構成』のねらいは、普段は自明視されている日常生活の現実の反省を通じて、日常生活の世界を理解する点にある。ここに日常生活の世界とは、我々の先行者である他者たちによってすでに組織された世界として、経験され解釈された「意味基底」としての世界をいう(14)。この世界は日常生活の世界とはいっても、我々が感性的に知覚している現実そのものではなく、一定の現象学的還元を経ることで得られる世界である。

もっとも、現象学的還元は、超越論的主観にまで遡るものではなく、その一歩手前にある生活世界を救い出す限度で用いられているにすぎない。これには、同じく現象学的還元を徹底しなかった尾高の議論を彷彿とさせるものがあるが、バーガーらは尾高とは違い主観的意味を排除してはいない。それどころか、主観的意味が客観的事実性になるのはいかにして可能かという問いを正面から引き受けている。[15]問題は、この両者の差はどこからくるのかである。

その原因は、バーガーらがシュッツ(Alfred Schütz)の「自然的態度の構成的現象学」から強い影響を受けていることに求められる。実は、シュッツといえば、尾高とともにフッサールに学び、現象学的視点を取り入れて、社会的世界の意味構造を明らかにしようとした人物である。[16]同じく社会科学の哲学的基盤を現象学に求めながらも、一方で客観的意味の世界に没頭する尾高と、他方で主観的意味の世界から出発するシュッツは、好対照をなしている。[17]すなわち、他者の主観的感情を理解することは科学に馴染まないと考え、主観的意味を認識の対象から除外した尾高に対して、[18]シュッツは、むしろ社会現象を客観的精神世界の対象として捉える方が、暗黙の内に形而上学的前提が働いていると指摘し、客観精神の世界を個人の行為に還元する必要性を説く。[19]

このシュッツの見方を背後で支えるのが、ウェーバーの「理解社会学」の考え方である。[20]ウェーバーによれば、社会を成り立たせているのは個々の社会的行為に行為者が結びつけている主観的意味であるから、社会現象の構造を理解するためには、この主観的意味が結びつけられた行為を理解するところから出発しなければならない。シュッツが成し遂げようとしたのは、この理解社会学を現象学の見地から哲学的に基礎づけることであった。もちろん、主観的意味の理解から出発するからには、他者理解の問題を避けて通れなくなるであろうことはシュッツも知っていた。[21]しかし、「自然的態度」のレベルであれば、他者理解の意味構造を明らかにすることは十分に可能と考えていた。[22]

バーガーらが主観的意味を取り込んだ議論を展開しえたのは、以上の自然的態度の構成的現象学の態度をシュッツから受け継いでいるところが大きい。もっとも、バーガーらも無批判にシュッツを受容しているわけではなく、主観的意味にすべてを還元しようとするシュッツの姿勢には限界もみていた。[23] 社会的事実が個人の意識を超えた「モノ」として存在するという、デュルケーム(Emile Durkheim)の方法論を採用していることが、それを証明している。[24] このように、バーガーらの方法論的特色は、主観性を重視するウェーバーと、客観性を重視するデュルケームという、二つの相反する理論を総合する点に認められる。[25]

では、この方法論を応用して、取り出される日常生活の世界とはいかなるものか。バーガーらの分析を見ることとしたい。

三

バーガーらによれば、人間の社会は、客観的に与えられたものと主観的意味との間の一種の弁証法的現象として理解される。つまり、社会は人間の所産であり、人間の所産でしかありえないのであるが、たえず人間に働き返しもするということである。[26] これを定式化すると、社会の弁証法的過程は、㈠社会は人間の産物であるという「外在化」の過程、㈡社会は客観的現実であるという「客体化」の過程、㈢人間は社会の産物であるという「内在化」の過程の三つの契機から成り立つことがわかる。[27]

まず**外在化**とは、「人間存在がその物心両面の活動によって世界にたえず流れ出すこと」をいう。[28] これは、社会的現実は人間の意味づけによって構築されるとする先のウェーバー理論に対応した考え方である。バーガーら曰く、人間存在の外在化は必然的な現象である。[29] というのも、人間は動物とは違い、その生物学的構造によって厳密に構成される世界を持ち合わせておらず、自前で世界構築の必要があるからである。つまり、人間の世界構築の営みは、人間の世界が生物学的に開かれていることから生じる必然的な現象である。

ところが、人間の主観的意味の所産であるはずの世界は、いったんつくり出されると人間の手からは離れて、外界の現実として人間に対抗するようになる[30]。これが第二の**客体化**の過程であり、社会的事実は「モノ」として客観的に実在するという先のデュルケームの見方がそれに対応している。客体化の過程とは、人間の行為を習慣化・類型化する「制度化」の過程に始まり、この制度化を通じて社会には「統制力」が備わる[31]。しかもこの統制力は、制度がただあるという「事実性」のみを根拠として認められる点に特徴がある[32]。

もっとも、事実性のみを頼りに制度を維持し続けるには限界がある。なぜなら、時が進むにつれて、制度の意味は明確ではなくなってくるからである。そこで、時代を超えて制度の意味を説明するための「正当化」図式を発達させる必要が生じてくる[33]。それは様々な段階から成るが、バーガーらが特に着目するのが象徴的世界のレベルである。象徴的世界においては、すべての人間の経験が、象徴からなる一つの全体性へと包括される。なかでも重要な働きが、日常生活の現実を疑わしくさせるマージナルな諸事実を日常生活の枠内に統合する働きである[34]。人間が様々な恐怖に直面しながらも正気を保っていられるのは、この象徴的世界があらゆる経験を意味秩序の中に包摂してくれるからである。

これは裏を返せば、象徴的世界のもつこの正当化機能なくしては、日常生活の現実は常に恐怖にさらされることを意味している。人間は象徴的世界から切り離されると、日常生活とそれ以外の諸々の現実の統一をなしえなくなり、アノミー（規範喪失）の状態に陥る。このアノミーの恐怖が、時に死すらもたらしかねないことを明らかにしたのが、デュルケームの『自殺論』である。[35][36] その分析によると、規範秩序における自己の位置を喪失するアノミーは、自殺の恒常的要因の一つである。アノミーは、人々の欲求が際限なく拡大し、これを満たしきれなくなるときに陥る。従来であれば、宗教が欲求の拡大を防ぐ役割を果たしてきたが、一九世紀以降の商工業の発展により欲望が解放された結果、社会生活ではアノミーが慢性的状態となり、それが自殺を増加させる要因となっている。

バーガーらのノモスは、このアノミーの対概念として導かれたものである。[37] つまり、ノモスとは、アノミーの恐怖を防ぐために人間がつくり出した自前の規範秩序のことであり、苦痛や矛盾に満ちた人間の生に対して意味を付与する働きをする。そのためにも、ノモスは個人の全経験を包み込む必要があり、必然的に個人を超越して、一つの全体として個人の前に立ちはだかる。それは、自分にとってだけでなく、他者にとってもそこに在るというような共有された世界である。個人の生は、ノモスの意味秩序の中で理解され、かつその限りにおいてのみ客観的にリアルなものとなる。

ただ、客体化だけでは世界が客観的現実として存在することはいえても、自分がその世界の住人であるということまではいえない。客観的現実が主観的にもリアルなものとなるためには、客観的現実に込められた他者の主観的意味を、自己の内に「再吸収」することが必要である。これが第三の**内在化**の過程であり、いわゆる他者理解が問題となるのもこの文脈においてである。[38] この内在化の過程は社会の側からみれば、社会の中へ個人を包括的かつ調和的に招き入れる「社会化」の過程に対応している。そして、バーガーらがこの文脈で依拠するのが、社会心理学者Ｇ・Ｈ・ミードの議論である。[39]

ミードによれば、社会化は「意味ある他者」の役割を取得することに始まり、やがて「一般化された他者」の役割を取得することで可能となる。この過程は、客観的世界に自己を同一化することで世界における自己の位置づけを知り、アイデンティティを確立する過程でもある。[40] もっとも、内在化の過程は、客体化された意味を単に写し取るだけの機械的な過程ではなく、社会的な「客我(me)」と内省的な「自我(I)」との内的対話における弁証法的な過程である。[41] 主観的現実は、「個人」と「意味ある他者」との間の対話の中で生み出され、その対話を続けることができる限りにおいてのみリアルとなる。

こうしてみると、内在化の過程は社会化の過程ではあるが、客我と主我の間の弁証法の形式をもって生じ、しかもこの内在化自体も外在化と客体化の契機を包含する大きな弁証法的過程の一契機であることを踏まえると、やはり個人は社会の「共同制作者」であり続ける。それどころか、この社会化の過程を経るからこそ、個人の内省的思考は活性化されて、客観的現実の妥当性を問いかけ直すことも可能になり、そこから社会が変容する可能性も生まれてくる。主観的現実から客観的現実への橋渡しは、この内省を通じて可能になり、これによってはじめて、デュルケームとウェーバーの議論を総合することも可能になる。[42]

四

以上が『現実の社会的構成』の概要である。これを踏まえて冒頭の問いに答えるなら、カヴァーが「我々はノモスに生きている」という根拠は、人間存在が不可避的に世界構築の営みだからだと結論づけることができる。人間はカオスに生きることはできない意味的な存在である以上、現実に意味を注入して規範化・秩序化(nomization)を営んでいくしかないのである。その意味では、いかなる、ノモスにも属さないノン・モラルの権利は、人間には保障されていないといってよい。人間である以上は何らかのノモスに生きるよりほかなく、また我々は事実それを欲しているといえるのである。

このとおり、法の存在意義が人間に生きる意味を付与する点にあることをカヴァーが主題化しえたのは、現象学によっているところが大きい。というのも、現象学的還元を実行すれば、法の存在意義が、強制や授権にではなく、人間と世界の関係を充実化させる点にあることは、容易に見てとれるからである。しかし、この当然ともいえる帰結が、なぜ今日では見えづらくなっているのか。その原因は、自然科学が意味基底としての日常世界を隠蔽した点にある。このことを夙に指摘していたのが、現象学の始祖エトムント・フッサールである。フッサールは、自然科学の絶対性を自明視するヨーロッパ諸学の現状を「危機」として、生活世界に立ちかえる重要性を説いた。(43)

もっとも、近代憲法学が、ノモスを敬遠してきたことには、それなりの理由がある。それは、ノモスが典型的には宗教に通じているからである。このことは、バーガーが『現実の社会的構成』の理論的発展形態として、「聖なる天蓋(sacred canopy)」をみていることからもわかる。(44)ここに「聖なる天蓋」とは、個人の全経験をすっぽりと包み込んで、すべてを究極的に意味づける象徴体系のことをいう。それはある時は「神」、またある時は「父」と呼ばれる。ところが近代憲法学は、この「聖なる天蓋」を否認するところに始まる。なぜなら、世界の意味を最終的に確定する「父」の権威を認めることは、近代立憲主義の核心にある「自律」の観念と抵触するからである。

ここでの問題は、果たしてカヴァーがノモスというとき、「父」を想定していたのかどうかである。

この問いを読み解く鍵は、*Nomos and Narrative* の次の一節にある。

このノモスは、質量・エネルギー・運動量から成る物理的世界と同様に〝我々の世界〟である。実際、規範世界の構造の理解は、物理的世界の構造の理解と同程度に根本的である。ちょうど出生当初から世界の物理的属性への複雑な反応が段々と発達するように、規範世界を定義する個人的な他者(personal otherness)への反応も同様に発達する。(45)

ここで鍵となるのが「個人的な他者」という概念である。つまり、カヴァーがここで想定する他者とは、父のような「絶対的」な他者ではなく、もっと「個人的」な他者のことである。カヴァーは、この「個人的」な他者という概念を定義こそしていないが、その脚注で精神分析家ボウルビィの著作『愛着と喪失』(46)の参照を求めているところをみると、それは「母」のことであると考えられる。

すなわち、同著においてボウルビィは、母性的人物(以下、母)との離別が子にいかなる影響を及ぼすかを明らかにしようとしているが、その前提として、母と子の結びつきは「愛着行動」に基づいて説明されるという。愛着行動とは、しがみつき、微笑み、喃語、後追い、泣き叫び等の、愛着形成をねらいとする母に対して向けられた子の行動のことである。乳児は出生当初から不特定対象への定位を開始し、生後六カ月頃には母を愛着対象人物として特定し、愛着形成を開始する。この愛着形成は、子の愛着行動と母の養育行動との間の社会的相互作用のうちにあり、両者の間で均衡が保たれることによって安定した愛着は図られる。(47)

以上のボウルビィの議論を踏まえると、カヴァーのいう個人的な他者とは、「父」ではなく、むしろ「母」のことであると考えられる。では、父の世界と母の世界の違いは何か。それは、父の世界は「普遍性」が支配するのに対して、母の世界は愛着形成の過程でゆっくりと生成されていく母子間に「相対的」なものであるという点である。もちろん、父も母もどちらも子どもに「正しい」生き方を教えてくれる点で違いはない。だが、父の正しさは最終的・確定的であるのに対して、母の正しさは子どもとの関わり合いの内に徐々に生成されていく一時的・可変的なものである点に違いがある。(48)

このように、カヴァーが母なる他者を想定しているのだとすると、近代憲法学がノモスに抱いてきた先の懸念は必ずしも妥当しなくなる。というのも、父が不在のノモスは、俯瞰的な視点から世界を記述する「聖なる天蓋」として機能しえないことは、織り込み済みのはずだからである。しかし、このことから直ちに、世界は全くの無秩序で、生き方は人それぞれとカヴァーが考えていることにはならない。なぜなら、母の世界においても人は、手探りではあるが、正しい生き方を求めて歩み続けるからである。それは、客観的な正しさの内にある「超越」のノモスというよりは、誤りうることの内にある「内在」のノモスである。

ところがそうなると、父という絶対的な存在が不在の中で、我々はいかにして規範意味を知りうるかという問いが、次なる難題として浮上してくる。この点、同じく父の居場所を認めない近代憲法学であるが、そこは自然科学の手法を応用することでうまく対応してきた。法命題の意味は、規範と事実の対応関係の有無によって決せられるとするのが、その手法である。ところがこの手法は、自然科学による生活世界の隠蔽という、まさしくフッサールが憂慮していた事態を引き起こすことになる。

しかし、自然科学の方法論を借りることなく、法命題の意味を知ることなど可能なのだろうか。果たしてカヴァーのアプローチやいかに。

第二款　パラダイム

一

ここで注目するのは *Nomos and Narrative* の次の一節である。

偉大な法的文明は、それを位置づけその生成を促進するところのノモスの豊かさによって特徴づけられる。ノモスの多様で複雑な素材が、献身・黙従・矛盾・抵抗のためのパラダイムを確立している。これらの素材は、理解されるべき規則や原理の集合を提示するだけでなく、我々の住む世界をも提示してくれる。ノモスの住人になるということは、ノモスにおける生き方を知るということである。(49)

法はパラダイムである。そう言うことでカヴァーは、自然科学の図式を法的議論に応用してきた従来の手法と決別しようとしている。ここにパラダイムとは、実践を通じて生成・維持されてきた伝統であり、共同体の生活形式の一致を表現したものをいう。(50)元々、このパラダイムの概念は、伝統的な科学概念を批判する文脈で、科学史家トマス・クーン(Thomas Kuhn)が提唱したものである。クーンによれば、科学とは、観察によって理論を検証する手続でもなければ、その手続から導き出される科学的命題の集合でもない。それは、科学者共同体が共有する法則、信念、命題を内包したパラダイムのことである。

この考え方によると、観察による理論の検証という従来の科学の図式はもはや維持しえない[51]。なぜなら、観察はパラダイムの負荷を常に背負っているために、変則性の発見は必ずしもパラダイムの基礎を揺るがすには至らないからである。この場合、既存のパラダイムの整備と拡張によって対応するのが通常であり、その変則性が危機であるとの認識が共有されてはじめて、新しいパラダイムへの移行可能性が生まれる。これは結局、科学的真理とされてきたものが唯一究極のものではなく、パラダイム内部で相対的に認められる真理にすぎないことを意味している。一見揺るぎない真理とされる事柄でも、実はその妥当性は、科学者の「信念の総体」である「神話」を前提にしてはじめて認められるにすぎないのである。

クーンの議論は、科学が命題の集合に尽きるものではなく、それ自体一つの「実践(doing)」であることを示している。したがって、科学者は観察・仮説・検証の手続を繰り返しているだけでは務まらず、まず何よりも科学者としての「振る舞い」を身につけることが求められる。そのためには、科学者共同体の構成員の一員となって、その共同体特有の「生き方」や「信念」を体に染み込ませる必要がある。その生き方を共有しないままに科学を見様見真似でやってみたところで、それは科学に従事していることにはならない。

以上の議論を踏まえると、カヴァーが法はパラダイムであるというときもまた、法が共同体の実践を通じて生成・維持されてきた伝統であるとみていることがわかる。この法の捉え方は、法命題は「分析的」に導かれるとする従来の考え方とは大きく異なる。従来の法的論証といえば、「法規」の存在を大前提に、それに小前提たる事実を当てはめることで、法命題は「演繹的」に導かれるとする三段論法の考え方が一般的であった(52)。大前提を確定しさえすれば、あとは外的事実と対応しているか否かによって法命題の真偽は自動的に決せられるとするこの見方の背景には、世界のあらゆる事象を因果法則によって説明し尽くそうとする自然科学の手法をみてとることができる(53)。

これに対してカヴァーは、法規を大前提とすることなく、むしろ法的「実践」の形式を前提に置いている(54)。これによると、法規の意味はア・プリオリに確定しうるものではなく、法的実践を通じてはじめて与えられる。これは従来の見方からすると議論が転倒しているようでもある。なぜなら、普通なら法規が実践を規律すべきところを、反対に実践が法規に意味を供給するとされているからである。しかしこれが転倒にみえるのは、実践を離れて法規の意味を確定できるとの前提に立つからである。クーンに従えば、あらゆる命題の真偽は実践を通じて生成されたパラダイムの存在に依存している。だとすれば、むしろ法規に実践から離れたア・プリオリな意味が認められるとする立場の方にこそ、特殊な形而上学的前提が入り込んでいる疑いがある。

この実践を優位に置く思考は、ウィトゲンシュタインによって夙に指摘されていたところである(55)。語の意味とは何か。我々はこの問いに対して一般に、その語に対応する何かを見つけることで答えようとする。たとえばリンゴの意味であれば、頭の中に浮かぶリンゴのイメージで答えるという具合にである。しかしウィトゲンシュタイン曰く、語の意味とは端的に語の「使用」そのものである。たとえば、リンゴの意味を知りたいなら、リンゴという語が実際にいかにして用いられているかをみればよい。この言語使用の活動形態である「言語ゲーム」に通ずる者だけが、言語の意味を把握しているといえる。これに対して、さらにその言語使用の根拠を問うことは意味をなさない。なぜなら、言語実践の一致は、それ以上は正当化することのできない自然的な事実としての一致だからである。[56]

以上のウィトゲンシュタインの考え方を前提にすると、一見大胆にみえるカヴァーの思考も大して驚くには当たらない。我々は自然科学の手法を念頭に置くあまり、つい実践に先立つ根拠を求めがちだが、クーンの指摘するとおり、その自然科学ですらも科学者の実践によって意味が供給されているのだとすれば、もはや法学に限って実践を劣位させることに理由はなくなる。

では、この実践を重視したときに、そこに浮かび上がる法の姿とはいかなるものか。以下ではまず、同じく実践を優位にみるフィリップ・ボビット(Philip Bobbitt)の議論を検討し、それとの対比でカヴァーの見解の特色を明らかにしたいと思う。

二

ボビットは著書 Constitutional Fate (1982)において、アメリカ憲法の実践において用いられてきた六つの議論の「様式(modalities)」を展望し、法命題はこの様式に従っている限りにおいて真であるとする。[57] その六つの様式とは、㈠制憲者意思、㈡テクスト、㈢構造、㈣先例法理、㈤帰結の妥当性、㈥エートスに基づく議論である。ボビットによれば、これらの様式それ自体が正当か否かを論ずることは意味をなさない。なぜなら、法とは我々が行う「活動」であって、その外側から活動の是非を説明する「理論」ではないからである[58]。法を可能にするのは、我々が実践を通じてつくり上げる「文化」であり、人々はこの文化に「参加」することを通じてはじめて、憲法の議論に従事しているということができる[59]。

このボビットの議論がウィトゲンシュタインに多くを負うことは明白である[60]。ボビットは憲法を一種の言語ゲームと捉えて、そのルールを様式として提示している。憲法の意味を知りたければ、憲法が実際いかに用いられているかをみればよいというわけである。様式の根拠を問うことが意味をなさないのも、憲法の外側にある理論をもって様式を根拠づけようとすれば、憲法ではない何か別のゲームをしていることになるからである。憲法学においては、憲法の議論の様式をむき出しのまま記述することが必要であり、かつそれで十分である。

以上のボビットの議論は、法命題の意味を「理論」ではなく「実践」から導き出そうとする点で画期的であるが、不十分なところもある。それは、憲法実践を描き出すと言いつつ、実際には裁判官のそれに重きを置いている点である。もちろんこれも、憲法実践の主体が法律家共同体に限られるというのであれば了解可能だが、現実には裁判官以外にも多種多様な自律的コミュニティが広く憲法実践を展開している以上、裁判官の憲法実践のみを描き出したのでは不十分である。ボビットの議論に対して、法が「人々の社会生活のために存在する」ことを見逃しているとの批判が向けられるのにも無理からぬところがある[61]。

これに対して、カヴァーが法とはノモスでありパラダイムであるというとき、法的実践の主体を法律家共同体に限定する意図は全くない[62]。ノモスは人間存在にとって不可欠であり、その生成・維持にはすべての人間が関わる以上、多様な法的実践を取り込まないことには、憲法の意味を明らかにしたことにはならないからである。この点は、参加資格が事実上の専門家に限られる科学とは異なる点である。自らが属するノモスの意味を語るのに、裁判官や憲法学者という肩書は必要ない。そうである以上、あらゆるパラダイムには、認識論上同等の身分が認められる。この帰結を承認してはじめて、法は単なる命令ではなく、人間の生を豊かにする世界として立ち現れることになる。

パラダイムを単位とすることからくるこの価値相対的な帰結は、一見すると急進的にみえるが、実は従来の議論の枠組みにおいても、同様の帰結はある程度までは承認されている。たとえば、一般的・客観的にみれば単に税金を滞納したと評価される行為が、場面によっては国家の政策に反対する行為を意味するということがありうる。なぜなら、その政策が自己の価値観と相容れない人からすれば、税金の不払いは国家に対する「抵抗」を意味することになるからである(63)。このように、同じ行為でもその意味が異なるのは、それが前提とするパラダイムが異なるからである。

興味深いのが、その行為が何を意味しているかは、そのパラダイムの住人になってみないことには分からないという点である。たとえば、違憲審査権をはじめて肯定したとされる Marbury v. Madison 判決(64)であるが、実は当時そのことを理解できたのはフェデラリストだけであったとされる。なぜなら、目下の勝敗のみに関心を寄せていたリパブリカンからすれば、最高裁が自らの管轄権を否定したことがわかれば必要にして十分だったからである。これに対して、フェデラリストにとって重要なのは、目下の事案の勝利よりも、違憲審査権というより大きな管轄権の拡大を手に入れることであり、上記判決の意味もそこにあった。

三

このように、パラダイムを前提に法的実践を眺めるとき、人間には多様な法的意味を生み出す無限の可能性が備わっていることに気づかされる。ところが、従来の議論は、あえてこの可能性に気づかないままに展開されてきた。というのも、実践ありきということになると、実践のかたちは様々である以上、法の範囲が際限なく広がることになりかねないからである。先にボビットが、専ら裁判官の実践を描き出すことに終始していたのも、このことを懸念したからに違いない。しかしカヴァーは、次のように述べてこの懸念を退けている。

規範的な行為の理解可能性は、その行為にコンテクストを供給する物語の共有性に依存している。完全に特異で規範的な生を営んでいる人は狂気(mad)の沙汰である。たしかに、あなたや私が行為を選択するという部分だけを見れば別々かもしれないが、その行為を〝正気(sane)〟にするのは我々がそれを共通のスクリプトの中に位置づけることができるということであり、それがノモスを共有している証しとなる(65)。

ここでは、規範的な生は誰とも関わらずに一人で営むことはできず、物語やスクリプトのような共通の基準に位置づけられてはじめて理解可能なものになるとされている。これはアナーキズムの批判に対するカヴァーなりの応答とみられるが、問題はなぜそういえるのかである。カヴァーはその根拠を明示しているわけではないが、議論の類似性からしておそらく念頭に置かれていたのは、ウィトゲンシュタインの「私的言語」批判である[66]。

ここに私的言語とは、他人には知りえず私だけが知りうる感覚を指す語から成る言語をいう。私的言語が不可能とされるのは、言語に必要な「正しさの基準」を欠いているからである。すなわち、言語の言語たる所以は、他者と共通に観察できる外的な基準を備えているところにあり、その使用において誤りうるところにある。ところが、私的言語は私だけが知りうる基準を前提にするため、その使用において人は決して誤りえない。これは結局、「私が正しいと思うことが正しい」と言っているに等しく、言語とはいえない。カヴァーの言葉を借りれば、私的言語を用いることはまさしく「狂気」の沙汰である。

以上の私的言語批判をカヴァーの議論の背景にみるなら、法規の意味は実践から供給されるとしても、法の範囲が無際限に拡大することにはならないだろう。なぜなら、実践は他者と共有された伝統の中に位置づけられなければならず、実践であれば何でも法規に意味を供給する資格を得るわけではないからである。しかも、いったん実践は伝統として形式化されればある種の「超越的」機能を獲得するため、今度は逆に実践を規律する作用を営むことになる[67]。もちろん超越的とはいっても、伝統それ自体がア・ポステリオリに生成された以上、新たな実践が伝統に影響を与える可能性は否定されないし、全く新しい伝統が生まれる余地も残されている。しかし、それでも既存の伝統を無視してゼロから始められるわけではなく、実践が与える影響にはおのずから限界がある。

ただし、以上の私的言語批判をもってしても、共同体において共有された法的実践を広く取り込もうとするからには、法律専門家の実践のみを描いてきた従来と比べれば、法の範囲が飛躍的に拡大することは避けられない。しかし、それは法的実践が実際に営まれている以上は当然のことであって、むしろ自然科学の手法に囚われて、そのことを見ようとしてこなかったこれまでのやり方が、法の範囲を不当に狭めてきたといえる。

四

かくして、カヴァーのいうノモスの内実が、徐々に明らかになってきた。それは、人間に生きる意味を付与する規範の殿堂であり、規範的な行為のモデルとなる実践的パラダイムを確立している。だが、これだけでは法が一体どこから意味を獲得するのかが明確ではない。たしかに、法は実践によって意味を供給されるのだが、問題はこの実践そのものがいかなる正当化図式によって支えられているのかにある。

この問いに対して、実践の一致は自然的な事実としての一致であり、それ以上の正当化根拠を必要としないとしたのが、先のウィトゲンシュタインである(68)。なぜ必要ないのかといえば、それがゲームのルールだからである。ゲームのルールについて正当化根拠を求めたところで、それが正しいことを論理的に証明することは不可能である。その意味では、我々の規則遂行は「盲目的」であるとするウィトゲンシュタインの指摘は的を射ている。

しかし、それは「論理的」な根拠が不要というだけで、実践の参加者の内的視点に基づく「実践的」な根拠まで不要とする趣旨ではないはずである。なぜなら、ゲームの参加者においては何らかの根拠に支えられて実践に従事しているのが通常だからである。[69] その証拠に、実践を共有しない他者が現れたとき、人は自らの実践を正当化する必要に迫られる。その意味では言語ゲームの参加者は全く「盲目」というわけではなく、ただ実践の正当性が問題にされないときには、その意味は暗黙の前提として透明化し背後に退いているだけである。かくして、ノモスを支える実践の正当化根拠とは何かという問いがここに浮上する。

(1) Robert M. Cover, *The Supreme Court, 1982 Term—Foreword: Nomos and Narrative*, 97 HARV. L. REV. 4, 4 (1983).
(2) 法を社会統制の道具と捉える見方は、今日でも支配的である。たとえば、碧海純一『法と社会——新しい法学入門』(中公新書、一九六七)六三—七八頁を参照。
(3) トマス・ホッブズ(水田洋訳)『リヴァイアサン(一)—(四)』(岩波文庫、一九五四)。
(4) ベンサムは自然権のことを「大げさなナンセンス」と呼んでいる(Jeremy Bentham, *Anarchical Fallacies*, *in* The Works of Jeremy Bentham, VOL. 2, 501 (John Bowring ed., Edinburgh: W. Tait 1843))。
(5) John Austin, The Province of Jurisprudence Determined (Wilfrid E. Rumble ed., Cambridge University Press 1995).
(6) Hans Kelsen, General Theory of Law and State 115–122 (Harvard University Press 1949). しかも、この考え方は法の実効性の保障を重んじて多数決民主主義と結びつきやすいため、この点からも社会統制の性格が強まる傾向にある(*See* Lon Fuller, The Law in Quest of Itself 120–125 (Beacon Press 1966))。
(7) H. L. A. Hart, The Concept of Law 100–110 (Clarendon Press 3d ed. 2012)(長谷部恭男訳『法の概念』(ちくま学芸文庫、二〇一四))。
(8) Joseph Raz, *Hart on Moral Rights and Legal Duties*, 4(1) O. J. L. S. 123, 131 (1984).
(9) Ronald Dworkin, Law's Empire 225–275 (Belknap Press 1986)(小林公訳『法の帝国』(未来社、一九九五)).

（10） Ronald Dworkin, Taking Rights Seriously 211–215 (Harvard University Press 1977).
（11） Cover, *supra* note 1 at 4 n. 3.
（12） Peter Berger & Thomas Luckmann, The Social Construction of Reality: A Treatise in the Sociology of Knowledge (Doubleday 1966).
（13） なお、カヴァーはこのほかにも、John Gager, Kingdom and Community: The Social World of Early Christianity (Prentice-Hall 1975)や、Karl Mannheim, Ideology and Utopia: An Introduction to the Sociology of Knowledge (Louis Wirth & Edward Shiles trans., Harvest Books 1936)の参照を求めているが、前者はバーガーらの世界構築概念に依拠して社会的世界としてのキリスト教の生成過程を分析したものであり、また後者の「知識の存在拘束性」をイデオロギー批判に拡大する試みはバーガーらも共有していることに鑑みると、世界構築の概念を明らかにする鍵は、『現実の社会的構成』にあるとみて間違いない。
（14） この世界は、自然的態度のエポケーを、さらにエポケーすることによって得られる世界である(Alfred Schütz, Collected Papers I: The Problem of Social Reality 208 (Maurice Natanson ed., Martinus Nijhoff 1962)(渡部光ほか訳『アルフレッド・シュッツ著作集　第1巻　社会的現実の問題1』(マルジュ社、一九八三)))。
（15） Berger & Luckmann, *supra* note 12 at 18.
（16） 参照、アルフレッド・シュッツ(佐藤嘉一訳)『社会的世界の意味構成――理解社会学入門〔改訳版〕』(木鐸社、二〇〇六)。
（17） なお、シュッツも客観的意味という語を用いているが、ここでいう客観的とは「科学的観点から見て妥当な」という程度の意味合いであり、問題にしているのはあくまで行為者の主観的意味である(参照、盛山和夫『社会学の方法的立場――客観性とは何か』(東京大学出版会、二〇一三)一〇五―一四二頁)。
（18） 尾高朝雄『国家構造論』(岩波書店、一九三六)一一七頁。
（19） シュッツ・前掲注(16)二五頁。
（20） マックス・ウェーバー(海老原明夫・中野敏男訳)『理解社会学のカテゴリー』(未来社、一九九〇)。
（21） Alfred Schütz, Collected Papers III: Studies in Phenomenological Philosophy 51–84 (I. Schütz ed., Martinus Nijhoff 1966)(渡部光ほか訳『アルフレッド・シュッツ著作集　第四巻　現象学的哲学の研究』(マルジュ社、一九九八)).

(22) したがってシュッツのねらいは、「超越論的自我において超越論的他我の構成はいかにして可能であるか」というフッサールが晩年に取り組んだ問いに対して解決策を示すことにはない(シュッツ・前掲注(16)一五六頁)。
(23) シュッツの議論の難点として、社会的世界が主観的意味連関には還元しえない客観的構造を持つことが見過ごされてしまうという点が夙に指摘されている(山口節郎『社会と意味』(勁草書房、一九八二)一八七頁)。
(24) バーガーは、自身の立場を構築主義と名づけるには、デュルケームの影響を受けすぎていると述べている(Peter Berger & Anton Zijderveld, In Praise of Doubt: How to Have Convictions Without Becoming a Fanatic 66–68 (HarperCollins 2009))。
(25) とはいえ、知識社会学の範囲を常識的な知識にまで拡大しようとするバーガーらの試みは、自明視されている日常生活の現実を反省するというシュッツの理論的視角なくしては決して生まれることはなかったであろう(Peter Berger, *Reflections on the Twenty-Fifth Anniversary of the Social Construction of Reality*, *in* The New Sociology of Knowledge: The Life and World of Peter L. Berger 11 (Michaela Pfadenhauer ed., Transaction Publishers 2013))。
(26) 同じくマンハイムの知識社会学においても、全体を部分から理解し部分を全体から理解する解釈学的循環の考え方がみられる(Karl Manheim, *On The Interpretation of Weltanschauung*, *in* Essays on the Sociology of Knowledge 33–82 (Routledge 1952))。
(27) Berger & Luckmann, *supra* note 12 at 61.
(28) Peter Berger, The Sacred Canopy: Elements of a Sociological Theory of Religion 4 (Doubleday 1967)(薗田稔訳『聖なる天蓋』(新曜社、一九七九)).
(29) このことは、人類学的知見からも基礎づけられる(Berger, *id.* at 5, *See also* Berger & Luckmann, *supra* note 12 at 47–52, 195 n. 1)。
(30) Berger, *supra* note 28 at 4.
(31) Berger & Luckmann, *supra* note 12 at 53–67.
(32) *Id.* at 60.
(33) *Id.* at 92–104.
(34) 日常生活の現実以外の諸事実も一つの現実とみるバーガーらの考え方は、シュッツの多元的現実論に負っている(SCHÜTZ, *supra* note 14 at 207–286)。

(35) BERGER, *supra* note 28 at 21–22.

(36) エミール・デュルケーム(宮島喬訳)『自殺論』(中公文庫、一九八五)二九二―三四四頁を参照。

(37) BERGER, *supra* note 28 at 19 n. 23.

(38) *Id.* at 4.

(39) GEORGE H. MEAD, MIND, SELF, AND SOCIETY: FROM THE STANDPOINT OF A SOCIAL BEHAVIORIST (Charles W. Morris ed., University of Chicago Press 1934)(河村望訳『精神・自我・社会　デューイ＝ミード著作集(6)』(人間の科学社、二〇一七)).

(40) BERGER & LUCKMANN, *supra* note 12 at 131–133.

(41) MEAD, *supra* note 39 in Chapter 25–28.

(42) BERGER, *supra* note 28 at 18 n. 21.

(43) エトムント・フッサール(細谷恒夫・木田元訳)『ヨーロッパ諸学の危機と超越論的現象学』(中公文庫、一九九五)参照。

(44) BERGER, *supra* note 28.

(45) Cover, *supra* note 1 at 5.

(46) J. BOWLBY, ATTACHMENT AND LOSS: VOL. 1 ATTACHMENT (Basic Books 1969); VOL. 2 SEPARATION (Basic Books 1973); VOL. 3 LOSS (Basic Books 1980)(黒田実郎ほか訳『母子関係の理論(1)(2)(3)〔新版〕』(岩崎学術出版社、一九九一)).

(47) 愛着理論は、人間が生涯を通して他者とのかかわり合いを求める存在であるとする点で、人間が孤独で衝動に駆り立てられる存在であることを前提にする古典的フロイト派の考え方と鋭い対照関係に立つ。後者の考え方では母子を結びつける原動力はリビドーにあるとされ、親に対する愛着も自己の生理的要求を軽減するための二次的なものとして位置づけられるにすぎない。

(48) この点で、村上春樹の文学世界の特徴を「聖なる天蓋＝父なるもの」の不在にみる内田樹の読み方は示唆的である(内田樹『もういちど村上春樹にご用心』(文春文庫、二〇一四)七三頁)。

(49) Cover, *supra* note 1 at 6.

(50) 野家啓一『クーン――パラダイム(現代思想の冒険者たち)』(講談社、一九九八)一三五頁(『パラダイムとは何か――クーンの科学史革命』(講談社学術文庫、二〇〇八))。

(51) Thomas S. Kuhn, The Structure of Scientific Revolutions (University of Chicago Press 2012)(中山茂訳『科学革命の構造』(みすず書房、一九七一)).

(52) これに対して、三段論法の役割は、演繹的推論によって結論を論証することにではなく、結論を正当化することにあるとする考え方として、長谷部恭男「憲法九六条の「改正」」論ジュリ九号(二〇一四)四一―四二頁(『憲法の論理』(有斐閣、二〇一七)所収)。

(53) 先例の背後にある共通の原理をカテゴリー毎に抽出して事例に応用するいわゆるケースメソッドもまた、この自然科学の手法を暗黙裡に前提にしたものといえる(*See* Christopher Columbus Langdell, Selection of Cases on the Law of Contracts (Little Brown & Co. 1871))。

(54) 形式といったのは、実践であるという一事をもって法としての資格を得るわけではないからである。実践ありきに考えるウィトゲンシュタインが、「生活形式(Lebensform)」と述べている理由もそこにある(ルードウィヒ・ウィトゲンシュタイン(藤本隆志訳)『ウィトゲンシュタイン全集8　哲学探究』(大修館書店、一九七六)二四一節)。

(55) Ludwig Wittgenstein, The Blue and Brown Books 1 (Harper Torchbooks 1958)(大森荘蔵・杖下隆英訳『ウィトゲンシュタイン全集6　青色本・茶色本』(大修館書店、一九七五)). クーン自身も、ウィトゲンシュタインの見方に多くを負う。

(56) 「すべてを疑おうとすれば、疑うことすらできないだろう。疑いのゲームはすでに確実性を前提としている」(Ludwig Wittgenstein, On Certainty §115 (G. E. M. Anscombe & G. H. von Wright eds., Harper Torchbooks 1972)(黒田亘・菅豊彦訳『ウィトゲンシュタイン全集9　確実性の問題／断片』(大修館書店、一九七五)))。

(57) Philip Bobbitt, Constitutional Fate 3-119 (Oxford University Press 1982). ただし、ボビットは、六つの様式以外にも様式が存在する可能性や、複数の様式が併せて用いられる可能性を否定しない。

(58) Philip Bobbitt, Constitutional Interpretation 24 (Blackwell 1991).

(59) Bobbitt, *supra* note 57 at 235.

(60) *See* Dennis Patterson, *Wittgenstein and Constitutional Theory*, 72 TEX. L. REV. 1837 (1994); Dennis Patter-

SON, LAW & TRUTH 128–150 (Oxford University Press 1995).

(61)　長谷部恭男「法源・解釈・法命題」同『憲法の理性〔増補新装版〕』(東京大学出版会、二〇一六)二二一頁。

(62)　カヴァーによれば、ノモスは国家を必要とせず、自律的共同体による法解釈は最高裁判事による法解釈と身分上「同等(ないし優越)」である(Cover, *supra* note 1 at 11, 28)。

(63)　そのほかにも法は、我々が「屈服する、喜ぶ、もがく、堕落する、嘲る、名を汚す、恥をかく、威厳をつける」ことを可能にする(*Id.* at 8)。

(64)　Marbury v. Madison, 5 U.S. 137 (1803). マーシャル判事の一七八九年裁判所法の解釈が実は相当無理筋であったことからすると、違憲審査権を行使したいがためにあえて解釈をねじ曲げた可能性がある(*See* Akhil Amar, Marbury, *Section 13, and the Original Jurisdiction of the Supreme Court*, 56 U. CHI. L. REV. 443 (1989))。

(65)　Cover, *supra* note 1 at 10.

(66)　ウィトゲンシュタイン・前掲注(54)二四三―二七一節。

(67)　WITTGENSTEIN, *supra* note 56 at §96, および野矢茂樹『ウィトゲンシュタイン『論理哲学論考』を読む』(ちくま学芸文庫、二〇〇六)三七〇頁を参照。

(68)　規則の意味を把握するためには解釈が必要とすると、その解釈の結果生み出されるのもまた新たな規則であるから、解釈に次ぐ解釈が必要となり、この作業を続けていく内に無限後退に陥るという難点がある(ウィトゲンシュタイン・前掲注(54)二〇一節)。同二一九節と併せて参照。

(69)　このことはウィトゲンシュタインのアスペクト論に顕著に現れている(ウィトゲンシュタイン・前掲注(54)第Ⅱ部一一章)。アスペクト論の意義については、本書第Ⅱ部第二章第一節第二款を参照。

第二節　物語

第一款　不在

何が規則に意味を供給するのか。カヴァー曰く、それは「物語(narrative)」である。(1)再び、冒頭の一節が参考となる。

一

いかなる法的制度や法規の集まりも、それを位置づけ意味を付与する物語から離れては存在しえない。十戒のそれぞれに一つの聖典があるように、あらゆる憲法には叙事詩がある。ひとたび法をそれに意味を与える物語の文脈で理解するとき、法は遵守されるべき単なる規則の体系ではなく、我々の生きる世界となる。(2)

今日の法典は、一般に規則のみから成るため、法と物語の関係はみえづらくなっている。だが、両者が分かち難く結びついていることは、旧約聖書の例がよく示している。旧約聖書においては規則に相当する「律法」とともに、無数の「物語」が組み込まれている。この両者の関係について、法実証主義の観点からすれば、物語にはせいぜい律法の解釈指針としての意義が認められるにすぎないとされることであろう。今日の憲法典における「前文」は、まさしくそのように理解されている。しかし、旧約聖書にある物語の位置づけは明らかに異なる。それは解釈指針どころか、ときに律法の文面上の意味をも覆す決定的な役割を果たしうるからである。

ここでカヴァーが着目するのが、「長子の相続特権」を定めた律法の戒律である。(3)というのも、『創世記』はこれを覆すような物語で溢れているからである。それは、長子カインと弟アベルの対立に始まり、その後似たようなことがイシュマエルとイサク、エサウとヤコブ、ヨセフと兄たちの間でも起こっている。(4) これらの物語ではいずれも長子が年下の者を迫害する中で、神は長子ではなく年下の者に好意を示しているのが特徴である。つまり、長子であれば無条件に神の祝福を得られるものではなく、神意によってそれは覆されうるということである。(5)

このように、規則の意味を知るためには、規則が何を命じているかだけでなく、規則がどのようなエピソードによって「充塡(charge)」されているかまで知らなければならない。(6) 実際、これは旧約聖書に限った話ではない。たしかに、今日では法典それ自体に物語が書き込まれていることは稀だが、ある規則の意味は規則のみからは知ることができない以上、世俗的な法規もまた物語を必要としている。(7) たとえば、奴隷制度の是非が争われたDred Scott事件(8)で最高裁は、奴隷が憲法三条二節の「市民」に当たるかどうかを問題にしているが、これは憲法の条文を操作して答えの出るような問題ではない。ここでは、憲法がどのような物語によって充塡されているとみるかが問われている。

二

このように、法と物語の間には密接な結びつきをみてとれる。ところが近代憲法学は、物語論に対して長らく冷淡な反応を示してきた。これは日本の憲法学においても同様であり、佐藤幸治が九〇年代になって物語論を導入するまでは、この分野における憲法学の業績は殆ど皆無に等しかったといえる。なぜ物語論は、近代憲法学の内に居場所を見つけられずにきたのか。その要因として、大きく次の三つを挙げることができる。
一つ目は、近代憲法学が法の役割を「社会統制」にみてきた点に関わる。社会を統制するのに、人間の生を意味で充塡する物語は必要ない。法を強制秩序の体系とみるケルゼンの議論に、物語の居場所がないのはその証拠である。[9]もっとも、法の役割を社会統制にみながらも、物語の形式で展開する社会契約説のような議論もある。しかし、社会契約説の実質が権威の正当性を調達する点にあるのに対し、古くから民衆の間で醸成されてきた物語には反権力の性格が色濃い。その意味では、社会契約説は仮にそれを物語と呼ぶにしても、物語論を換骨奪胎したものといえる。[10]
二つ目は、物語がフィクションであることに関わる。従来、法規の意味は「発見」の対象であって、「創作」の対象とは考えられてはこなかった。[11]さもなければ、法的意味が解釈主体の恣意に委ねられて、法の客観性が著しく害されることになるからである。ところが、物語はまさにフィクションであることを本質としている。物語において重要なのは、現実に起こったかどうかよりも、一見するとまとまりのない出来事に想像上の一貫性・規則性を付与する点にある。ところが近代憲法学においては、現実を理論によって写し出すことが重視されており、この想像力を取り込む余地がない。
これに関連して三つ目は、物語の正当化能力への懸念がある。我々は通常何かを正当化するというとき、暗黙の内に現実を理論によって写し出す自然科学の手法を前提にしがちであり、客観性を標榜する法学もまた例外ではない。ところが、物語とは「現実」を写す鏡ではなく、反対に「フィクション」を描くものであるから、学問的検証に耐えうるかは疑問とされるのである。そのため今日では物語論は、論理的根拠が尽きたときに持ち出される「最後の手段」として位置づけられる傾向にある。

三

　こうした幾多の懸念にもかかわらず、近代憲法学に物語論の居場所を見出そうと試みたのが佐藤幸治である。佐藤は、一九八一年出版の『憲法』(青林書院)において「立憲主義へのアフェクション」を告白しながらも、いつしか「『憲法』に従って講義することがむしろ苦痛」になっていったと吐露する。[12]その原因が「法典中心の教義学的解明」に力を注いできた憲法学と「現実社会とのかかわりの稀薄さ」にあることに気づいた佐藤は、「憲法と日常の具体的生活との深いかかわり合いを自覚せしめる〝物語〟」を構築する必要があると思うに至る。こうして佐藤が辿り着いたのが、「自律的人間の〝生〟を可能にならしめる〝物語〟」である。それは、一人ひとりの人間が相互に人格としての意義を承認し、共生を可能にする「善き社会」を「不断の努力」の中で築くことを内容とする。

　この佐藤の物語論の重要性は、規範世界を作り上げるという「動的な側面」に配慮してこなかった従来の憲法学への強烈なアンチテーゼである。なかでも、物語を「「善き社会」に向けての人の不断の積極的な営み」の基盤とすることで、憲法に時間的契機を組み込んでいる点は画期的である。もっとも、佐藤のいう人格的自律の物語の内実は「各人が〝自己の人生の作者〟である」という点に尽きており、それが他者との共生を可能にする「善き社会」といかに結びつくのかは定かではない。佐藤自身は、「〝善き社会〟の形成発展という長期的視野に立って自己拘束をなし」たとみるが、なぜ各人はそうした「自己拘束」に踏み切るのかが明確とはいえないし、[13]そもそも善き社会をリベラルな社会と同視してよいものか疑問がある。

ここでの問題は、物語論と他者論の切っても切れない関係である。実際、佐藤も「人格的自律権という概念は本来的に他者との関係性を内包する」と述べるとき、このことに十分自覚的である。しかし、もしそうだとすれば、憲法の物語性が佐藤の提示するようなリベラリズムという一つの物語に収斂することは期待できそうにもない。なぜなら、他者との関係性を承認するということは、複数の物語が存在するということを必然的に含意するからである。それは、憲法という同じ一つの法典を巡る場合でも同様であり、憲法の物語的構築が解釈学上開かれているとみる限り、物語は必ず複数存在し、その内容も単に我々がリベラルであるということを超えたより具体的な意味を持つものとなるだろう。(14)

この物語論の解釈学的開放性に人一倍自覚的であったのが、他でもないカヴァーである。カヴァーにそのことを自覚させたのは、法を文学とのアナロジーでとらえるという文学的発想である。

第二款　文　学

一

カヴァーは、法規と物語の関係について次のように述べている。

この規範世界においては法と物語は分かちがたく関連している。あらゆる法規は言説――歴史や運命、始まりや終わり、原因や目的――の中に位置づけられることを要求している。(15)

それぞれの法規の背後にはより広範な有機的連関が控えている。このことは、「法命題」と「法制度」概念の関係性を通じてドイツ私法学が夙に明らかにしてきたところである。[16] たしかに我々が実際に目にしているのは、要件・効果から成る抽象的な個別の「法命題」でしかない。しかし、立法者は個々の条文を何の脈絡もなく起草しているわけではなく、あらかじめ法制度のイメージを念頭に置いて、そこから個別的な命題を抽象化していく。したがって、法命題の意味は、個々の法命題をただ眺めるのではなく、有機的な法制度のイメージの中に位置づけられてはじめて明らかになる。カヴァーがいう物語というのもまた、抽象的な法規の背後に控えて法規を生き生きとさせるこの有機的な連関のことである。

この議論に対しては、立法者自身はあらかじめ具体的なイメージを有していたとしても、いったん法規に具象化された後は、法規の意味はそうした背景とは独立して理解されるべきとの批判が向けられる。[17] それによると、そもそも立法者意思というのは一様ではありえず、様々な妥協と交渉の産物として生み出されたのが法規であるから、文章化されたもの以上に立法者意思を模索すべきでない。仮に立法者が本気で自己の意思を反映させようとしていたのであれば、それを条文に具象化していたはずであり、そうしなかったということは立法者意思にまで遡る必要はないことを示しているというのである。

なるほど、この批判は法規の意味が立法者意思を忠実に再現することによっては定まらないことをいう点で当たっている。立法者が抱いていた法制度のイメージと一口にいっても様々であるし、そのどれか一つをとって立法者意思と呼ぶことは恣意的にすぎるからである。[18] しかしこのことから、法規の意味は法規それ自体から導かれるというのだとすれば、それは行き過ぎである。法規はそれ自体では死文にすぎず、自らを生き生きとさせる有機的な連関を欲しているからである。立法者があえて法規を抽象的な内容にとどめたのも、具体的な意味を充塡する作業を後世に委ねる趣旨とみることもできる。いや、たとえ立法者自身が具体的なイメージを有していたとしても、その再現は必然的に我々の想像力に開かれるのではないか。

二

カヴァーが概ね以上のように考えていたことは、「法と文学」の研究の嚆矢として知られるジェームズ・ボイド・ホワイトの議論に強い影響を受けていることからわかる。[19] ホワイトによると、文学のテクストは解釈に開かれている。[20] 作者がただ事実を羅列するのではなく、メタファーを用いて曖昧な表現に終始するのも、読者によって独自の意味がテクストに吹き込まれることを望んでいるからである。このことは、テクストの背後に作者の確定的な意図が潜んでいたとしても変わることはない。文学作品は読まれるために存在する以上、ひとたび作者の手を離れれば、その意味は読者の想像力に委ねられざるをえないからである。

では、テクストの解釈は読者の全くの自由に任されるかといえば、それは違うとホワイトはいう。[21] それがテクストの解釈行為といえるためには、ある種の「読み方」を心得ている必要がある。その読み方とは、テクストが生んだコミュニティが培ってきた「読む文化」であり、テクストの意味について語ろうとする者であれば誰しもこの文化に帰属して、一度は「理想的な読者(ideal reader)」になることが求められる。文学作品を読むとは、この読み方を習得した上で、テクストの可能性と限界に挑戦し、その意味を不断につくり変えていくということである。

これと同じことは、法学にもいえるとホワイトはいう[22]。法規もまた解釈に開かれており、テクストの意味は後世による実践を通じて付与されていく以上、原意主義をそのまま受け入れることはできない。しかし、このことがいかなる解釈でも許すわけではないことは、文学の場合と同様である。それが法の意味として受け取られるためには、その法規を軸に展開されるコミュニティが培ってきた「議論の文化」に従わなければならない。こうして、一方で法は創作的な「活動」であるとして原意主義が否定され、他方でその創作性に対して「議論の文化」という枠を付すことで単純な生ける憲法の考え方も否定される。いわば原意主義と生ける憲法の中間を行くのが、ホワイトの法学論である[23]。

ホワイトの以上の議論に決定的な影響を与えているのが、再び後期ウィトゲンシュタインの言語観である[24]。ホワイトは、法を言語と捉えることで、法的知識は、法がいかにして「使用」されているかを学ぶことで手に入れることができるとしている[25]。そうである以上、法的知識の拡大は、状況に応じていかに上手く法を用いることができるかという言語能力の発達に依存することになる。そして、この言語能力の発達に本質的なのは、論理や事実の論証というよりは、想像力やレトリックである[26]。なぜなら、言語は論理的に固定されたものではなく流動的である以上、これらを駆使して適切な使用であることを他者に説得することが活動の中心となるからである。法とはその絶え間ない活動のことをいうのであって、個々の法規の総体に還元されるべき性質のものではないのである。

以上のホワイトの議論から導かれる帰結は、法とは何かを知るためには、個々の法規の背後に存在して、それに意味を充塡する文化の様式を知る必要があるということである。[27] そして、この文化の様式こそが、カヴァーが物語と呼ぶものの正体にほかならない。法とは、それを解釈する共同体が発展させる文化のことであり、カヴァーによるとそれは必ず物語という形式をもって展開する。我々は、この文化の一員として、それが展開する物語に生きることではじめて、その世界の住人となる。
問題は、この意味における物語といえるためには、いかなる属性を有している必要があるかである。およそ物語であれば必ず備わっているもの、それは「始まり」と「終わり」、その両者をつなぐ「中間」の領域である。それは、過去・現在・未来の時間性の契機と言い換えることもできる。カヴァーが物語の属性として見ていたのも、これら三つの時間の契機である。

第三款　始まり

一

あらゆる法秩序には〈始まり〉の物語がある。[28] カヴァーは次のように言う。

すべての法秩序は、それ自体法外の出来事から現れるものとして、どうにかして自身を想像せねばならない。この想像は、承認のルールや根本規範という法実証主義的概念の神話ないし物語のリステイトメントである。訴えかけられる断絶は、純粋に架空なこともあれば、完全に神秘的なことや、科学的にみて歴史的なこともある。そのようなものとしては、革命、神の顕現、移住、大惨事を指摘することができる[29]。

いかなる法秩序にも、それを生み出すきっかけとなった出来事が必ず存在する。日本国憲法であれば第二次世界大戦の敗戦、アメリカ憲法であれば独立戦争の勝利、フランス人権宣言であれば市民革命、イギリス権利章典であれば名誉革命という具合にである[30]。注目すべきは、法秩序の始まりの出来事は、時間的に法秩序の誕生に先立つ以上、必ず「法外」に属するという点である。しかし、事は法外なだけに、従来この「始まり」の問いは語られずにきた。ただし、始まりが全くないというのでは困るため、根本規範や承認のルールといった仮説や慣習で代替してきたというのが実情である。

ところが、日本国憲法の文脈において、例外的に法秩序の始まりに言及してきた学説がある。それが憲法制定権力論である。ここに憲法制定権力論とは、「人民」が憲法制定権力を発動することで、新しい憲法を創り出したとする考え方をいう。この憲法制定権力は、憲法以前に存在する「生の力」であるから、憲法の始まり——法外——に位置している。したがって、純粋に法実証主義を貫くなら、そこに法的要素は認められないはずである。ところが、憲法制定権力論を展開する芦部信喜などは、そこに多分に政治的側面が含まれていることは認めながらも、「政治と法の交叉点」に位置づけられることを理由に、これを法的考察の対象となると理解してきた[31]。

なぜ憲法学説はこの文脈に限って、法外の力を持ち出すのか。それは、無からの創造を可能にするのは、法外の力を措いて他にはありえないからであろう。この点、根本規範論は一つの説明ではあるが、そこにはなぜその根本規範が前提とされるに至ったのかの説明が欠けている。創造説を彷彿とさせる憲法制定権力論であれば、この点を優に説明することができる。ところが興味深いことに、日本の学説は憲法制定権力を一度は招き入れておきながら、制定と同時にそれを「凍結」するという手法を採用している[32]。無から有を生み出すその凄まじい力は、いったん成立した法秩序にとっては脅威でしかないからである。

しかし、この説明に対しては、全能の神に相当するはずの憲法制定権力が何ゆえに凍結されうるのかという疑問が妥当する[33]。一つの説明は、全能の神は世界を創造した後に自己収縮し、法に譲歩する可能性を拓いたというものである。これに近い考え方をしているとみられるのが、かの有名なイェリネックの「国家の自己制限」説である。石川健治が指摘するとおり[34]、同説がユダヤ思想における「収縮(Tzimtzum)」の概念と通じているのだとすれば、神は自らを自己自身の内に収縮させて自己の外側に世界創造の空間を与えたと説明することで、神の凍結を説明することも一応可能となる。

だが、この説明の問題点は、たとえ神は自己収縮したのだとしても、その収縮が永久である保証はないという点にある。神は全能である以上、再び拡大する可能性は決して妨げられないからである。『カラマーゾフの兄弟』の「大審問官」のエピソードは、このことを雄弁に物語っている[35]。これはキリスト(らしき者)が降臨して、人間の根源的価値を権力への服従に見る大審問官と対決する話であるが、既存秩序が揺らぐのを恐れてキリストの役割は終わったと説く大審問官に対して、終始無言のキリストは、地上の権力よりも神と直接結ばれる「自由」の方が人間の至上の価値であることを暗に示唆して地上を去っていく。この話が示すように、世界の始まりを法外の神に求めた以上は、それが既存体制にとってはどれだけ厄介な存在になっていたとしても、その回帰は妨げられないのである。

二

　ただ、神がそれほどまでに脅威なのだとすれば、いっそのこと神の概念それ自体を消去してしまえばよいのではないか。近時、長谷部恭男が「憲法制定権力の消去可能性」を論じることで成し遂げようとしたのはこのことである。(36) 長谷部は、人民が「形なくして形作る者」として憲法を制定することは実際にはありえず、定められた形式と権限に拘束されてはじめて現存する存在であることを主張する。そうである以上、憲法制定権力そのものには憲法典を正当化する神秘的な力はなく、憲法の正当性は直接その背後にある政治道徳との整合性を論ずれば足りるとする。この議論は、先に検討したドゥオーキンの「神なき宗教」論（第I部第一章第二節第一款参照）とも響き合う。ドゥオーキンもまた、価値については神に答えを求めることはできないとして、倫理の領域から神を消去しようとしていた。

　しかし、本当にこうした理由づけをもって憲法制定権力を消去できるかについては疑問も残る。長谷部の主たる論拠は、①人民が直接に憲法を制定するという事態は、誰かに代表されなくても、集団はそれ自体で意思を表明できるという団体実在論と同様の誤謬を犯している、②仮にその事実を受容するにしても、それは歴史的事実としてそういうことがあったというだけで、憲法の内容の正当性とは別問題である、というその二点に集約できる。(37)

　まず①の点について、たしかに団体を構成する手続を前提とすることなく、人民という団体が意思を表明できるというのは、法学的には摩訶不思議というよりほかかない。しかし、そのことから直ちに、かかる手続を前提としない人民は unreal であり、法学的にイレレヴァントということになるのだろうか[38]。ここでは、法的意味を確定するために必要な素材は、リアルなものでなければならないのかという点が問題となる。憲法制定権力の物語は明らかにフィクションではあるが、その物語が大部分の国民によって支持されているというときに、フィクションであるという一事をもって正当化の力が減殺されることになるのだろうか。この点はカヴァーの次の一言が参考になる。

ここで議論されている物語が聖書のノモスの意味にレレヴァンスを有するのは、その物語が真実だからではなく、それが聖書から出たものだからである。つまり、それが解釈に必要な確立された素材として、慣行の範囲内に属しているからである[39]。

聖書では、神ヤハウェがエジプトからヘブライ人を解放し、シナイ山に降臨してモーセに十戒を与え、ヘブライ人との間で契約を交わしたとされている。カヴァーが言わんとするのは、聖書を解釈するに際して、この一連の出来事が実際にあったかどうかは問題ではないということである。必要なのは、その出来事が解釈に必要な確立した素材として慣行上認められていることであり、かつそれで十分である。

もっとも、カヴァーがそう言い切ることの根拠は明確ではない。むしろ、論理実証主義の立場からすると、ある言明が外界の事態と対応していることは、その真偽を決する上で決定的に重要なはずである。これについては、クワインのホーリズムによる説明が可能である。ホーリズムによれば、ある言明が真であるか否かは、個々の仮説ではなく、我々の大部分が共有している「知識や信念の総体」

に依存している。[40] この信念体系は「ふちに沿ってだけ経験と接する人工の構築物」であるから、個々の命題と経験は一対一で対応している必要はなく、その認識論的身分も「神話」と同等ということになる。

以上のクワインの議論を前提にすれば、科学的命題と神話的命題の間に身分上の差異は認められないから、聖書の言明が外界の事態と対応していないことをもって、その言明が不適切ということにはならない。それが、聖書の解釈共同体が共通して抱いている信念の総体に合致している限り、それを適切とみなすことに理論上の障害はない。同じことは憲法学についても当てはまり、経験の裁きを受けるのは、個々の命題ではなく、憲法解釈に従事する者の大部分の信念の総体である。そうである以上、人民が直接に憲法を制定したという物語が、憲法解釈の素材として慣行上認められたものである限り、それがフィクションであっても適切な記述として扱うことに理論的障害はないはずである。[41]

他方、②の憲法制定権力は役に立たないとの指摘は、ドゥオーキンもまた「神なき宗教」論で同様の指摘をしている。すなわち、事実と価値の二分法を前提とする限り、科学的事実に関わる神の存在は、価値の領域ではレレヴァンスを持たないというのである。[42] しかし、仮にこの二分法を受け容れるにしても、何が事実に関わり、何が価値に関わるかはそれ自体もパラダイムに相対的な問題である以上、神の存在が価値に関わる問いと一切無関係と言い切ることはできないはずである。ドゥオーキンは、世界の始まりの問題は純粋に科学の問題でしかないというのであるが、世界の始まりが、人々のその後の生き方を左右する事態は容易に想定しうる。神を世界の始まりとみる人々からすれば、神との関係から切り離して価値に関わる問いを考えることはできないし、またそうしないことで事実と価値を混同しているわけでもない。当然、同じことは憲法制定権力論についても当てはまる(43)。

かくして、憲法の始まりを「凍結」や「消去」する試みは失敗に終わる。カヴァーも次のとおり述べている。

三

創設的行為への回帰は決して妨げられることはないし、これを完全に飼い慣らすこともできない。我々が創設的行為に権威を授ける特別な不連続を思い出すとき、その不連続が例示的であるとの推測を働かさずにはいられない。そうした結論を回避する多くの方策が存在するが、それは絶対確実とはいえないし、自分のことを使命や神意の代理人であると本気で信じている人にとって説得的ともいえない(44)。

既存の秩序に生きる我々が創設的行為を思い通りにできないのは、被造物が造物主を抑え込むことが原理的に不可能であるのと同じ理由によるものである。たしかにウィトゲンシュタインが夙に述べるように、「神はこの世の中に姿を現しはしない」のかもしれない(45)。しかし、我々は神がこの世界を創造したと信じる以上、神が再臨する可能性を消し去ることは決してできない。少なくとも神の再臨を願って止まない人々に対して、神は消去されたと言ってみたところで、そう簡単に納得してもらうことはできそうにもない。

もっとも、世界の始まりを迎え入れることは、既存秩序にとって脅威になるとの指摘は的を射ている。長谷部が憲法制定権力を消去しようとした実質的な論拠も、この危険性にある。[46] 実際、カヴァーは次のように述べている。

しかし物語の道具がロビンソン・クルーソーのものであれ、ピルグリム・ファーザーズのものであれ、はたまたカナンの征服やシナイ山のものであれ、聖なる始まりはいつも危険な回帰の予型(typology)となる。[47]

物語の始まりが既存秩序にとって危険とされるのは、始まりに立ち返ることですべては覆されうるからである。社会契約であれば契約を改めることで、啓示であれば新たな啓示を受けることで、既存の秩序は容易に覆されうる。実際、一八六〇年代初頭の合衆国南部諸州による連邦脱退をめぐる闘争は、この事態がもう少しで現実化するところだった事例である。そこでは、いかなる政府も自らを消滅させる権力を有しないと主張するリンカーン大統領に対して、南部諸州の脱退擁護論者は、政府が不正に人民を抑圧する場合に備えて、人民には政府を転覆させる権利が留保されていなければならないと主張した。[48] 合衆国自体もイギリスの専制を打破する独立革命によって誕生した以上、連邦からの脱退を可能にする「革命権」は常に留保されているというわけである。[49]

このとおり、原点に立ち返ることは「法外」を法の内に招き入れることであり、たしかな危険を孕んでいる。だが、そのことを望ましくないと考えるのは、既存秩序の正当性を所与とするからである。

実際、既存秩序が不正を働いているような場合には、原点への回帰は不正の断罪を可能にする。たとえば、アメリカ憲法の始まりを「すべての人間は平等につくられている」とする独立宣言に求めれば、奴隷制を断罪することは可能になるという具合にである。このように原点への回帰は、良きにつけ悪しきにつけ、既存秩序の正当性を問い直すきっかけを提供してくれる。法は法外を出発点とする以上、常に法外からの挑戦に晒されているのである。

以上の検討を通じて、法秩序はその始まりの物語から、決して自由ではありえないことがわかった。こうして、無味乾燥だった法秩序は、始まりの物語から生き生きとした活力を得て、動き始めていく。しかし、これだけでは物語が始まったにすぎず、その行方は分からない。物語には始まりと共に、必ず完結をみることが必要である。次節は、物語の「終わり」の意義を明らかにした上で、始まりと終わりをつなぐ「軌道」の意義を明らかにしたいと思う。

(1) Narrative を物語と訳することには異論も予想されるが、大切なのはその実質であるものとし、ここでは物語と訳した上で、本書を通じてその具体的内容を明らかにしていきたいと思う。
(2) Robert M. Cover, *The Supreme Court, 1982 Term—Foreword: Nomos and Narrative*, 97 HARV. L. REV. 4, 4 (1983).
(3) *Id.* at 19-25 および申命記(Deuteronomy)二一章一五—一七節。
(4) 長子カインによる弟アベルの殺害にもかかわらず、神はカインではなく弟アベルの犠牲を受け入れ、アベルの代わりに三番目の子であるシェトを授ける話(創世記(Genesis)四章一—五節、四章二五—二六節)、アブラハムの初子イシュマエルではなく、愛されている妻との間に生まれた後の子イサクが相続できるようイシュマエルを追放する話(同二一章一—一四節)、初子であるエサウの長子権が弟ヤコブの策略によって奪われる話(同二五章二九—三四節、二七章一—四〇節)、弟ヨセフは兄たちによってエジプトに売り飛ばされたが、その地で統治権を確立して兄たちを支配する話(同三七章一節—四七章一二節)を参照。

(5) Cover, *supra* note 2 at 22.

(6) *Id.* at 21.

(7) この視点からすると、従来はせいぜい法規の解釈指針となるにすぎないとされてきた日本国憲法前文の役割についても見直す必要がありそうである。アメリカ憲法の前文に民主政の積極的意味を読み込む議論として、参照 AKHIL AMAR, AMERICA'S CONSTITUTION: A BIOGRAPHY (Random House 2005)。

(8) Dred Scott v. Sandford, 60 U.S. 393 (1857).

(9) 法を純粋に形式においてのみ構成するケルゼンの議論においては、物語を含めたすべての内容的・特殊的要素は捨象される。

(10) 同じことは、法を一つの「連作小説」として捉えようとするドゥオーキンの「純一性としての法」の観念についても当てはまる(Ronald Dworkin, *Law as Interpretation*, 60 TEX. L. REV. 527, 541-542 (1982)).

(11) 憲法七六条三項にいう「裁判官の良心」が「客観的良心」を意味するとされてきたのも、法の「内」に意味を発見できることが前提にされていたからである。その前提は誤りであることを指摘するものとして、参照、長谷部恭男「裁判官の良心・再訪」同『憲法の円環』(岩波書店、二〇一三)二〇七—二一一頁。

(12) 佐藤幸治『憲法とその〝物語〟性』(有斐閣、二〇〇三)一六—二六頁。

(13) 同一〇二—一〇五頁。

(14) 佐藤とカヴァーの物語論の異同については、巻美矢紀「日本国憲法に「物語(narrative)はあるか」」辻村みよ子・長谷部恭男編『憲法理論の再創造』(日本評論社、二〇一一)六三頁以下参照。

(15) Cover, *supra* note 2 at 5.

(16) 参照、石川健治『自由と特権の距離——カール・シュミット「制度体保障」論・再考〔増補版〕』(日本評論社、二〇〇七)三七—四八頁。

(17) Paul Brest, *The Misconceived Quest for the Original Understanding*, 60 B. U. L. REV. 204, 216-217 (1980).

(18) この点を巡っては、スカリア＝ドゥオーキンの間に論争がある(ANTONIN SCALIA, A MATTER OF INTERPRETATION 115-149 (Princeton University Press 1997))。

（19） *See* Cover, *supra* note 2 at 6 n. 11. 当のホワイトも、自身の議論がカヴァーと通じていることを認めている(James Boyd White, *Thinking About Our Language*, 96 YALE L. J. 1960, 1961 (1987))。ただしカヴァーは、ホワイトが法の暴力の側面を看過していることに関しては批判的である(Robert M. Cover, *Violence and the Word*, 95 YALE L. J. 1601, 1602 n. 2 (1986))。

（20） *See* James Boyd White, *Law as Language: Reading Law and Reading Literature*, 60 TEX. L. REV. 415, 420–428 (1982).

（21） *Id.* at 429–434.

（22） *Id.* at 434–438.

（23） このように両者の中間を行く考え方は、バルキンのいう「新しい原意主義」論にもみられる(*See* Jack M. Balkin, *Framework Originalism and the Living Constitution*, 103 NW. U. L. REV. 549 (2009))。

（24） James Boyd White, *Introduction: An Essay in Cultural and Legal Criticism*, *in* JUSTICE AS TRANSLATION xi-xiv (University of Chicago Press 1990).

（25） James Boyd White, *Law as Rhetoric, Rhetoric as Law: The Arts of Cultural and Communal Life*, 52 U. CHI. L. REV. 684, 688–692 (1985).

（26） Milner S. Ball & James Boyd White, *A Conversation between Milner Ball and James Boyd White*, 8 YALE J. L. & HUMAN 465, 489–492 (1996).

（27） *See* James Boyd White, *Legal Knowledge*, 115 HARV. L. REV. 1396 (2002).

（28） この点で「起源(origin)」の不在こそが物語の特質であると言われることがあるが(野家啓一『物語の哲学』(岩波現代文庫、二〇〇五)六七頁)、それは作者の不在を意味するにすぎず、物語の「始まり(beginning)」の不在を意味する趣旨ではないと解される。

（29） Cover, *supra* note 2 at 23.

（30） 戦争と憲法原理の結びつきについては、*See, e.g.*, PHILIP BOBBITT, THE SHIELD OF ACHILLES: WAR, PEACE, AND THE COURSE OF HISTORY xxi-xxxii (Anchor Books 2003)、および長谷部恭男「冷戦の終結と憲法の変動」ジュリ一二八九号(二〇〇五)二六—三四頁。

（31） 芦部信喜『憲法制定権力』(東京大学出版会、一九八三)三、三九、三一七頁。

(32) 樋口陽一『近代立憲主義と現代国家』(勁草書房、一九七三)三〇一頁、同「「立憲主義」と「憲法制定権力」——対抗と補完：最近の内外憲法論議の中から」日本學士院紀要六九巻三号(二〇一五)一一一—一一二頁。

(33) シュミット自身「近代国家学の重要な概念はすべて世俗化された神学的概念である」と述べていることからもわかるとおり(長尾龍一訳「政治神学」同編『カール・シュミット著作集Ⅰ』(慈学社出版、二〇〇七)二八頁)、憲法制定権力の概念が全能の神の概念を下敷きにしていることは明らかである。

(34) 石川健治「〈非政治〉と情念」思想一〇三三号(二〇一〇)二七五頁。収縮はラビ・ルーリアによってカバラーに導入された概念である。

(35) フィヨードル・ドストエフスキー(原卓也訳)『カラマーゾフの兄弟(上)』(新潮文庫、一九七八)六二〇頁以下。

(36) 長谷部恭男「憲法制定権力の消去可能性について」同編『憲法と時間　岩波講座憲法(６)』(岩波書店、二〇〇七)五一—七一頁、同『憲法の Imagination』(羽鳥書店、二〇一〇)一三頁以下も参照。

(37) 長谷部恭男「憲法制定権力」法学教室三五三号(二〇一〇)三三—三七頁。

(38) ウィンチは、何が実在的であり何が非実在的であるかそれ自体も、それぞれの言語体系の内部で示されるとしている(Peter Winch, *Understanding a Primitive Society*, *in* Ethics and Action 11-13 (Routledge 1972))。

(39) Cover, *supra* note 2 at 24-25.

(40) W. V. O. Quine, *Two Dogmas of Empiricism*, *in* From a Logical Point of View 41 (Harvard University Press 1953).

(41) 実は長谷部も、クワインのホーリズムには理解を示している(長谷部恭男『憲法の理性〔増補新装版〕』(東京大学出版会、二〇一六)二一五—二一八頁参照)。そうなると、長谷部が憲法制定権力を否定する理由は、専らそれが憲法の正当化根拠として役に立たないという点に集約されてくる。

(42) Ronald Dworkin, Religion Without God 21-29 (Harvard University Press 2013).

(43) その意味で、憲法がその始まりにおいて押しつけられたという事実が、憲法の内容の正当性に影響することは当然ありうる。押しつけ憲法論については、本書第Ⅰ部第二章第三節第二款参照。

(44) Cover, *supra* note 2 at 24.

(45) ルードウィヒ・ウィトゲンシュタイン(野矢茂樹訳)『論理哲学論考』(岩波文庫、二〇〇三)六・四三二一節。

(46) 長谷部恭男『憲法の境界』(羽鳥書店、二〇〇九)二〇頁。

(47)　Cover, *supra* note 2 at 23.
(48)　Lincoln's First Inaugural Address (March 4, 1861). 近時リンカーンの見方を支持する見解として、Amar, *supra* note 7 at 37–38 参照。脱退擁護論者の筆頭には、ルイジアナ州選出上院議員ジュダ・ベンジャミンや南部連合大統領ジェファソン・デービスが挙げられる。
(49)　この革命的権利という概念は、一八三三年に出版された合衆国憲法コンメンタールの中で、当時連邦最高裁判事の職にあったジョセフ・ストーリーが肯定したものでもある(Joseph Story, Commentaries on the Constitution of the United States §395 (Boston 1833))。

第三節　架け橋としての法

第一款　終わり

一

あらゆる物語には、始まりとともに終わりがある。この点は、物語を必要とする法秩序とて例外ではない。問題は、いかなる終わり方をもって、物語の完結とみるかである。カヴァーは言う。

そしてあらゆる物語は、その規範的なポイントであるところの道徳性を要求している。歴史と文学が規範世界に位置づけられることから逃れられはしないように、法規も法的テクストに具体化されたときでさえ、経験——我々の想像力によって物質的現実に投企された軌道であるところの物語――における起源と終焉から逃れることはできない[1]。

ここでの問いは、物語とは、出来事が表象するその「形式」のことなのか、それとも出来事に意味を供給する「内容」のことなのかである[2]。もし前者であれば、出来事はそれ自体で物語の構造を有しているから、出来事を物語ることはありのままを描写することに等しくリアリズムに抵触しない。しかし後者であれば、出来事は物語にはめ込まれることで初めて意味を獲得するから、そこには出来事に想像上の一貫性を押しつけようとする我々の道徳的欲求が働いていることになる。先の言明から察するに、この点でカヴァーが後者を正当とみていることは明らかであるが、問題はその理由である。

この問題が、他のどの分野よりも先鋭化したのが歴史学である。リアリズム的な発想の強い歴史学においては、物語は長らく居場所を見つけられずにいた。歴史家の仕事は過去の出来事をありのままに描き出すことにあるという発想からすると、物語はあたかも歴史家の恣意によって過去を捻じ曲げるようなものだからである。ところが、カヴァーは、この歴史でさえも「規範世界に位置づけられることから逃れられはしない」とみている。その議論の後ろ盾としてカヴァーが脚注で援用するのが、歴史家ヘイドン・ホワイト(Hayden White)の議論である。実は、このホワイトこそが、歴史叙述といえども物語から自由ではないことを明らかにした人物である。物語の終わりの意義を明らかにするためにも、ホワイトの議論を見ておく必要がある。

二

歴史と文学の違いは何かと問われれば、前者が客観的事実に基づくのに対して、後者はフィクションであると答えるのが一般であろう。これによれば、ホロコーストはなかったという記述はフィクションであるから、およそ歴史叙述としての価値を持たないことになろう。ところがホワイトは、事実かフィクションかで、歴史と文学を線引きすることは困難とみる。(3) なぜなら、歴史家もまた、物語のプリズムを通じて、過去を解釈学的に再構築しているといえるからである。その点では、歴史家の仕事は、フィクション作家の仕事に近い。ホワイトは、このことを他の二つの歴史叙述の方法との対比で明らかにしている。

まずは年表(annals)である。年表には、ただ出来事が年代順に並べられるだけで、そこに出来事の重要性を判別する基準や、一貫性や連続性を見出すことはできない。(4) 何らかの規則性を見出すことは不可能ではないにしても、筋が明らかではなく、説明もない中では、出来事がどのように関連づけられているかを理解することはできない。このような年表による出来事の叙述を「厳密な意味での歴史」とみないのだとすれば、そこには一貫性や連続性を見出そうとする我々の「物語る」欲求が暗黙の裡に働いているからということになる。

では、この欲求はいかにして生まれてくるのか。ホワイトは、ヘーゲルに倣って、物語として歴史を叙述しようとする欲求は、国家のような社会的な中心を前提にしてはじめて生まれてくると指摘する。(5) これは、法秩序の確立に伴い、人々の行動をこれに沿った形で叙述しようとする欲求が法主体の側に生まれたからである。しかも、あらゆる道徳の源泉はこの法秩序にあるから、この欲求は、不可避的に現実を道徳化しようとする欲求を内包することになる。年表が歴史として不十分に感じられたのは、社会的な中心となるこの道徳的な欲求を持つ主体が欠けていたからである(6)。

もう一つの歴史叙述の手法が「年代記(chronicles)」である。年代記は、その包括性、組織性、一貫性において、年表よりは遥かに優れている。そこには、中心となる人物や、地域の生活、重大な出来事や統治の在り方なども描かれている。しかし、厳密な意味での歴史というにはなお欠けているものがある。それが物語の「完結」である。物語としての歴史が一応の完結をみるためには、想像上でしかない「意味の衣」ないし「理想の香り」を現実に被せる必要がある。ところが年代記では、一連の出来事の意味がまとめられることなくただ単に終わるため、世界はあっさりと崩れ落ちてしまうことになる(7)。

ホワイトによれば、この物語の完結を求める要求は、道徳的な意味を求める要求であり、すなわち、一連の現実に起きた出来事を「道徳的なドラマ」の要素として、その重要性に応じて評価しようとする要求である(8)。現実に起きた一連の出来事は、それ自体では決して終わりを迎えることはないから、およそ物語に終わりがあるとすれば、それは道徳的な終わり方を除いてありえない。それらが終わりを迎えたようにみえるのは、それ以前の世界とそれ以後の世界を、我々が道徳的に別の秩序として意味づけするからである(9)。

ここで重要なのは、以上の物語が有する価値は、「想像でしかありえない生のイメージが持つ一貫性・純一性・完全性・完結性を、現実の出来事においても示したいとする欲求から生じている」という点である。(10) いいかえれば、これらの道徳的な価値は、過去の出来事の本質として見出されるものではなく、歴史家の想像の産物にすぎない。ところがもしこれが本当なら、歴史とフィクションを毅然と区別することは難しくなる。歴史家が過去の出来事を解釈する際には、物語的な先入見が常に働いているといえるからである。

三

以上のホワイトの議論を前提にすると、物語に完結が必要なのは、我々が道徳的な意味を欲しているからだと結論づけることができる。道徳的に完結することで、物語は意味的全体として立ち現われ、現実の各出来事はこの全体の要素としての位置づけを獲得する。これは歴史叙述としての物語の価値を述べたものであるが、カヴァーはこの道徳性が物語の不可欠の属性になるとみて、法秩序についても同様に道徳的な完結が必要になるとみている。

もっとも、ホワイトの議論は、歴史を現実ではなく人間の想像力に委ねる点で、反リアリズムであるとの批判は免れない。しかし、実は過去を理解するのにそもそもリアリズム的思考が妥当しえないことは、大森荘蔵によって明らかにされている。(11) 大森によれば、過去を理解するということは、過去に実在した体験を再現することではない。なぜなら、過去の体験は記憶の中にしか存在せず、それを今再びこの場で味わうことは原理的に不可能だからである。当然、過去の真偽を、過去に実在した「オリジナル」な体験と、想起された「写し」が対応するかどうかによって確かめることもできない。では、過去とは何かといえば、それは想起から離れて同定される客観的過去ではなく、端的に想起そのものというべきである。つまり過去とは、過去の「体験」をありのままに描写することではなく、想起を通じて物語られることではじめて実在しうる「経験」である。

以上の大森の議論が示すとおり、過去が現在の時点から解釈学的に再構築されてはじめて有意味になるのだとするると、ホワイトの議論にも十分理由はあるといえよう[12]。しかし、そうはいっても歴史とフィクションの境界線を曖昧にする点に不安は残る。なぜなら、歴史の意味が想像上の産物でしかないとすると、想像力は無限に開かれている以上、極端な相対主義を帰結するおそれがあるからである。実際、ホロコーストはなかったというような極端な歴史修正主義の見解でさえも、ホワイトの議論は許してしまうおそれがある[13]。

この批判は、ホワイトの議論を法的文脈に拡大しようとするカヴァーにおいて、とりわけ深刻である。というのも、歴史とは違い、法の時間軸のベクトルは、現在から将来に向かって向けられているからである。すなわち、歴史は「過去」の出来事をいかに理解するかという問題であるのに対して、法は現在および未来に生きる人々を規範的に拘束するものである。そうした中、法的論証を物語行為として理解することは、現在や未来における人々に対して「何でもあり(anything goes)」との印象を与えかねず、アナーキズムを帰結するおそれがある[14]。

これに対するホワイト自身の応答は、一人ひとりの個人が有する歴史的想像力に賭けるというものである[15]。ホワイトは、たとえ人間の想像力がホロコーストのような悪夢を引き起こすにしても、全く想像しなくなるよりはましと考えている。想像することをやめてしまえば、もはや全体主義に対抗できる手段がなくなるからである。不当な物語には、別の物語で対抗しなければならない。ホワイトが過去それ自体に意味があることを否定したのは、別の物語を想像できる道徳的個人としての能力に対する信頼の裏返しでもある。

しかしだとすれば、なぜこれほどまでに人間の想像力は重要なのかが問われなければならない。これまでの法学は、あえてこの想像力を抑圧して、目の前にある法規を論理的・機械的に操作することに注力してきた。それは決して想像力を軽視していたからではなく、想像力が諸刃の剣となることを知っていたからである。想像のもたらすリスクを考えたときに、それを開放するよりは閉じ込めて、代わりに論理を磨くことに注力する。それは次善の策だったかもしれないが、それでもリスクヘッジとしてはスマートなやり方であった。

今、その想像力をあえて法の世界に解き放とうとするのがカヴァーである。果たして、カヴァーは想像力の価値をどこにみているのか。

四

カヴァーは次のように述べている。

ゆえにノモスの一つの構成要素は、ジョージ・スタイナーが呼ぶ他なるもの(alternity)という現象である。それは状況以外のもの、事実とは異なる命題、イメージ、意思や回避の形態であり、我々はそれをもって精神を充填し、それを通じて身体と社会的実存のための変わりゆく主に想像上の環境を構築する。(16)

想像するとは、「他なるもの」を思い浮かべることである。そして、カヴァーはこの「他なるもの」がノモスの構成要素になるという。この概念は、批評家ジョージ・スタイナーに由来する含蓄の深い概念であることから、まずはスタイナーの議論をみておこう。

スタイナーの関心は、言語の多様性の問題である。[17] 旧約聖書の創世記(Genesis)中に登場するバベルの塔の物語においては、もともと一つの言語しか有していなかった人間が天まで届く塔を建てようとしたために、神が言語を混乱させて人間を全地に散らす様子が描かれている。[18] 従来、言語の多様化の原因となったこの事件は、神から与えられた一種の懲罰として捉える見方が一般的であった。ところがスタイナーによれば、むしろこの事件は神が人間に与えた「恵みの雨」とみるのが適切である。[19] 人間が今日まで生き延びてこられたのは、現実の世界をあるがままに受容することを拒否する言語という道具立てがあったからである。言語は仮定法や未来時制という文法を生み出して、人間が現実の世界を別の形で思い浮かべることを可能にした。人間が死という残酷な結末を知りながらも絶望に陥らずに生きてゆけるのは、言語が個々の死を遥かに超えて見渡せる仮構の世界を創造することを可能にしたからである。この仮構の世界――他なるもの――を求める言語能力は、人間の活力と独創性の源である。

以上のスタイナーの言語観は、論理実証主義の言語観とは真っ向から対立する。後者の言語観においては、真理は言語の外側に存在する現実との対応によって決せられるという現実主義的な捉え方がなされる。[20] これに対してスタイナーは、言語の本質をむしろ反事実＝虚偽を創造するところにみる。

人間の生活空間を形成する原動力は、現に在るものではなく、未だ在らざるものを仮定する虚言の能力にあるとみるのである。[21]「他なるもの」とは現実の彼方にあるもう一つの世界のことであり、言語の有する無限の形成力を生かそうとする点では、スタイナーの言語観は詩人のそれに近い。[22]

カヴァーは、この「他なるもの」がノモスの構成要素になるという。しかし、このことはパトスの支配する詩の世界には妥当するにしても、ロゴスの支配する法の世界には妥当しないのではないか。なぜなら、一般に法はアナーキズムに陥ることを避けようと、「他」を「同」に解消することを本質としているからである。ところが、カヴァーは〈他〉の〈同〉への解消は不可能とみる。

もし法が神話を通じて意味を与えられ、そして神話の領域が法規の領域よりも特徴的に狭いのであれば、我々は事実バベルの内にいる。[23]

つまり、法規の意味を語り尽くすことができるような単一の言語（＝神話）は存在しない以上、言語が多様化する事態は避けられないということである。これは一見すると大胆な主張にもみえるが、実はこの言語の多様性をすべからく承認してきたのが「表現の自由」である。この点は、表現の自由が「虚偽」の表現を保障するとされてきたところに端的に現れている。[24]その根拠について、ジョン・スチュアート・ミルは、虚偽とされる表現が真理である可能性や、社会の構成員が自分たちの意見を根本から見直す貴重な機会を与えてくれる点に求めている。[25]また、O・W・ホームズ判事は、「思想の自由市場論」の立場から、あらゆる表現に真理となるチャンスが与えられるべきと論じている。[26][27]

さらに、この帰結を法解釈論一般にまで拡大して、法的言語の多様性を承認したのがドゥオーキンである。ドゥオーキンは当初、法解釈には唯一の正解があるとする「正解テーゼ」を掲げていたが、その後、真摯に法解釈に携わる者であれば誰もが正しい解釈を主張していると言わざるをえないと述べて、解釈の多様性を承認するに至った。[28] もっともドゥオーキンは、専ら司法上の解釈に言及し、裁判官以外の解釈学的努力に十分な注意を払っていないのだが、[29] 法理論の見地による限り、裁判官とそれ以外の者との解釈の間に身分上の差異が認められるわけではなく、法的言語の多様性は前提とされている。

このように、我々がバベルの街にいることは従来の議論でも承認されてきたが、カヴァーはさらに進んで「他なるもの」をノモスの構成要素にまで高めている。つまり、我々の生きる世界そのものが、「他なるもの」によって充たされているということである。これによれば、ライオンと子羊が仲良くする世界、七年ごとに借金が赦される世界を思い描くことは、法的にみても決してイレレヴァントではない。[30] 法的世界が「他なるもの」を組み込む以上、非現実的であることは法的性質を阻却しないからである。

しかし、ノモスに「他なるもの」を組み込むことには明らかな問題がある。それは、法的世界がただのユートピアと化してしまうのではないかとの懸念である。けれどもカヴァーは次のように述べて、ノモスはユートピアと一線を画するとみる。

だが、ノモスの概念は〝他なるもの〟に尽きるわけではない。それはユートピアでもなければ純粋な理想でもない。法の世界としてのノモスは、もう一つの未来の理想に向けてのみならず、現存する事態に対してもまた、人間の意思を適用することを伴う。ノモスは、現実と理想の間の緊張(tension)のシステムによって構成される現在世界である。(31)

ここでは、ノモスが「理想」を組み込みながらも、あくまで「現在」の世界であることが強調されている。我々が住むのは今ここにある世界であって、理想郷ではないのである。しかしだからといって、我々はただ現実に囚われているわけでもない。我々は、現実と理想の狭間の「緊張」の中を生きている。そして、この緊張感を持続させるための仕掛けこそが、狭義の意味での「法」であるとカヴァーは言う。次款では、ノモスにおけるこの法の役割を明らかにしたい。

第二款　軌　道

一

物語には始まりと終わりとともに、必ずその両者をつなぐ中間(medium)の領域がある。カヴァーによると、その「つなぎ」こそが「法」である。

我々の理想は現実を贖われないものとして我々に示す。我々の理想たる可能な世界はそれ自体では……いかなる特定の変動のまとまりや変動への努力を指図するものではない。しかし法は、理想の中から差し迫った需要のあるものとそうでないものを切り分けることによって、法に深みを与える。法とは、血中にある種の変化を許可する一方で、他の変化については全会一致によってのみ認可するものである。法は、それを通じて世界が互いに影響力を行使し、規範空間を通じて世界の行方に影響を与える重力のように働く(32)。

ここでは、法規が物語にはめ込まれたときの、「法」の独自の姿が描き出されている。まず、単なる出来事でしかなかった現実は、理想と対置されることで「贖われない」対象へと姿を変える。無色透明でしかなかった現実が、理想のプリズムを介することで、堕落した現実として呈示されるのである。それは同時に、贖いを通じて、現実から理想へと至る「軌道」が切り拓かれたということを意味する。すでにみたように、世界は人間と社会の間の弁証法的「変動」の過程であるが、この変動は現実と理想のどちらか一方だけでは生じえない。なぜなら、現実のみでは現状に甘んじるよりほかないし、理想のみではユートピアとして自己完結してしまうからである。しかし、現実と理想の双方があれば、両者の間にズレが生まれて、両者をつなごうとする機運が生まれてくる。ここに世界は動き始める。

しかし、理想と現実の間に軌道が生まれただけでは、いまだ変動が生じることはない。理想それ自体は、いかにして理想へと到達することができるかを教えてはくれないからである。ここに、現実と理想をつなぐための「架け橋」が必要となる(33)。カヴァーによれば、この架け橋こそが「法」である。この意味における法は、現実と理想の間に「適度(normal)」な緊張関係を保つ「重力」として機能する。現実と理想の距離は近すぎても遠すぎてもいけない。近すぎると現実と理想が一致して殆ど変動は生まれないし、遠すぎると現実を理想に転換することに常に失敗してしまうからである[34]。

その意味では、法は、現実と理想の間の距離を、一時的ないし部分的に一致しうるような距離に保つことが重要となる。たとえば、カヴァーは終末論の運動を法的運動とはみないが[35]、これはメシアという救世主を招来しようとする動きがあまりに現実とかけ離れているためであろう。他方、カヴァーは奴隷解放運動を法的運動とみるが、これは奴隷解放という理想と堕落した現実の間の距離が適度に離れているからである。このように法は、数ある理想の中から、差し迫った需要のあるものとそうでないものを切り分けて、規範空間を通じて世界の行く末に影響を与える重力として機能する[36]。

二

以上の架け橋としての法の概念は、事実と規範の二分法を説くヒュームの議論に対する応答としての意義を有している。ヒュームはかつて、事実を記述する言明だけからは何かがこうあるべきだという規範的な言明を結論として引き出すことはできず、その結論を引き出すためには規範的な言明が前提の中に含まれている必要があると主張した[37]。これが、事実から規範の間には架橋することのできない断絶があるとするヒュームの法則と呼ばれる考え方である。ところが、このヒュームの法則を徹底すると、規範の正当化に事実を用いることができなくなるため、規範学としての法律学は厄介な問題を抱え込むことになる。

その一つの回答として提示されたのが、ケルゼンの根本規範論である。ケルゼンは、すべての法規範の源泉に根本規範を「前提」とすることで、この問題を乗り越えようとする。根本規範はあくまで規範であるから、事実から規範を導いていることにはならない[38]。だが、この議論は形式的にはヒュームの法則に反しないとしても、ただ規範性を前提とするだけで、全く規範性を説明したことにはならないという難点がある。

そこで、「認定のルール」という社会規範に規範性の源泉を求めたのが、H・L・A・ハートである[39]。認定のルールとは、当該社会で人々が従うべき法は何かを見分ける物差しとなるルールのことであり、これ自体も一つの規範であるからヒュームの法則には反しない。ところが、認定のルールは、人々の意識や行動という事実に支えられているところに究極的な根拠があるため、人々の社会的な行動を記述することから規範性が生まれる根拠が明らかではないとの批判が妥当する[40]。

他方、「純一性」という道徳的価値をもって、規範性の語りを回復しようとしたのがドゥオーキンである[41]。純一性とは、すでに確立された法素材と整合的な原理の体系を探究することで導かれる道徳的な正しさのことをいう。これは、事実ではなく道徳によって規範を正当化しようとする試みであるから、先のヒュームの法則には反しない。しかし、「確立された」法素材の受容を前提とする点で、規範性を前提としている疑いがあるとの批判は免れないし、その決定を不正とみなす人々に対してまで、規範力を及ぼしうる根拠も明確とはいえない[42]。

このように、従来の法律学は、ヒュームの法則を前にして、規範性を回復する有効な手立てを得られないでいた。そうした中で、この問題に一つの回答を提示したのが、カヴァーの法概念論である。

三

カヴァーの処方箋は、「事実(is)」と「規範(ought)」の二分法を、「別の仕方(what might be)」という第三のカテゴリーを導入することで克服しようとするものである。この「別の仕方」とは、現実の彼方にある別の世界のことであり、先の「他なるもの」に相当する概念である。「である」から「すべき」を導くことに飛躍があると感じられるのは、そこに理想のモーメントが欠けているからである。理想もないのに、「である」現実を前にして、何かを「すべき」とは思わないのが人間である。理想を抱くからこそ、人は現実を理想に近づけようと決意するし、そのために現実と理想をつなぐ規範を実践しようとする。その意味で法とは、現実と理想の狭間にあって、両者をつなぎとめる重力である。そしてカヴァーによれば、事実─規範─理想の三つの契機を統合する「コード」となるのが物語である。

我々の規範体系を、現実の社会的構成や世界の別の仕方の理想に関連づけるコードとなるのが物語である。現実であれ想像であれ、事態に規範の力を課すというまさにそのことが、物語を創造する行為である。……物語は、ある特定の単純化された事態が、同様に単純化された規範の集まりの磁場をくぐり抜けるときに起こる、我々が学び経験するところの変動のモデルとなる。(43)

物語をモデルにして、現実の事態は規範の磁場をくぐり抜けて、理想へと結びついていく。従来、法律学は物語を抜きにして法規範の意味を決しようとしてきたが、それは法を社会統制のための道具としてしか見てこなかったからである。法が人間の日常生活の世界を隅々まで満たしていることを知るとき、法は人間の生きる世界そのものとなる。そして、人間は過去・現在・未来に生きる存在である以上、これらのモーメントを有機的に結びつける物語を法が要求するのは当然である。

ここまでくると、カヴァーが物語論によって、真に主題化しようとしていたものがみえてくる。それは「時間」である。時間は、現在に尽きることのない過去や未来のモーメントを有している。過去があるからこそ現在があり、未来があるからこそ現在が輝く。この時間に備わる当然の魅力を、従来の法律学は見ようとはしてこなかった。物語を封印することで、法秩序には始まりも終わりもなく、そこにあるのは現在だけだと我々を信じ込ませた。いつしか、法は統治の道具に成り下がり、人間の生に本質的であるはずの法は、法律家共同体の専有物になり果てた。

その中で、カヴァーは物語を迎え入れることで、再び法に活力を取り戻そうとしている。過去と未来をつなぐ物語を媒介として、現在という時間を生き返らせようとしている。それがもし奇異な主張に聞こえるとしたら、それは我々が空談にかまけて、現在に閉じこもっているからにすぎない。人間がノモスに生きる存在であることを認める限り、物語に生きることも、また時間が動き出すことも必然である。カヴァーの物語論は、そう我々に教えている。

四

とはいえ、カヴァーの物語論は、時間論の点からみたときに、いまだアキレス腱を抱えている。それは、将来の時間を可能にするだけのロジックを欠いている点である。この点、規範の正当性が物語に依存することを認める限り、物語はコードとして確立したものでなければならない。なぜなら、コードが右往左往するようでは、現実と理想をつなぐ法の規範性が揺らぎかねないからである。ところが、物語は想像の産物なだけに、理論的にはいかようにでも構築することが可能である。そのため、ある物語を前提に規範的な生を営んでいる人は、規範からの逸脱を指摘されたとしても、実は別の物語を前提にしていたということで、容易に規範性の網をくぐり抜けることができてしまう。しかしそれでは、物語論はその時々において都合のいい解釈を許すことになり、永遠に将来の時間を語ることはできない。

これは、物語論が通常のモラルからいつでも逸脱可能な点で、本質的にノン・モラルではないかという根本的な疑問でもある。すなわち、遡及的に物語を構成することを許せば、「後づけ」の論理によって規範から逸脱することが容易に可能となり、無責任を助長するおそれがある。物語の正当化能力に対して、疑問が向けられてきたことも理由のないことではない。しかしだからといって、人を強制的に特定の物語に拘束するとすれば、それこそ法は再び社会統制の道具に成り下がることになるだろう。強制されたモラルは、単に支配の道具でしかないからである。このノン・モラルを克服しない限り、物語論が時間の議論として有効に機能する余地はない。

かくして、法規範は物語にはめ込まれて意味を獲得することが明らかにされたが、物語論は責任や不法を主題化しえない限り、規範世界は絵に描いた餅である。もっとも、ここでノン・モラルから出発すること自体は誤りではない。すでに見たとおり、責任の論理はノン・モラルの権利を保障してはじめて認めうるからである。しかし、ノン・モラルの地平にとどまっていたのでは、一向に他者の姿はみえてこない。他者と出会うためには、さらに進んで物語の有する規範意味に自らが拘束される必要がある。果たして、カヴァーはいかにしてこの責任の論理を主題化するのか。次章の目的はこの点を解明することにある。

(1) Robert M. Cover, *The Supreme Court, 1982 Term—Foreword: Nomos and Narrative*, 97 HARV. L. REV. 4, 5 (1983).

(2)「形式」と「内容」の差異については、Hayden White, The Content of the Form: Narrative Discourse and Historical Representation (Johns Hopkins University Press 1987)参照。

(3) Hayden White, *The Value of Narrativity in the Representation of Reality*, Critical Inquiry Vol. 7, No. 1 5 (1980)(上村忠男編訳『歴史の喩法——ホワイト主要論文集成』(作品社、二〇一七)所収)。

(4) *Id.* at 10-14.

(5) 参照、G・W・F・ヘーゲル(長谷川宏訳)『歴史哲学講義(上)』(岩波文庫、一九九四)一〇八—一〇九頁。

(6) White, *supra* note 3 at 15-18.

(7) *Id.* at 19-23. ダントーによれば、時間的に継起する出来事をすべてそれが起こった瞬間に書き記す「理想的年代記」でさえも、複数の出来事を関連づけるコンテクストを欠いているため歴史とはいえない(Arthur Danto, Narration and Knowledge 149-182 (Columbia University Press 1985))。

(8) White, *supra* note 3 at 24.

(9) 永遠性は「終わり」を知ることによってはじめて実現されることを説いたのがアウグスティヌスである(アウグスティヌス(服部英次郎訳)『神の国(三)』(岩波文庫、一九八三)一三一頁)。これに対して、物語の特質は「テロス」の不在にあるとするものとして、野家啓一『物語の哲学』(岩波現代文庫、二〇〇五)七七頁参照。

(10) White, *supra* note 3 at 27.

(11) 大森荘蔵『時間と自我』(青土社、一九九二)二七―五六頁。
(12) すなわち、歴史もまた「物語られねばならない」ということである(参照、野家・前掲注(9)一〇八頁)。
(13) Hayden White, *The Politics of Historical Interpretation*, Critical Inquiry, Vol. 9, No. 1 113, 130–135 (1982).
(14) Paul Feyerabend, Against Method 7 (Verso 4th ed. 2010).
(15) *See* Herman Paul, Hayden White 109–127 (Polity Press 2011).
(16) Cover, *supra* note 1 at 9.
(17) George Steiner, After Babel (Oxford University Press 2d ed. 1992)(亀山健吉訳『バベルの後に――言葉と翻訳の諸相(上)(下)』(法政大学出版局、一九九九・二〇〇九))。
(18) 創世記(Genesis)一一章一―九節。
(19) Steiner, *supra* note 17 at 248–311.
(20) 語と対象の対応理論を説く前期ウィトゲンシュタインの哲学はその典型である(参照ルードウィヒ・ウィトゲンシュタイン(野矢茂樹訳)『論理哲学論考』(岩波文庫、二〇〇三))。
(21) Steiner, *supra* note 17 at 222.
(22) カヴァーがロースクールへ進んだ理由は、詩にとってより安全な世界を実現するためであったとする証言がある(Martha Minow, *Introduction: Robert Cover and Law, Judging, and Violence*, *in* Narrative, Violence, and the Law 6 n. 16 (Martha Minow et al. eds., University of Michigan Press 1995))。
(23) Cover, *supra* note 1 at 17 n. 45.
(24) むろん、他者の名誉やプライバシーを毀損する場合には制約に服するが、一般論として虚偽表現も表現の自由の保護範囲内であることに異論はみられない。
(25) John Stuart Mill, On Liberty 33–106 (John W. Parker and Son 1859).
(26) Abrams v. United States, 250 U.S. 616 (1919) (Holmes dissenting); Gitlow v. New York, 268 U.S. 652, 673 (1925) (Holmes dissenting).
(27) ラズによれば、表現の自由の保障根拠は様々な生活様式の社会的認知にあるから、たとえある表現が真実ではないとしても、それが価値ある生き方の一部を描写している限り、その表現は保護されなければならない(Joseph Raz, *Free Expression and Personal Identification*, *in* Ethics in the Public Domain: Essays in the Morality of

Law and Politics 153–155 (Clarendon Press 1994))。

(28) Ronald Dworkin, Law's Empire 81, 267 (Belknap Press 1986).

(29) ドゥオーキンの構成的解釈の問題点につき、Paul W. Kahn, *Community in Contemporary Constitutional Theory,* 99 YALE L. J. 76–81 (1990)。構成的解釈の手法は誰もが採用しうる解釈的態度であるにもかかわらず、ドゥオーキンが専ら裁判官の論証に関心を集中させる理由は、「司法上の論証が、法実務の中核にある命題的な側面を探求するための有益なパラダイム」であり、「他の形態の法的ディスコースが司法上の推論に影響を与えることはあまりない」と考えるからである(Dworkin, *supra* note 28 at 14–15)。

(30) Cover, *supra* note 1 at 9 の例による。参照、イザヤ書(Isaiah)一一章六節、申命記(Deuteronomy)一五章一節。

(31) Cover, *supra* note 1 at 9.

(32) Cover, *supra* note 1 at 9.

(33) *See e.g.,* Aviam Soifer, *Covered Bridges,* 17 YALE J. L. & HUMAN 55, 57–62 (2005).

(34) Cover, *supra* note 1 at 39.

(35) *Id.* at 10. ユダヤ教におけるメシア思想の位置づけについては、平石善司「ユダヤ教におけるメシア理念」長尾雅人ほか編『ユダヤ思想2　岩波講座東洋思想(2)』(岩波書店、一九八八)二一九頁以下参照。

(36) この捉え方は、法が世界の在り方を規定する力を有するとする点で目的論的(teleological)である(Robert M. Cover, *Bringing the Messiah through Law: A Case Study, in* Nomos Xxx: Religion, Morality and the Law 202 (R. Pennock & J. Chapman eds., New York University Press 1988))。

(37) David Hume, A Treatise of Human Nature 302 (David Fate Norton & Mary J. Norton eds., Oxford University Press 2000).

(38) 参照、長尾龍一『ケルゼン研究Ⅰ』(信山社出版、一九九九)九四—一〇五頁。

(39) H. L. A. Hart, The Concept of Law 100–110 (Clarendon Press 3d ed. 2012)(長谷部恭男訳『法の概念』(ちくま学芸文庫、二〇一四)).

(40) ハートは「外的視点」と「内的視点」の区別を導入することでこの問題の収拾を図ろうとしているが(*Id.* at 88–91)、両者の区別をもって規範性を語ることができるかは定かではない。ハートの承認のルールとヒュームの法則との関係について、*See* Scott J. Shapiro, Legality 111-116 (Belknap Press 2011)。

(41) Dworkin, *supra* note 28 at 225-275.

(42) 参照、井上達夫「憲法の公共性はいかにして可能か」同ほか編『立憲主義の哲学的問題地平　岩波講座憲法(1)』(岩波書店、二〇〇七)三一八—三二三頁。

(43) Cover, *supra* note 1 at 10.

第二章　コミットメント

序　節

前章では、人間はノモスに生きること、ノモスは物語によって規範意味を充塡されることが明らかになった。だが、物語論は、意味の遡及的制作を防ぐことができないために、ノン・モラルに陥って将来の時間性を語りえないことも明らかになった。本章の目的は、カヴァーがこのノン・モラルを、いかに克服しようとしたかを明らかにすることにある。

第一節　可能性の投企

第一款　覚　悟

いまもし全く同じ法規から成る二つの法秩序が存在するとして、一方の法秩序では法規が広く敬われているが、他方の法秩序ではそれが不正なものと認識されているとする。このとき、二つの法秩序の間で法規の意味は異なるだろうか。法と道徳を峻別する法実証主義の立場からすれば、不正な法も法であることには変わりがないから、両者の間で意味は異ならないとするのが素直な見方であろう。(1)

これに対して、法も道徳の一部であるとする立場からは、その道徳の内容次第で、意味は異なりうることになるであろう。(2) カヴァーもまた、二つの法秩序の間で、法規の意味は本質的に異なると考えている。ただし、それは必ずしも両者における「解釈」が異なるからではない。カヴァーは言う。

ノモスは理想と現実の間に広がる人間行動の過程そのものであるから、もし誰もそれに従って生きる覚悟がなければ、法的解釈は有効にはなりえない。(3)

たとえば、奴隷制廃止主義者であるガリソニアン(4)と、奴隷制を擁護するロジャー・トーニー判事(5)はどちらも、憲法が奴隷制を容認していると解釈する点では一致していた。しかし、トーニー判事がその解釈に従って黒人はアメリカ市民ではないと判決をしたのに対し、ガリソニアンは、「地獄との合意」である憲法は貞節に値しないとした。(6) なぜなら、ガリソニアンには、その解釈に従って生きる「覚悟」が欠けていたからである。

この「覚悟」を指して、カヴァーは「コミットメント」と呼ぶ。ここにコミットメントとは、法規の意味に従って生きようとする個人の決意をいう。現実と理想の間に広がる規範世界は、それに従って生きる個人の主観的なエンゲージメントがなければ有効とはいえない。なぜなら、世界を実現していくのは、その世界の住人であるところの個人だからである。覚悟もないのに理想へ到達できると考える人は、ノモスではなくユートピアの住人である。

問題は、なぜカヴァーは、コミットメントをノモスの構成要素に組み込んでいるのかという点にある。ここでは次の一節が参考になる。

解釈から法的意味への移行は、ある人が解釈の要求を受け容れ、コミットメントという個人的な行為を通じて、その立場を肯定することによって始まる。その肯定は、すべての可能な世界を通じて我々の現実の中で働いている規範の理解を、解釈が含意する目的論的な理想へと投企するためのコミットメントを伴う。(7)

ここでカヴァーは、解釈から法的意味への移行は、「可能性」の「投企」によって可能になると述べている。可能性の投企とは何か。カヴァーは、それを「ハイデガーの解釈についてのより一般的な命題を、単に軽くねじ曲げた(weak perversion)ものにすぎない」という。(8) このことを踏まえると、可能性の投企の意義は、ハイデガーにおける「解釈」の概念を探求することで明らかになるとみて間違いなさそうである。そして、実はこのハイデガーの議論こそが、物語論が主題化しえなかった将来の時間を可能にするであろうことを、やがて我々は知ることになる。

二

ハイデガー(Martin Heidegger)の『存在と時間』(一九二七)は、「在る」ということの意味を、現象学的分析を通じて明らかにしようとした作品である。現象学の任務が、超越論的自我にまで遡って世界の構造を分析することにあるのと同様、ハイデガーの目的もまた、超越論的自我の現象学的記述を展開することに向けられている。ところが、ハイデガーは自己の手法を「現象学」と呼ぶ一方で、存在への問いは「解釈学」的な問いであるという一見矛盾した主張をなしている。矛盾というのは、現象学の任務が「事柄それ自体」に語らせることにあるのだとすれば、そこに創造的作用を伴う解釈の働く余地は存在しないはずだからである。

にもかかわらず、ハイデガーが現象学と解釈学を両立可能と考えるのは、そこでいう「解釈」の概念が、通常我々が想定する解釈とは大きく異なるからである。ハイデガーは「解釈(Auslegung)」の概念を次のように定義している。

> 理解として現存在は、自分の存在をさまざまな可能性に向けて投企する。可能性へとかかわるこうした理解する存在は、それ自身可能性が開示されたものとして現存在のうちへと反転することで一個の存在可能となる。理解が有する投企の作用は、自分を完成させるという固有な可能性をともなっているのである。理解の完成を解釈と名づけよう。……解釈するとは、理解したものか

ら情報を受け取ることではない。理解にあって投企されている可能性を仕上げることなのである。[9]

はじめに、ハイデガーに特有の用語法を確認しておく必要がある。[10] まず、「現存在(Dasein)」とは、存在の意味について問うことのできる存在者のことである(二節)。ハイデガーにおいて、現存在の本質はその「実存(Existenz)」のうちにあるとされているため、存在の意味はこの現存在の実存論的分析を通じて明らかになる(九節)。それはまず、現存在が、自己とは常に一定の世界の内に在る「世界内存在(In-der-Welt-sein)」であると気づくことに始まる(一二節)。すなわち、現存在と世界は、世界という対象を現存在が認識するというように、主観―客観の図式の内にあるのではない。現存在の生き方・関わり方そのものを世界というのである(一三節)。

この現存在の「現」は、おのれの「開示性(Erschlossenheit)」、つまり自分自身が開かれているという性格によって本質的に自らを示すことを意味している(二八節)。開示の仕方には、「情態性(Befindlichkeit)」と「理解(Verstehen)」の二通りがある。[11] このうち情態性とは、現存在が世界の内にどこからともなく、またどこへともなく投げ入れられているという「被投性」――委ねられた事実性――を開示する(二九節)。他方、理解とは、現存在の目の前に様々な可能性を「投企(Entwurf)」することである。投企とは、可能性をめがけて自己を投げ込むこと、可能性を先取りする仕方で自己を理解することをいう。

現存在の「現」の構成契機に理解が含まれるのは、現存在は「現に在る」という事実性だけではなく、「かく在ることができる」という可能性にも基づいているからである(三一節)。現存在は実際に存在する以上の様々な可能性を有しているため、己の存在可能性から自己を了解することが求められるのである。ただし、その可能性とは、あくまでも現存在自身が予め携えている可能性であり、現存在の事実性には存在可能性が本質的に属している。

かかる理解の捉え方からすると、「解釈」の役割も、「裸形の目の前にあるもの」に「意義」や「価値」を張りつけることではありえない(三二節)。なぜなら、解釈とは、すでに漠然と自己の内に在るものを、そのもの「として」明確に規定することにすぎないからである。つまり、解釈の役割は、理解によって投企された可能性を「仕上げる」ことにあり、それは予持、予視、予握という先行的了解に導かれて可能となる。[12]「意味」とは、投企された可能性がこの先行構造を通じて、「として」に分節化された結果のことを指している。

以上を前提に、あらためて先にハイデガーが解釈について述べた箇所を見ると、その「解釈学的現象学」と呼ぶべき姿が明らかになる。一方で現存在は可能性の「投企」によって自己の在り方を開示し、他方でその可能性は解釈を通じて自身のうちに「反転」する。ここで解釈学的分析を経ることが現象学的分析と矛盾しないのは、現存在は世界の外に立って世界を分析するのではなく、世界との関わりの内で意味を了解するにすぎないためである。ここにおいて存在の意味は、解釈学的方法を経ずして完成しないとまで言われている。

とはいえ、存在の意味を理解するために解釈するにもかかわらず、漠然とはいえその意味をすでに知っているとするのは、議論が「循環」していないか。だがハイデガー曰く、循環は理解の本質に属している(六三節)。循環が悪しきものに思われるのは、諸命題は形式的規則に従ってのみ演繹されることを前提にするからである。しかし、実存論的分析は、帰結の論理に従って証明されるものではなく、現存在が世界内存在として可能性を投企する中で得られるものである。だとすれば、むしろ重要なのは、この循環の円環へと「根源的かつ全体的」に飛び込んでゆくことである。

以上がハイデガーの「理解」に関する議論であるが、問題はこの議論とカヴァーのいう「コミットメント」の関係である。実は、「理解」の概念が、コミットメントの内にあるということを、ハイデガーは「良心」の分析を通じて明らかにしている。ここに良心とは、現存在に「負い目のある存在」であることを理解させる「呼び声」のことである(五四節)。そして、この呼び声を聞いて「良心を持とうと意志すること」を、ハイデガーは「覚悟性(Entschlossenheit)」と呼ぶ(六〇節)。それは、「もっとも固有な負い目ある存在へと向けて、沈黙したままで、不安に耐えつつ自己を投企する」という「本来的」な開示性である。

現存在が良心を持とうと決意するのは、「負い目がある」からである。その負い目とは、現存在はその根底において「無性(Nichtigkeit)」を根拠としている点にある(五八節)。すなわち、現存在は被投性において自分自身が自分の根拠にはなれないし、投企においてその他の可能性を選択することができない。現存在は、この無性につきまとわれて、本来的な自分自身に立ち返れとの呼び声を沈黙の内に聞き取り、責めある存在として自己を理解する。世間に「頽落」していた現存在は良心を持つことを決意し、本来的な存在可能へと自らを投企するのである。

ハイデガーによると、それは同時に、本来的な「時間性」を生きることでもある(六五節)[13]。すなわち、すでに世界の中へ投げ込まれているということは過去であり、それに対して自分は全くの無力であるにもかかわらず、被投的な自分を引き受けることで過去は現に存在する。他方、ある特定の可能性を未来に投企して、それ以外の可能性を選択することができないという「自由」に堪えることで、将来は現に存在する(五八節)。そして、過去の「非」と将来の「非」を覚悟して引き受けることで、現在の頽落から自己は覚醒して、時間が現に存在する。このように、時間は現存在の全体性を規定しており、現存在とは時間そのものである。

三

以上のハイデガーの議論を前提にすると、解釈から法的意味への移行は「コミットメント」によって可能になるというカヴァーの意図が明らかになる。すなわち、ある法規範を理解することは、単に現実の法規範の在り方を理解することに尽きるわけではない。法規範には様々な可能性が内包されている以上、可能性との関わりにおいてそれを理解しなければならない。そのために必要なのは、可能性を将来に投企することであり、解釈を通じてその可能性を仕上げることである。それは未来を先取りする決断であるから、そこには当然その可能性を実現しようとする「覚悟」が伴わねばならない。

そして、このようにコミットメントがノモスの要素にまで高められたことで、カヴァーの物語論は待望のモラルフォースを獲得するに至る。思い返せば、物語が本質的にノン・モラルとされた理由は、物語は想像の産物なだけに、そのつどの再構成によって、容易に現在の規範から逸脱することを許す点にあった。そもそも物語は、過去を解釈学的に再構成することで得られる以上、未来を拘束することには不向きともいえる(14)。しかし、未来を拘束しえないとなると、全く無差別に未来を選び取れることになるため、ノン・モラルに陥ることは避けられない。

さらにいえば、物語論は、将来だけでなく過去さえも引き受けてこなかった疑いがある。なぜなら、現在の時点から過去の創作が許されるということは、過去を忘却することにつながるからである。もちろん、創作とはいっても、それを解釈学的というからには、証拠法則に従っているか、物語が詳細において網羅的か、論理的一貫性があるかなど一定の制約はかかる。[15]ただし、それは物語の善し悪しを判断する要素ではあるが、物語の内容について原理的な歯止めになるわけではない。事実、我々の保守的な態度を改めさえすれば、いかようにでも過去を再構成することは許されるはずである。[16]

しかし、これはまさしくハイデガーが憂慮していた「非本来的」な生き方にほかならない。現存在は被投的な存在として状況に制約されているはずなのに、そこを見ようとはしていないからである。本来的な過去を開示しようとするなら、過去は「反復」される必要があるが、過度な現在主義が現存在を現在に頽落させている。[17]そして、過去を引き受けないということは、我々は将来に向けて決断するに際して一切の負荷を背負わないということであるから、やはりノン・モラルのもとに置かれることは避けられない。

このように、物語論に過去と未来の契機が失われていた中で、この時間性を取り戻すべく展開されたのが、カヴァーのコミットメント論である。カヴァーは、物語論に可能性の投企を組み込むことで、将来を先取りすることを可能にしている。それはまた、現存在を負い目ある存在として理解し、過去を引き受けることでもある。これにより、今や行為主体は、良心の呼び声を聴いて、将来に目がけて一つの物語へ加担することを決意する。それは同時に、他の可能な物語を排除することでもあるため、

行為主体は自らを責任ある存在として了解することになる。モラルなるものが生まれるのはこの瞬間である。(18)

もっとも、これはモラルの強制ではない。たしかに、物語は他者との共有を前提とする間主観的な地平に構成されるものではあるが、この加担行為は、ハイデガーの良心の分析が示すとおり、徹底して個人に固有な行為であり、誰かに強制されうるものではない。(19)したがって、カヴァーの物語論を共同体論と重ね合わせるのは妥当ではなく、むしろ良心の自由を本質に据える点で、ノン・モラルを出発点としているとみるべきである。そう考えてはじめて、責任の論理を主題化することも可能になる。

しかし、物語に「将来」の時間を組み込むことには、当然のことながら反発も予想される。そもそも、物語のベクトルが過去に向けられてきたことにも、それなりに理由があるからである。このことを法解釈論の文脈で明らかにしているのが、法哲学者の大屋雄裕である。次款ではこの大屋の問題意識に照らしつつ、カヴァーの議論の成立可能性を探ることにしたい。

第二款　意味と相貌

一

大屋の議論の出発点となるのが、ウィトゲンシュタインが提示した次のパラドクスである。

いかなる行為の仕方も規則と一致させることができるから、その規則は行為の仕方を決定できない。[20]

たとえば、$68+57=125$ と教える人に対して、$68+57=5$ が正しいと主張することは「論理的」には全く可能である。なぜなら、$x+y$ の x と y がともに57を下回るときには「プラス」だが、いずれか一方でも57以上であるときには答えは5になる「クワス」という仕方で計算した可能性は決して否定されないからである。このように、ある規則が何を許し何を許していないかは規則のみからは知ることができず、「導出の不確定性」を前提にせざるをえないというのが、規則のパラドクスと呼ばれるものである。[21] 問題は、もしこのパラドクスが正しいとすると、いかなる行為でも規則に従っているといいうるため、規則に従っているということで我々は一体何をしているのかが分からなくなるという点にある。

では、いかにしてこのパラドクスを解消して、規範の正当性を回復しうるのか。大屋の解決策は、規範性に関する「物語」を制作することによってである。[22] すなわち、導出の不確定性を承認する以上は、あらゆる規範性は、まさにそこにおいて取り決められた規約にほかならないとする「根元的規約主義」を採用する必要がある。そうすれば、先立つ規則から帰結が導かれるわけではないため、導出の不確定性は問題にならないからである。ここでは解釈の役割も、規則の意味を発見することにではなく、規則と帰結との関係を一定の意味連関に置くことで、遡及的に意味を構成する「物語」の制作にあると理解する必要がある。

もっとも、大屋によると、我々は実際に、規則の適用のたびごとに物語を制作しているわけではない。規則という枠組みが主題化するのは、規則遂行に「よどみ」が生じる場面に限られる。つまり、解釈とは、意味の理解に関する不一致が生じたときに、その一致を回復する段階ではじめて必要となる例外的な作業にすぎない(23)。しかも、そこでたとえ一致を得られたとしても、そこからの導出も不確定である以上、ある時点の一致は次の一致を保障しない。我々の実践は絶えずよどみの危険にさらされており、それを辛うじて維持するための終わりなき企てが法解釈ということになる。

二

以上の大屋の議論は、要するに、導出の不確定性を前提にする以上は、規範性を将来に向かって語ることは不可能であることを示している。その中で物語の意義は、現在の時点から遡及的に意味を構成する点に求められており、そのベクトルは現在から過去へと向けられている。ところが、もしこれが正しいとすると、コミットメントをもって将来を拘束しようとするカヴァーの試みは維持しえないことになる。なぜなら、将来を先取りすべく覚悟をもって決断したところで、その将来の在り方もまた無数の解釈に開かれている以上、コミットメントは直ちに無化せざるをえないからである。コミットメントによって何が意味であるかが将来に向かって定まるとするカヴァーの議論は、導出の確定性を前提にしない限り成り立ちえないようにも思われる。

しかし、大屋のいう導出の不確定性とは、あくまで「論理的」な可能性のことである。論理的可能性の問題として意味は不確定であるから、意味は遡及的にしか問題にならないというにすぎない(24)。問題は、果たして我々は論理的な可能性をすべて均等に考慮するような存在なのかという点にある。

我々は現実には、多くの論理的可能性を最初から無視して、規則に基づいて様々な実践を展開している。もちろん、そこで別の可能性を示されれば、それが間違いであることを論理的に説明することはできないが、その可能性は「実践的」には排除されている。なぜなら人間は、無数の可能性を排除するところに成り立つ実践的空間に生きているからである。この実践的空間においてであれば、一つの可能性を選択して、他の可能性を排除するコミットメントはたしかに意義を有している。

野矢茂樹は、以上の事態を「意味はない、しかし相貌はある」と的確に言い当てている(25)。たしかに、意味を「規則から唯一の適用を導き出せるような源泉としての意味」と捉えるなら、そのような意味は存在しない。しかし、それでもなお世界は「相貌」を有していることを、野矢はウィトゲンシュタインのアスペクト論(26)を援用して示している。ここにアスペクト論とは、同一の事物であっても、捉え方次第で別様に見えることをいう(27)。アスペクト論における重要な区別が、知覚表現「……が見える」とアスペクト把握表現「……として見る」の区別である。両者の違いは、知覚表現は模写によって伝えることができるのに対して、アスペクト把握表現はそれでは伝わらないという点にある。

その格好の例が、ジャストローのうさぎ―あひるの反転図形である。図形をあひるとしてしか見ておらず、うさぎの可能性に思いが至っていない人には、その図形をいくら精確に模写してもうさぎの姿を伝えることはできない。「うさぎとして見る」というのは、その図形を「うさぎ」の意味のもとに置くという「捉え方」を表現したものだからである。その捉え方を説明するために必要なのは、「あらゆる種類のうさぎ像を指し示し、おそらくは現実のうさぎを指し示して、その動物の生活について語り、あるいはそのまねをすること」である(28)。なぜなら、うさぎの概念を習得した者だけが、その図形を「うさぎ」として見ることができるからである。つまり、アスペクト把握とは、ある概念の適用の仕方(技術知)を学んだ者だけに立ち現れる「相貌」のことをいう。

このアスペクト論を援用すれば、導出の不確定性と矛盾することなく、「意味」を語る余地が切り拓かれてくる。導出の不確定性が拒否するのは、適用の源泉としての意味という考え方である。しかし、ここではある概念の適用の仕方を習得することが意味を成立させており、規則それ自体は適用の源泉ではないから、導出の不確定性と矛盾することはない。このアスペクト把握は、論理的には別の把握の仕方がありうるからといって、無意味ということにはならない。なぜなら、別の把握の仕方が身についていない者には、別の意味はそもそも現れてこないからである。別の可能性は、「頭では分かるが体はついていかない」レベルの話である。[29] つまり、アスペクト把握における意味とは、論理的な意味の一歩手前にある実践的な意味のことである。

この実践的な意味合いにおいては、我々は決して規則に「盲目的」に従うわけではない。一見するとよどみのない法適用に満たされているようにみえても、規則遂行の意味を何として見ているのかは、その把握の仕方によって当然異なりうるからである。たとえば、よどみが生じない場面におけるプラス共同体とクワス共同体の外見的な振る舞いはたしかに一致しているけれども、それぞれプラスとクワスの意味を実践しているということは一向に妨げられない。その意味が顕在化していないからといって、両者の捉え方の差異を「無意味」と退けるのは、論理的可能性に拘泥するあまりアスペクト論を排除することにほかならない。[30]

もっとも、導出の不確定性は、自己の生きる世界の外側に未知の世界が「論理的」に存在する可能性を示す点では、実践的空間に対して与える影響は少なくないものといえる。我々は未知の世界と遭遇することで、自己の世界の在り方を自覚的に反省して、その意味内容を明確化する必要に迫られるからである。したがって、アスペクト把握がなされた時点においても、やはり意味は終局的に確定するわけではなく、導出の不確定性はその限りでは妥当している。しかし、それはアスペクトの「輪郭」が明確に定まっていないことを示すにすぎず、決してアスペクトが無意味であるということと同義ではない。輪郭が不明確な中でも、実践的空間の内部においては、たしかに規則遂行の意味は存在している。

三

以上のアスペクト論を前提にすれば、コミットメントを通じて物語に将来の時間を語らせようとするカヴァーの試みは十分成り立ちうる。規則を実践するノモス共同体のアスペクト把握のもとでは、規則の意味は将来に向かっても有意味となりうるからである。したがって当然、法解釈は、現在から遡って過去を正当化する「後づけ」の論理にはとどまらず、将来の可能性をもって現在を拘束する「先取り」の論理も内包することになる。

もちろん、こうした生き方は、他の様々な論理的な可能性を排除することのうちに成り立つ以上、論理的にみれば不完全といえる。しかし、不完全であるからこそ、我々は「責めある存在」として良心の呼び声を聞くことができるし、この呼び声を理解することで自らが選択した存在の可能性に基づいて生きようとする。物語は「論理的」ではないかもしれないが、物語にコミットして生きる人間の在り方はたしかに「本来的」である。

しかし、コミットメントだけでは、いまだノモスの本質を十分には明らかにすることはできない。一口に可能性といってもその形は様々であり、そのすべてが本来的な生き方を開示するものとはいえないからである。ノモスの本質に辿り着こうとするなら、可能性の中でも「もっとも極端な可能性」(六一節)、すなわち「死」の可能性と向き合わなければならない。なぜなら、存在に終わりを告げる死こそが、存在の意味を全体的に開示させるものだからである。

当然、カヴァーもこのことに気がついていた。その証拠に、カヴァーはノモスを紡ぎだすコミットメントには、「血」を流す覚悟が伴わなければならないとしている。そして、この「血」の議論こそが、カヴァーの議論を一方では危険に、しかし他方で魅力的にさせるものである。

(1) 逃亡奴隷の捕縛を難しくする人身保護法の合憲性が争われたPrigg v. Pennsylvania, 41 U.S. 539 (1842)において、内心では奴隷制度に反対していたにもかかわらず、同法を違憲とする多数意見を執筆したストーリー判事はその一例である。*See also*, Robert M. Cover, Justice Accused: Antislavery and the Judicial Process (Yale University Press 1975).

(2) *See e.g.*, Ronald Dworkin, Freedom's Law 1-38 (Harvard University Press 1996)(石山文彦訳『自由の法』(木鐸社、一九九九)).

(3) Robert M. Cover, *The Supreme Court, 1982 Term—Foreword: Nomos and Narrative*, 97 HARV. L. REV. 4, 44 (1983).

(4) *See* William Wieck, The Sources of Antislavery Constitutionalism in America, 1760-1848 228-248 (Cornell University Press 1977).

(5) Dred Scott v. Sandford, 60 U.S. 393 (1857).

（6）　*See e.g.*, Jack M. Balkin, Constitutional Redemption: Political Faith in an Unjust World 103–138 (Harvard University Press 2011).

（7）　Cover, *supra* note 3 at 45.

（8）　*Id.* at 45 n. 125.

（9）　マルティン・ハイデガー（熊野純彦訳）『存在と時間（一）―（四）』（岩波文庫、二〇一三）三二節。以下、同著の引用は頻回となるため、本文中において節番号を示すこととする。

（10）　以下の叙述に際しては、マイケル・ゲルヴェン（長谷川西涯訳）『ハイデッガー『存在と時間』註解』（ちくま学芸文庫、二〇〇〇）を参考にした。

（11）　厳密にいうと「頽落」も一つの開示の仕方であるが、頽落は存在の意味の問いを避けようとする点で、「本来的」な現存在の性格とはなりえない。

（12）　予持とは解釈されるべきものと全体との関わりあいを理解しているということ、予視とは解釈されるべきものに見通しがつけられているということ、予握とは解釈を通じて把握可能なものになるということである。

（13）　マルティン・ハイデガー（後藤嘉也訳）『ハイデッガー　カッセル講演』（平凡社ライブラリー、二〇〇六）九五頁以下。なお、ハイデガーは、通俗的な時間概念と区別するために、過去・現在・未来の代わりに、既在性・現在化・将来という語を用いている。

（14）　野家啓一『物語の哲学』（岩波現代文庫、二〇〇五）一〇六頁。

（15）　*See* Hayden White, The Historical Text as Literary Artifact, Clio 3 298–299 (1974)（上村忠男編訳『歴史の喩法――ホワイト主要論文集成』（作品社、二〇一七）所収）.

（16）　クワインにおける言語の自由な改訂可能性の議論を参照（W. V. O. Quine, *Two Dogmas of Empiricism, in* From a Logical Point of View 46 (Harvard University Press 1953)）。

（17）　ハイデガーによれば、過去を「忘却」することは非本来的、過去を「反復」することが本来的である（ハイデガー・前掲注（9）六八節）。

（18）　ただしハイデガーのいう「本来性」は、必ずしも道徳的場面においてのみ意味を有するわけではない。カヴァーがハイデガーの解釈の概念を「軽くねじ曲げた」としているのはそのためであろう。

（19）　ハイデガーによれば、自由とは「ひとつの可能性を選択すること」、すなわち「他の可能性を選択せず、選択できないしだいに耐えることのなかにだけ」存在する(五八節)。

(20) ルードウィヒ・ウィトゲンシュタイン(藤本隆志訳)『ウィトゲンシュタイン全集8　哲学探究』(大修館書店、一九七六)二〇一節参照。

(21) *See* Saul A. Kripke, Wittgenstein on Rules and Private Language (Blackwell 1982)(黒崎宏訳『ウィトゲンシュタインのパラドックス』(産業図書、一九八三)).

(22) 以下、大屋雄裕『法解釈の言語哲学——クリプキから根元的規約主義へ』(勁草書房、二〇〇六)。

(23) 法解釈があくまで例外的な作業にとどまることについては、*See* Timothy Endicott, *Legal Interpretation*, *in* The Routledge Companion to Philosophy of Law 109–122 (Andrei Marmor ed., Routledge 2012)。

(24) 参照、野矢茂樹『語りえぬものを語る』(講談社、二〇一一)二二一—二二四、二四九—二六三頁。本書でいう実践的空間とは野矢のいう「行為空間」に相当している。

(25) 同二四九頁。野矢は、「クリプキの誤りは、規則のパラドクスが示す無意味論を強調するあまり、相貌論を排除してしまったことにある」と述べる(同二五五頁)。

(26) アスペクト論については、ウィトゲンシュタイン・前掲注(20)第II部XI章。

(27) 以下については、野矢茂樹『哲学・航海日誌I』(中公文庫、二〇一〇)一九三—二〇七頁、同『心と他者』(中公文庫、二〇一二)一九七—二一二頁を参照。

(28) ウィトゲンシュタイン・前掲注(20)三八七頁。

(29) 野矢・前掲注(24)二五四頁。

(30) ウィトゲンシュタインの『論理哲学論考』と『哲学探究』の差は、まさにこの点にある。疑いえないようにみえる論理でさえも言語実践に依存することに気づいたウィトゲンシュタインは、後期に至って実践空間を描き出すことに尽力する(*See* Ludwig Wittgenstein, On Certainty §115 (G. E. M. Anscombe & G. H. von Wright eds., Harper Torchbooks 1972))。

第二節　血

第一款　法と血

一

今日、近代立憲主義に「肉」をつけ「血」を通わせようと言おうものなら、狂気の沙汰と思われるかもしれない。なぜなら、法から血肉を取り除くことこそが、まさに近代立憲主義が成し遂げようとしてきたことだからである。[1] ナチス政権下で制定された悪名高き「ドイツ人の血と名誉を守るための法律」[2]の例を挙げるまでもなく、血は人々から正気を失わせて、怒りと興奮の渦に理性をのみ込む。

そこで、近代立憲主義は、法から血肉を取り除き、「骨」組みのみから成る世界を実現しようとした。痛覚のない骨ならば怒りや感情に揺さぶられることもないし、ともすれば化石化するほどまでの耐久性を有するからである。要するに、土台となる骨組みさえしっかり定めておけば、世界は半永久的に回り続けることができる。時代を超えた世代間プロジェクトであるところの近代立憲主義にとっては、骨組みさえあれば必要にして十分である。

もちろん、骨は枠組みでしかないから、その骨の隙間を埋める血肉はいつの時代も必要である。しかし、生物学的にみれば血肉は半年もすればすっかり代謝することからもわかるように、国家の構成員もまた時代と共に代謝する互換可能な存在である。この存在は骨組みの枠内にとどまる限り自由に駆け巡ることが許されるが、骨組みからの逸脱は許されない。血肉を目の当たりにして理性を失わないよう、皮膚の内側にこれをとどめておく必要がある。

ところが、カヴァーは、まさにこの血肉を、法に取り戻そうとしている。

「〝法〟を構成する規範的な世界構築は決して単なる心的・精神的な行為ではない。法の世界は肉体を危険にさらすコミットメントの限りで構築される。(3)」

「われわれは血をもってかくかくしかじかのことを意味するのだ。(4)」

なぜ、カヴァーは血や肉体という危険な素材を、法の世界に持ち込もうとするのか。ここでいう血や肉体とは、何かのメタファーか、それとも現実か。カヴァーは正面から血肉の意義を語ろうとはしないが、一つだけ鍵となる文章がある。

法は、ある種の変動を血中に与える一方で、全会一致によってのみ変動を認可するものである。(5)

この言明の後者の部分については、異論はなかろう。たとえ憲法改正に限界があると論じてみたところで、皆がその改正に同意しているなら、法はその同意を法的な変動として承認せざるをえないからである。(6) しかし、現実と理想の距離がよほど緊密でない限り、全会一致ということはありそうにもないし、仮にあったとしても、そこに至るまでには気の遠くなるような年月を要することだろう。そうなると、法の役割は必然的に「ある種の変動を血中に与える」ことに集約されてくる。問題は、なぜ法と血が結びつくのかという点にある。

二

法と血の結びつきは、実は歴史的に見ればそう珍しいことではない。古くは、古代アテネのドラコンによる法典が人間の血で刻まれていたと言われているし、比較的最近に至るまで新たな法の誕生の背景にはいつも夥しい量の血が流されてきた。

卑近な例を示せば、合衆国憲法の再建条項がそれに当たる。再建条項は、今日でこそ平等やデュープロセスの条項のイメージが強いが、実際には憲法条項の中でも最も血生臭い規定である。なぜなら、再建条項は、合衆国史上最大の死者を出した南北戦争という血みどろの争いを経て規定されるに至った血の結晶だからである(7)。今日ではこの血はあたかも洗い流されたかのようであるが、テクストの背後にある血で血を洗う闘争は決して消えることがない。再建条項は、北部と南部の兵士の死屍累々の上に成り立っている。

同じように、フランス革命であれアメリカ独立革命であれ、権利や自由をめぐる闘争の背後ではいつも夥しい量の血が流されてきたが、言うならばそれは当然である。なぜなら、何かを本気で変えようと望むなら、文字通り血を流す覚悟で臨まねばならないような状況が存在してきたからである。およそ自己の肉体を危険にさらす覚悟もないのに、何かを変えるというのは難しい。キング牧師は、「約束の地に皆と一緒には行けないかもしれないが……、私は何も恐れていない(8)」と暗殺前夜に語ったとき、明らかにこのことを理解していたようにみえる。権利とは、闘いの末に勝ちとられたものであることを思うとき、(9)法と血の結びつきはもはや必然のように思えてくる。

実は、日本の憲法学でも、暗黙裡に法と血の結びつきが主題化されていた事例がある。それが、「エホヴァの証人」輸血拒否事件判決である。(10)この判決は一般に「自己決定権」を尊重する方向を指し示したものと理解されているが、(11)なぜ死を帰結する決断が尊重に値するのか実はそれほど明確ではない。インフォームド・コンセントの法理は「欲しない治療を拒否する権利」を含むと説明されることがあるが、なぜ死を帰結しかねない治療拒否まで認められるのかは、(12)一般に「自死の権利」が否定されていることとの関係で明白ではない。(13)

しかし、この決断がほかならぬ「血」に関わることを考慮するなら、最高裁があえてその決断に人格権レベルの尊重を与えた理由も明らかになってくる。同じく生命を維持する必須の構成要素でありながら、点滴は認められて血の摂取が認められないとすれば、それは血が生命を象徴する神聖なものと見なされるからである。血の摂取の禁止に関する旧約聖書の次の一節は、血と生命の結びつきを象徴的に物語る。

なぜなら、肉あるものの命はその血の中にあるからである。わたしがその血をあなたたちのために祭壇の上に与えたのは、あなたたちの命のための贖いを行なうためである。なぜなら、血こそ、命によって贖いを果たすものだからである。(14)

生命は血の内にある。もし神聖なる血を体外から摂取すれば、神のみぞが与えうる生命の息吹を人間の手によって吹き込むことになる[15]。エホヴァの証人にしてみれば、これは神の意志に背くことにほかならない[16]。もっとも、本判決は血どうこう以前の問題として、医師が輸血するとの方針を説明しなかった点を問題視していることから、血は無関係と言われるかもしれない。しかし、もしエホヴァの証人が拒否していたのが輸血ではなく点滴だったとしたら、それでも最高裁はその意思決定を尊重したかは疑わしい。今日の法のディスコースにおいても、血の占める位置の特殊性は際立っている。

三

では、カヴァー自身は、法と血の関係をどう見ているのか。別稿における次の一節が参考になる。

法解釈は痛みや死の領域で展開される。さもなければ、それは法以下(あるいは以上)の何かである[17]。

カヴァーは一例として、公民権運動における座り込み(sit-in)運動を挙げている[18]。公共施設における人種差別を許容する憲法解釈が大手を振ってまかり通る五〇年代のアメリカ南部において、抗議する黒人たちには二つの選択肢があった。一つは、内心ではその解釈に抵抗しながらも表向きはその解釈に従う「面従腹背」の行動、もう一つは、危険を顧みず自己の憲法解釈どおりに自らの行動を起こすことである。

このうち後者の選択だけを、カヴァーは法の理解を体現した生き方とするが、それは面従腹背には「血」を流す覚悟が欠けているからである。かたや面従腹背は、内心の反抗にもかかわらず表面は真の姿ではない自己を偽るのに対して、座り込み運動に従事した黒人たちは、刑務所に送られることも辞さない覚悟で解釈に従事していた。「腹背」のみならず「面背」したからこそ、その解釈は法的に真正といえるのである。

法解釈には血を流す覚悟が伴う。カヴァーによると、この考え方を突き詰めた先にあるのが「殉教者」の考え方である。[19] 殉教者は、想像を絶する苦痛や死の恐怖に直面したときでさえ、暴君の法に対して抵抗を辞めようとはしない。その結果、たとえ自らの肉体は滅びようとも、その揺るぎない法の理解に対するコミットメントは、同胞たちの間で「精神の勝利」として語り継がれることになる。この殉教者の例は宗教に限った話ではなく、たとえば大英帝国からの植民地独立を画策したアメリカ革命軍の司令官ジョージ・ワシントンも、もし戦いに敗れていたなら、殉教者として語り継がれたことであろう。こうなると、「法解釈は痛みや死の領域で展開される」とするカヴァーの主張は、もはや誇張とは思えなくなる。

以上のカヴァーの議論は、従来「市民的不服従」と呼ばれてきた行為にも、新たな光を当ててくれる。市民的不服従とは、決して普遍的ないし抽象的な個人によってなされるものではなく、必要なら ば犠牲を厭わない覚悟を持った主体によってのみなされうる行為である。これによれば、Barnette 判決[20]の当事者であるエホヴァの証人たちも、放校や罰金の処分に直面しながらも、これに屈すること なく自らのノモスのインテグリティを守るべく闘ったからこそ、市民的不服従の行為と評価できるのである。[21]

ただしカヴァーも、すべての解釈が「血によって覆われる」必要があるとしているわけではない。[22]解釈の中には、血で覆われたものもあれば、どれだけのリスクをとるかについてより規約的な限界が伴うものもあるとしている。しかし、それがどれだけ弱められた形であれ、実践的解釈には必ずコミットメントが伴わなければならない。なぜなら、コミットメントこそが、実践的解釈を単なる将来の予測から区別するものだからである。法解釈が、同じく痛みや死を主題化する文学や詩の解釈と異なるのもこの点である。文学や詩において実際に血が流れることは決してないのに対して、法解釈に伴う血の代償はリアルである。[23]法解釈の結果として、人はときに「自由、財産、子ども、生命さえも失う」のが、その何よりの証左である。[24]

以上が、カヴァーの血をめぐる議論である。ただ、この議論は歴史的ないし心情的には理解しうるとしても、これを理論的にいかに正当化しうるかは定かではない。とりわけ、血が人間を狂気へと駆り立てた過去を思うとき、法に血を通わせることには警戒的でなければならないはずである。ところが、カヴァー自身は、法と血が結びつく理論的根拠を明確にはしていない。とはいえ、カヴァーがハイデガーの「理解」の概念に依拠していたことを思うとき、その根拠は再びハイデガーの議論の中に見出されたとしても不思議はない。それがハイデガーの死をめぐる議論である。[25]

第二款　死

一

ハイデガーによれば、存在の意味を理解するには、現存在のもっとも固有な可能性である「死」と向き合わなければならない(五〇節)。なぜなら、現存在の終わりである死の可能性こそが、現存在の全体性を境界づけ、本来的な存在可能を開示させるからである(四五節)。ところが日頃我々は、好奇心、曖昧さ、空談にかまけて、死からは目を背けて生きている(五一節)。もちろん、人は誰しも、自分がいずれは死にゆく存在であることを、他人の死の経験を通じて知っているが、他人の死において死ぬのはあくまで他人にすぎない(四七節)。それは、不特定多数の「ひと」の死であり、自分が死へとかかわる存在であるということは隠蔽されたままである(五二節)。

しかし、どれだけ死の意味に直面することを避けようとも、我々はときに死を「不安」に思う気分に襲われる(五三節)。それは死を「恐怖」することとは違う。恐怖とは、死が「現実」であることに気づくことであるが、私自身の死は決して現実たりえないから、死の恐怖において私は実は「他人」の死を恐れているにすぎない。これに対して、死を不安に思うことは、自分の死の「可能性」に不気味に気づくことである。私自身の死が可能性でしかありえないのは、死が現実に到達するときには私はもう存在していないからである。したがって、死は現実的な出来事としてではなく、可能性としてみられてはじめて私にとって有意味となる。不安とは、この私が死にゆく可能性を開示する本来的な気分である。

この不安により死の可能性に気づいた現存在は、自らが死へと関わる存在であることを理解するためには、死の可能性を投企しなければならない(五〇節)。その可能性とは、死が自分自身に「もっとも固有」なものであり、他の誰とも共有できない「非関係的」なものであり、決して避けることのできない「追い越し難い」ものであるということである。ハイデガーは、可能な在り方として死に直面することを「先駆(Vorlaufen)」と呼び、死を現実として待ち受ける「期待(Erwarten)」と区別する(五三節)。期待のように死を現実として眺めやることは、自己の存在可能性から手を引いてしまうことでしかない。大切なのは、現存在が死を現実に経験することではなく、死に向かっているという先駆的な意識を持つことである。

この「先駆性」は、先に検討した「覚悟性」のうちに含まれている(六二節)。なぜなら、現存在が「負い目」ある存在として自己を見通すためには、存在可能の「終わりまで」良心を持とうと意志することを含むからである。この「終わりまで」というのは、覚悟性が「終わりへと理解しながらかかわる存在」であること、すなわち「死の先駆」を当然に含んでいる。つまり、自己を死へと関わる存在であるとみてはじめて、覚悟性は「本来的で全体的な確実性」を獲得することができる。したがって、もし本来的な生き方を取り戻したいのなら、我々がなすべきは、死の可能性を先取りすべく覚悟をもって決断することである(六五節)。

二

以上のハイデガーの「死」をめぐる議論と、カヴァーの「血」をめぐる議論の間には、たしかな響き合いがある。[26] というのも、法解釈に血を通わせようとしないということは、死の可能性から目を逸らしているというに等しいからである。カヴァーが面従腹背を真正な法の理解とみないのも、そこには死を自分の可能性として堪えるという覚悟が欠けているためであろう。本来的な生き方をするためには、死の可能性を見据えて、未来を先取りする覚悟で権威への不服従に従事しなければならない。内心では不服に思いながらも、他の大多数の人々がそれに従っているからという理由で惰性に流されているようでは、死の可能性に向かっているとは到底いえないからである(27)。

こうしてみると、カヴァーのいうノモスの概念は、前章で検討したバーガーらのいうノモスの概念とも随分異なることがわかる(28)。一方で、バーガーのいうノモスとは、カオスにさらされた人間が自前で築き上げた規範の殿堂のことであり、その主な働きはアノミーの「恐怖」から逃れることにあった。しかし、カヴァーの議論の背景にハイデガーをみるなら、ノモスの存在意義を死の恐怖の緩和にみるのは正しくない。なぜなら、ノモスは、むしろ死の可能性に向かって、先駆的に決断することによって築き上げられるからである。問題なのは、死の恐怖を和らげるために何をすべきかではなく、死を見据えて今何をすべきかである。

これは、バーガーのいうノモスには血が通っていないために、未来を先取りして全体を見通せるような一貫性が備わっていなかったということでもある。世界の存在を客観と主観の「現実」の間の弁証法的現象として理解するバーガーにおいて、「理想」は世界の本質的な構成要素ではない。これに対して、存在の理解を可能性の投企にみるカヴァーにおいては、現実を超えた可能性こそがより意味深いものであるから、世界は現実と理想の総体として見られなければならない。この両者の架け橋を指してカヴァーは「法」と呼ぶが、それは「血」が通うことで初めて可能になるものである。ここでは、客観的現実を単に主観的に内面化することを超えて、死の最果ての可能性を見据えて、死へと積極的に関わることが求められている。(29)

三

かくして、カヴァーが法の理解に「血」を求める理由が明らかになった。しかし、このことは、「血」のもつ危険性からカヴァーが自由になったことを意味しない。とりわけ、ハイデガーのナチスへの「加担」問題を考えるとき、この懸念は深刻化する。ハイデガーがどの程度ナチズムにコミットしていたかは今日でも論争的な主題ではあるが、加担の度合いが一時的な逸脱としては片づけられない程度に達していたことは否定できない。(30) もちろん、個人的信条と哲学は別次元の問題であるから、ナチスに加担した事実から直ちに、ハイデガー哲学とナチスの思想を関連づけることは慎まなければならない。しかし他方で、ハイデガー哲学のもつ論証の力を純粋に見極めるためにも、双方の間にいかなる内的な諸関係があるかを確認しておくこともまた不可欠な作業といえる。(31)

まず指摘すべきは、ハイデガーの生きた時代背景とナチズムの連関である。ハイデガーの生きた時代は、「西洋の没落」がささやかれるニヒリズムの時代であった。(32) かつて人間に生きる意味を提供した宗教はその影響力を大方喪失し、代わりに登場した近代主義や進歩主義も限界に達しているとみられていた。人々が支えを失った状況の中で、西洋文化の危機の原因が「主体」と「客体」を分離する形而上学にあるとみたハイデガーは、いまここに在ることへの驚きから始めて、存在の意味を問うことでニヒリズムを克服しようとした。以上の時代状況は、ハイデガーと同年に生まれたヒトラーも当然共有していたはずであり、したがって同じくニヒリズムへの回答として示されたナチズムが、ハイデガーの議論を自己の有利に援用したことは、ある意味では自然の成り行きであった。

実際、ハイデガーの思想内容に、ナチスの民族主義と結びつきやすい傾向があったことは否めない[33]。存在の意味を理解するための可能性の投企とは、それ自体でみれば自分自身に固有な非関係的な行為であるが、人間は世界の中で他者と共に生きる「共同存在」である以上、共同の企てとしてなされなければ有効とはいえない。ハイデガーはこの共同の企てのことを「運命」と呼び、本来性はまず「集団」の次元で回復されなければならないと述べた。この議論が、ドイツ民族の「運命」を引き受けて、将来の可能性へ向けて先駆的に決意すべきとするナチス流の解釈へと歪曲されたことに不思議はない。ニヒリズムとの対決は往々にして全体主義に落ち着く傾向があるが、存在を「大文字」の我々によって理解しようとしたハイデガーの克服法にも、同様の危険性が潜んでいたとみることができる。

当然、ハイデガーの議論を援用するカヴァーの議論にも、同様の危険性が潜んでいることになる。法の理解に「血」を要求することは、全体主義的な傾向をもった集団的運動を引き起こし、かえって多様性を否定する事態に連なるおそれがあるからである。もっとも、カヴァーはこの危険性には十分気がついていた。コミットメントとともに「分離(separation)」の契機を要求していることが、それを証明している。次節では、この「分離」の意義を明らかにすることを通じて、カヴァーがいかにして全体主義の危険性に対処しようとしたかを描き出したいと思う。

（1）　近代立憲主義は、血で血を洗う激烈な宗教闘争の反省から生まれた考え方である(長谷部恭男『憲法と平和を問いなおす』(ちくま新書、二〇〇四)四四頁以下)。

(2) 一九三五年に可決された同法は、ユダヤ人とドイツ人(ないし同種の血を持つもの)の間の婚姻あるいは婚姻外性交渉の禁止を主な内容としている(同法第二節)。帝国市民以外の政治的権利を否定する帝国市民法と共に「ニュルンベルク法」と呼称される。

(3) Robert M. Cover, *Violence and the Word*, 95 YALE L. J. 1601, 1605 (1986).

(4) Robert M. Cover, *The Supreme Court, 1982 Term—Foreword: Nomos and Narrative*, 97 HARV. L. REV. 4, 47 (1983).

(5) *Id.* at 9.

(6) ただし、既存の改正手続の枠内で改正できるかどうかは別の問題である(参照、清宮四郎『国家作用の理論』(有斐閣、一九六八)一六九—一八三頁)。

(7) しかしその後も、ジム・クロウ法によって再建条項を骨抜きにしようとする動きが南部では強く、最高裁判所も「分離すれども平等」の法理によって、人種隔離を長らく合憲としていたのが実態である(Plessy v. Ferguson, 163 U.S. 537 (1896))。

(8) Martin Luther King, "I've Been to the Mountain Top" Speech, 3 April 1968 at the Masonic Temple in Memphis (transcript available in TN. Digital Archive (http://www.thekingcenter.org/archive)).

(9) 参照、ルドルフ・フォン・イェーリング(村上淳一訳)『権利のための闘争』(岩波文庫、一九八二)。

(10) 最判平成一二年二月二九日民集五四巻二号五八二頁。

(11) 淺野博宣「判批」『憲法判例百選Ⅰ〔第六版〕』(有斐閣、二〇一三)五七頁。

(12) もっとも、およそ回復が期待できない植物状態であれば、本人の生前の明確な同意で生命維持装置を外すことが認められるとするものとして、*See* Cruzan v. Director, Missouri Department of Health, 497 U.S. 261 (1990)。

(13) 現行法は自死を不可罰とするが、同意殺人(刑法二〇二条)を罰していることからして、自死に対しても否定的評価で臨んでいるのはたしかである(*See e.g.*, Washington v. Glucksberg, 521 U.S. 702 (1997))。

(14) レビ記(Leviticus)一七章一一節(木幡藤子・山我哲雄訳『旧約聖書Ⅱ　出エジプト記　レビ記』(岩波書店、二〇〇〇)三二九頁)。

(15) キリスト教を血のディスコースから読み解くものとして、GIL ANIDJA, BLOOD: A CRITIQUE OF CHRISTIANITY

(Columbia University Press 2014)。

(16)　この点で複雑な問題を提起するのが、輸血を拒否する信者が子どもの場合である。カナダ最高裁判決(A.C. v. Manitoba (Director of Child and Family Services), 2009 SCC 30, (2009) 2 S.C.R. 181)は、当時一四歳一〇カ月のエホヴァの証人の信者である子どもに対して、輸血が子どもの「最善の利益」(マニトバ州・子ども家庭サービス法二五条(八))に当たることを理由にこれを許可する裁判所命令を発したことが信教の自由等を侵害するかが争われた事案において、恣意的、差別的、侵害的でないことを理由として信教の自由等の侵害には当たらないとした。しかし同判決には、個人の自律と信教の自由を侵害しているとする反対意見が付されている。

(17)　Cover, *supra* note 3 at 1606–1607.

(18)　Cover, *supra* note 4 at 47.

(19)　Cover, *supra* note 3 at 1603.

(20)　West Virginia State Board of Education v. Barnette, 319 U.S. 624 (1943).

(21)　この点でBarnette判決も同じ結論には達してはいるが、それは国旗敬礼強制の憲法適合性が先例として未だ不確定な状態にあったからにすぎない(Ronald Dworkin, Taking Rights Seriously 211–215 (Harvard University Press 1977))。

(22)　Cover, *supra* note 4 at 46.

(23)　カヴァーは、憲法が詩よりは戦争に結びつきやすい傾向にあるとしている(Robert M. Cover, *The Bonds of Constitutional Interpretation: Of the Word, the Deed, and the Role*, 20 Ga. L. Rev. 815 (1986))。

(24)　Cover, *supra* note 3 at 1601.

(25)　ハイデガーの死に関わる議論全般については、マルティン・ハイデガー(熊野純彦訳)『存在と時間(三)』(岩波文庫、二〇一三)四五―五三節参照。以下の叙述に際しては、マイケル・ゲルヴェン(長谷川西涯訳)『ハイデッガー『存在と時間』註解』(ちくま学芸文庫、二〇〇〇)を参考にした。

(26)　先駆性が覚悟性の内に含まれるというハイデガーの議論の構造と、血がコミットメントに含まれるというカヴァーの議論の構造は、一対一の対応関係にある。

(27)　参照、長谷部恭男「なぜ日本人は権利を真剣に受けとめないのか？」『権力への懐疑――憲法学のメタ理論』(日本評論社、一九九一)。

(28)　本書第Ⅱ部第一章第一節第一款参照。
(29)　法解釈にこれほどまでの覚悟を要求するカヴァーの議論を「アナーキスト」と揶揄するのは的外れである。むしろ、何の覚悟も必要とせず、自由や人権などの綺麗な言葉を並べて、法解釈論を展開してきた従来の議論が権威主義的として非難されなければならない。
(30)　参照、ヴィクトル・ファリス(山本尤訳)『ハイデガーとナチズム』(名古屋大学出版会、一九九〇)。
(31)　ユルゲン・ハーバーマス(山本尤訳)「ハイデガー——著作と世界観」ファリス・前掲注(30)に序文として所収。
(32)　オスヴァルト・シュペングラー(村松正俊訳)『西洋の没落(Ⅰ)(Ⅱ)』(中公クラシックス、一〇一七)。
(33)　佐伯啓思『二〇世紀とは何だったのか——西洋の没落とグローバリズム』(PHP文庫、二〇一五)九六頁以下。

第三節　分離

第一款　分離と献身

一

ここでの問いは、カヴァーがいかにして、ノモスの全体性によって引き起こされる危険性に対処しようとしているかである。結論からいえば、その答えは「分離」によってということになる。カヴァーは言う。

しかしながら、法的意味の創造は、献身やコミットメントの働きだけでなく、ある人がコミットする対象を客体化することもまた要求する。[1]

ここでは、法的意味の創造は二つの過程から可能になるとされている。一つはコミットメントの過程である。それは解釈の要求に応じて、覚悟をもって投企された可能性を仕上げる過程である。だが、法的意味の創造は、自己が対象に献身的に関わる「コミットメント」のみから成るのではない。それに加えて、自己を法という対象から切り離す「客体化(objectification)」も要求している。ここに客体化とは、自己の外側に法を対象として措定することをいう。それは、コミットメントという主観的行為を通じて生成された規範を、遵守されるべき法規へと客観化してゆく作業である。では、なぜ法的意味の創造には客体化の過程が必要なのか。カヴァーは言う。

分離のメタファーが献身のアレゴリーを可能(permit)にする。[2]

一見して逆説的なこの一文の真意を理解することは容易ではない。ふつうに考えるなら、分離と献身は相対立する概念であり、前者が後者を可能にする関係にはないはずだからである。もちろん、献身は何らかの対象を必要とするから、その対象を抽出するために分離が必要になるという趣旨であればわからなくもない。しかし、それをいうだけなら、分離が献身を可能にするとまで言う必要はなかったはずである。逆にいえば、わざわざ可能にするというからには、およそ分離がないところでは献身が不可能になるということまで含意しているはずである。問題は、なぜ献身は分離を不可欠の前提としているのかである。

その答えは、カヴァーの引用する次の二つの格言に着目することで明らかになる。(3)

「この世は三つのものの上に立っている。トーラーの上に、祭儀の上に、慈しみの業の上に。(4)」

「この世は三つのものの上に立っている。正義の上に、真実の上に、平和の上に。(5)」

二

これらの格言は、トーラーの註解書である『ミシュナ』のアヴォートに載せられたものである。第一の格言は、まだエルサレム神殿が存在していた頃に、シメオン・ザ・ジャスト(Simeon the Just)によってなされた格言であり、第二の格言は、エルサレム神殿が破壊されてから三〇〇年の後に、ラビ・シメオン・ベン・ガマリエル(Rabbi Simeon ben Gamaliel)によってなされた格言である。ほとんどパラレルな形式の両格言ではあるが、よくみるとその内容は微妙に異なる。その理由を、カヴァーは、一六世紀にラビとして活躍したヨセフ・カロ(Joseph Caro)の議論を援用しつつ明らかにしている。(6)

カロによれば、ラビ・ガマリエルが教えているのは、すでに世界が創造された後であれば、たとえ神殿が破壊されたとしても、「正義・真実・平和」をもって世界は持ちこたえられるということである。なぜなら、すでに存在する世界を「維持」するために必要とされる力と、ゼロから世界を「創造」するために必要とされる力は、その性質が異なるからである。一方で世界創造に必要なのは、

「トーラー・祭儀・慈しみの業」のような「強い」特殊の力である。他方で世界維持に必要なのは、「正義・真実・平和」のような「弱い」普遍の力である。普遍の力をもっては世界を創造することはできないが、世界を維持することならできる。(7)

以上の世界創造と世界維持の二つの図式に、カヴァーはそれぞれ“paideic”と“imperial”という語を充てている。ここではまず前者の意義についてみるに、その語源は古代ギリシャの paideia にまで遡る。(8) paideia とは、古代ギリシャ文明に特有の教育や教養を内容とする文化的伝統を表した概念である。ギリシャの教育の独自性は、人間を理想へと近づけようと、すべての努力を意識的に傾けたところにある。その理想とは、人間に生まれつきの資質を実現することにあり、それは一つの「全体」の内に自己を調和させることで可能になる。この全体は、人間のつくり出すコミュニティの内に具現化されるものであるから、教育とは各人をそのコミュニティの似姿につくり変えてゆく作業に等しい。この似姿は、ギリシャの土壌で時間をかけて育まれる具体的な構想であり、時代と共に変わりゆく「生ける」全体である。

このように、paideia は古代ギリシャ特有の概念であるが、カヴァーはこれと同じ思想が、ユダヤ教やキリスト教の根底にも流れているとみる。(9) すなわち、ユダヤ教におけるトーラーとしての法も教育学的であり、学習の規律と将来へ向けた理解の投企の双方を要求している。法の遵守と理解は相関関係にあり、それゆえ論議の在り方も、批判的・分析的というよりは、教導的・儀式的・象徴的・遂行的である。個人間のコミットメントも、「個人が特定のニーズを有するとともに、個々人に見合った応答をなす義務があること」を相互に承認することの上に成り立っている。同じように、キリスト教徒が教会の核心にみるのも、この共通の義務から成る強いコミュニティの理想である。

以上を総合して、カヴァーは paideic の特徴を、(i)「共通の法規と物語の集まり」、(ii)「この法典を教えこませるための共通かつ個人的な方法」、(iii)「個人と共同体が法の含意をつかみ取ろうとする中で培われていく方向や成長感覚」を有している点にみる。(10) そして、これらの特徴だけを取り出して、カヴァーは「完全に透明なノモス」という想像上の paideia を構想している。(11) 透明なノモスとは、意味の統一性が完璧なまでに実現された理念型のノモスのことである。そこでは、すべてはむきだしのままであるから、解釈を要することなく瞬時のうちに意味を把握できる。ノモスの基盤を成す「法典・共通の儀式・個人間の義務」は「強力(potent)」であり、それらは互いに相俟って、十分な法規と統合された物語だけが提供することのできる規範意味を我々に提供する。

ところが、カヴァーによると、透明のノモスはあまりに「強力」であるがゆえに、直ちにその存在を脅かされる。そもそも意味の統一なる現象は瞬間的に存在するにすぎず、しかもその瞬間すら想像の産物にすぎない。世界の創造と共に、法的意味の内容をめぐって直ちに意見の相違が生じて、透明なノモスは無数の分裂過程に突入する。そこでは、想像上の paideia が「法のDNA」として、現実に生じる幾千もの統合のためのテンプレートとなる。現実の統合は、この「真の統一」の遺伝情報を有するDNAを複製して、細胞分裂(mitosis)していく過程にほかならない。新たな法はコミュニティの分裂と共に絶えずつくり出されて、「トーラーは、それを教える教師と学ぶ生徒の数に応じて、二つ、三つと多様化していく(12)」。かくして、カヴァーは paideic について次のように結論づける。

paideic は統一をテーマとする習作である。その主な心理学的モチーフは愛着である。あらゆる paideia の統一性は打ち砕かれる——事実、まさにその創造と共に打ち砕かれる。(13)

しかし、このように世界がたえず増殖を続けていては、ノモスに必要な意味の統一を確保することは一向にできず、いかなる世界も成り立たなくなる。どこかで分裂に歯止めを利かせないことには、統合はおろか、かえって規範喪失の事態に陥ることにもなりかねない。カヴァーが imperial と呼ぶ世界維持の力が求められるのは、この文脈においてである。

三

imperial の意義について、カヴァーは次のように述べている。

imperial は多様性をテーマとする習作である。その主な心理学的モチーフは分離である。あらゆる世界の多様性は、支配によってその始まりから破壊されている。(14)

ここでは、世界は必ず複数つくり上げられるという「意味の多様性」が問題とされている。意味の多様化は、世界をつくり上げる法創造の細胞が、猛烈な勢いで増殖することの当然の帰結である。この事態は、我々の生を満たす規範意味が豊富に存在するという意味では、ある程度までは望ましいことといえる。しかし、あまりに多様化が著しいと、ノモスを成り立たせるのに必要な意味の統一性を確保することができず、かえって意味の喪失につながりかねない。

この事態を避けるためには、一方で意味を増殖させる法の創造力を生かしつつも、他方で意味が繁殖しすぎないように抑制を働かせる必要がある。この抑制を効かせるために要請されるのが imperial と呼ばれる「世界維持」の力である。(15) それは「分離」をモチーフとすることからもわかるとおり、増殖する複数の細胞を互いに切り離すことで、創造と同時に失われていく意味を救い出すことをねらいとしている。

ここで分離の具体的手法としてカヴァーが想定するのは、次の二つの手法である。一つは世界「内」における他者からの自己の分離、もう一つは世界と世界の「間」の分離である。このうちカヴァーが imperial と呼ぶのは、厳密には後者の世界「間」の文脈に限られる。しかし、意味の多様化は、世界内部においても進行する以上、世界内でも分離が必要となることに変わりはない。(16) カヴァー自身、imperial とは呼ばないまでも、世界内でも分離がモチーフとなることは認めている。次款ではまず、世界内における分離の在り方を見ていくこととする。

第二款　客体化

一

世界内における分離とは、先にカヴァーが「客体化」という言葉で表した手法のことである。それは、自己を法という対象から切り離して、自己の外部に法を措定するプロセスのことをいう。なぜ客体化は必要なのか。それは、自己の行動が「規律」されるためには、コミットする対象を措定することが必要だからである。カヴァーは言う。

客体化は、法とともに実践される言語ゲームや、そこからつくり出される意味にとって不可欠である。もしアーミッシュが楽しいからという理由でその生き方をしているのだとすれば、隔離されたその生き方を守るためになお闘おうとはするかもしれない。しかし、たとえ彼らが屈服したとしてもいかなる明確な原理にも反したことにはならないし、誰かが降伏したとしてもその者を不法の責めに問うこともできない。(17)

これによると、客体化が必要なのは、法を外部に措定しない限り、不法や責任の論理を主題化しえないからである。アーミッシュが今日の生き方をするのも、道楽からではなく、戒律がそう定めているからである。そう考えてはじめて、屈服や降伏は戒律からの離反として義務違反を構成する。(18)仮に対象を措定しないとすると、自己と法が同一化してしまい、不法の責任を問えなくなる。この事態を避けるためには、法を客体として「分離」し、その分離された法によって自己が規律される必要がある。

では、具体的に何として客体化されるのか。それは一次的には「テクスト」であるが、テクストの意味はテクスト自体からは導き出せない以上、テクストによる規律には限界がある。そこで、二次的にはテクストに意味を充塡する「物語」として客体化される。それは、対象としての法がいかにして生成されるに至ったかや、どのようにして自分自身のものとなったかに関する物語である。[19] ここでの物語の働きは、物語に見合ったコミットメントとそうでないものを振り分けて、コミットメントを組織化する点にある。つまり、主観的なコミットメントを通じて生成された規範は、物語を介して客観的に確証される。裏を返せば、コミットメントであれば何でも有効と見なされるわけではなく、物語に適合するものだけが正統と認められる。

これは当然のことながら、適合しないコミットメントの「分離」を前提とする。さもなければ、不安定な異端を世界に抱え込むことになって、世界は著しく不安定になるからである。カヴァーはそのような例として、マサチューセッツ湾植民地におけるロジャー・ウィリアムズやアン・ハッチンソンの追放を挙げている。[20] これらは、コミュニティの理念に合致しない規範意味の芽が、「除外」や「追放」によって摘み取られた事例である。[21] このようにして客体化は、自己から法という対象を分離することを通じて、法の規律に自己を服させると共に、その法にそぐわない異端を分離することを可能にする。

二

ところで、このように世界が「主観的」なコミットメントと対象の「客体化」から成るとすれば、カヴァーの議論も、結局は「主客二分論」と大差ないようにも思えてくる。しかし、カヴァーがハイデガー特有の「理解」の概念に立脚していたことを思えば、その考えは正しくない。

たしかに、可能性を投企するコミットメントは、様々な可能性の中からある特定の可能性を選択する点で主観的な所作といえるが、この可能性は法規や物語が本来携えたものであるから、そこに新しい何かが付け加わるわけではない。それは、世界内存在が世界の内側から実存の在り方を明確化する行為にすぎず、主客二分論を前提とするものではないのである。その証拠に、投企された可能性はそのまま世界には取り込まれず、法規や物語と調和してはじめて意味を獲得する。その意味で、可能性の投企は、常に存在を経由したものであり、主観的な選択の自由を認めたものではない[22]。

しかし他方で、この主観的なコミットメントが、客体化の過程に没入するとみるのも正しくない。なぜなら、どれだけ主観的に形成された規範を客体化しようとも、再び法の理解に疑義が生じて必ず再解釈の必要が生まれてくるからである。もちろん、その際に新たに投企される可能性も、突き詰めれば法規や物語が本来携えているものであるから、主観をいたずらに強調すべきではない。しかし再解釈を経ることで、これまでの法規や物語の意味深さが実際問題として異なってくることは否定しようがない。つまり、法規や物語は、客体化されているとはいってもア・プリオリに固まっているわけではなく、実践的空間においてはなお流動的な性格を有したものといえる。

こうしてみると、主観的なコミットメントと客体化の過程は、一応の分離を前提とした上で、一種の「解釈学的循環」を形成しているとみるのが正確であろう。コミットメントと客体化の過程は、一方で投企された可能性がテクストに取り込まれることで前者から後者へと連続し、他方で客体化された法の理解が再解釈に付されることで後者から前者へと連続する。法的意味の創造過程とは、この両者の過程が互いに行き来するダイナミックな循環構造のことである。その中で物語は、客体化と可能性の投企の双方を可能にするインパルスを内包する点で、特殊な位置を占めている。

ここでは、ハイデガーもまた、むしろ循環の内に「根源的かつ全体的」に飛び込むことが重要であると述べていたことが想起される[23]。一方で存在の意味を知るためには実存論的分析に向かわなければならないとしつつ、他方でそのためには当の全体についての理解がすでに必要とされているということは、明らかに循環している。にもかかわらず、この循環構造が否認されてはならないのは、実存の意味はあくまで我々の実存の内にあるからであり、実存の外に求めようとした途端に、主体と客体を二分する形而上学に回帰してしまうからである。したがって、カヴァーのいう主客の分離というのも、実存の内における相対的な分離にすぎないものとして理解する必要がある。

しかし、カヴァーの議論がもし以上の「循環」の域にとどまるのだとすると、世界内分離が、果たして全体性を克服する有効な手立てたりうるのかは疑問も残る。なぜなら、異端の分離に顕著であるように、そこでは語に固有の意味での他者は「循環」の内に消去されているからである[24]。この疑問はもっともだが、一方で世界内分離がノモスの多様性を可能にする面があることもまた否定できない。なぜなら、一切の分離を否定して、ただひたすら法創造の力に任せているようでは、世界は直ちに解体の危機に瀕してしまうからである。意味の多様性が無意味論に陥らないためにも、世界は一定の秩序をもって組織化される必要がある。そのために、異端を排斥してノモスの自律に必要な意味の統一を確保することは、より多様性のあるノモスを招き入れることに連なるはずである[25]。

この点でカヴァーが、paideic と imperial の循環構造の根底に、心理学的モチーフとしてそれぞれ「愛着」と「分離」を対応させている点は重要である。なぜなら、これらの概念を論じた精神分析家ジョン・ボウルビィ(John Bowlby)もまた、愛着と分離の間にある種の力学的構造をみていたからである[26]。すなわち、ボウルビィは、母子間の関係が、母親を求める子供の接近行動（＝愛着行動）とそれに対する母親の応答から形成される相互作用の結果と論じた。そこでは、母子関係を構築する愛着の深みが、愛着対象である母親との関係（分離や喪失）に強く左右されることが明らかにされている[27]。

このように、カヴァーが法的意味の創造過程の根底に愛着と分離をみているということは、コミットメントと客体化の過程は予定調和の関係にはないことを示している。むしろ、互いに反作用する中で、一方ではコミットメントの強さが試され、他方では客体化を通じ物語が洗練されてゆくとみるのが適切である。この反作用がもたらす結びつきを調和と呼ぶのであれば、ノモスを調和の実現された世界と呼ぶことも可能である。しかし、その調和の根底には〈愛着〉と〈分離〉が織り成す不調和があるということを見逃してはならない。

以上が、世界内部において他者から自己を分離することの必要性である。しかし、全体化の作用による争いが熾烈を極めるのは、世界と世界同士が衝突する場面である。カヴァーが分離の必要性を特に論じているのも、この文脈においてである。

第三款　共　存

一

分離が要求されるもう一つの局面が、世界「間」の維持が必要となる場面である。カヴァーは言う。

世界維持という imperial の徳や imperial のモードへ直ちに導くのは、意味の多様性という問題、すなわち肥沃過ぎる法細胞の力によって、世界は一つではなく必ず複数つくり出されるという事実である。……流動的で拘束を受けない創造された世界は、社会組織においては不安定かつ分派的であり、論議においては解離的で一貫せず、相互の関わりにおいては用心深く暴力的である。(28)

ここでは、世界が複数存在するために、imperial の力が必要になるとされている。なぜ世界の複数化は、imperial の力を要請するのか。それは、世界は創造とともに破壊へと向かっているからである。世界を創造した凄まじい力は、その後も勢いを止めることはなく、世界は直ちに分裂過程に突入する。この分裂は、規範や物語を通じた「客体化」により、ある程度までは喰い止められるが、それでも世界を一つの客体に収斂させるまでには至らないため、世界は必然的に複数存在する。こうして出来上がった世界は、異端を排斥することで辛うじて成り立つものであるから、互いに友好的ということはまずありえない。自己の世界のインテグリティを守ろうと世界間の関係は暴力的とならざるをえず、その結果争いが激化して世界を維持することは困難になる。そこでカヴァーは言う。

それゆえ、ノモスの意味が解体するにしたがって、肥沃でありながらも弱く組織化された法創造の細胞の上に、それ自体は生命と成長たる規範意味を生み出すことのできない組織化原理を解き放つことによって、創造とともに失われる意味の猛烈な増殖の中に何らかの一貫性を維持し、意味を救出しようとする。(29)

つまり、世界間の衝突による意味の無化を防ぐために、それ自体では意味を生みだすことのない「組織化原理」を課すことで、多様な世界の「共存」を図ろうとするのがimperialの働きである。ここに組織化原理とは、「正義・真実・平和」のような「普遍的」な規範のことをいう。先のpaideicの創造が文化的媒体を通じて起きるのに対して、imperialの規範は制度によって執行される点に特徴がある。(30)ここでは効果的な執行が目的であるから、当該規範を教育する必要はないし、論議も客観性に基づくことで足りる。また、構成員同士の関係は、強制や暴力を控えるなどの最低限の義務の上に成り立つため、個人間のコミットメントは弱い。今日の市民社会の在り方は、まさにこのimperialの典型である。(31)

カヴァーによれば、近代国民国家において、このimperialに相当するのが「法規」から成る社会組織、paideicに相当するのが「物語」から成る社会組織である。すなわち、法規の意味は、物語にはめ込まれてはじめて明らかとなるが、これは裏を返せば、法規それ自体は「無意味」ということである。にもかかわらず、法規が実効性を確保できるとすれば、それは「力(power)」を措いてほかに考えられない。つまり、法規は「社会統制」の役割と必然的に結びつくことになる。カヴァーは言う。

我々は国家レベルで、何らかの方法で、法規に対して厳格な支配を及ぼそうとする。そこには、すべての法規の明確化と執行をある一貫したパターンに収束させる、実践的には部分的にしか行使されないが理論的には完全に効力のある、体系的ヒエラルキーがある。(32)

ここでのヒエラルキーとは、「力」の「意味」に対する優越のことである。それは、「法規」の「物語」に対する優越といいかえることもできる。多様な世界間の共存を確保するためには、普遍的な原理を画一的に押しつけて、社会全体をコントロールする必要がある。そのためには、「法規」を頂点とするヒエラルキーを確立する必要がある。(33) 法規はその無意味さゆえに力をもって、多様な規範意味を一つの階層秩序の中に落とし込もうとする。

もちろん、「力」に優る法規ではあるが、それでも何かしらの意味をもつ必要はあるから、意味を物語から借り受けてくる必要がある。しかし、その借り物の意味は、決してその内容において他の可能な意味に優越するわけではない。その意味が社会に一般に通用しているようにみえるのは、その意味を押しつけることのできる力において、法規が優越しているからにすぎない。つまり、「力としての法(law as power)」は、その力強さゆえに「意味としての法(law as meaning)」に優越する。

二

以上のカヴァーの議論は、国会中心立法を原則としてきた従来の考え方に対し、反省を迫るものである。従来は「力としての法」を「意味としての法」と意図的に混同することで、単なる力の優越をあたかも意味の優越であるかのように読み替えてきた。そのせいで、自律的コミュニティによる法解釈は、法以下の単なる社会的実践の地位に押しとどめられてきた。しかし、法規それ自体は「無意味」であることを踏まえると、法規を独占しようとする国家の法解釈が、自律的コミュニティの法解釈に比して、その意味内容において優越すると想定する理由はどこにも存在しなくなる[34]。

ただ、中世ならまだしも、中間団体の権力を主権によって一挙に吸い上げた近代国家において、以上の帰結を承認することは可能なのか[35]。たとえば、国会法と宗教法が今日においても身分上同等であるといえば反発は必至であろう。この点は、近代国家が独占したのは、単に「力」にすぎないと説明することが可能である。そもそも意味を独占することなど、意味の源泉を物語に求める以上は不可能である。というのも、物語は、いかなるヒエラルキーや中央集権的権威にも服さない「統御不能」な性格を有するため、法規の「意味」は本質的に争われざるをえないからである。

このことは、憲法のように法規が国民全体に共有されている場合でも異ならない。今日のアメリカ国民は、第一修正を権威あるテクストとして概ね共有しているといえるが、それにまつわる物語まで共有しているわけではない。国教樹立禁止条項は、最高裁からすればトマス・ジェファソンに倣って世俗的観点から理解されるべきものだが、ロジャー・ウィリアムズの信仰を重視して宗教的観点から理解することも十分に可能である[36]。今日の最高裁が「力」によって意味を押しつけることができるからといって、最高裁の提供する物語まで権威となるわけではない。他の可能な物語によって意味を充填することは、決して妨げられないのである。

かくして、imperial の規範は、世界間の共存を図るべく「力」によって「意味」を支配しようとするが、統御不能な「意味」は常に「力」に対する不安定化要因として働く。こうしてみると、世界間維持の文脈においても解釈学的循環の性格は顕著である。一方で「意味」のみでは世界間衝突を防げないため「力」が必要となるが、他方で「力」のみでは世界の創造が止んでしまうため「意味」が必要となる。このように、「力」と「意味」はどちらか一方だけでは成り立ちえず互いに反発し合う関係にあるが、逆に反発し合うからこそ互いを牽制してダイナミックな発展を遂げることができる。したがって、コミュニティ同士の争いの激化を防げるのは国家の力だけであるが、反対に国家の暴走を止められるのも、統御不能な物語に支えられて意味を生成し続ける多様なコミュニティの存在だけである。

三

もっとも、世界間維持の文脈で普遍の力を要求するのであれば、カヴァーの議論も、リベラリズムと大差ないのではないかとの疑問が生じてくる。実際、カヴァーの議論をリベラリズムと重ねて理解する向きは、これまでにも頻繁になされてきた。(37) たとえばある論者は、カヴァーのいう「意味」と「力」の関係は、ちょうどリベラリズムのいう「自由」と「秩序」の関係に相当すると指摘している。(38) カヴァーは「力」の行使がノモスに対する「暴力」となることに意識的な分だけ「気が進まない」ようだが、結局は力に頼らざるをえないところにリベラリストとしての姿が現れているというのである。

しかし、結論からいえば、カヴァーの考え方はリベラリズムとは根本的に異なる。少なくとも、公私区分を前提とするリベラリズムとは一線を画するとみるべきである。なぜなら、公私二分論は世界の外側に「超越的」な視点を導入することではじめて可能になるが、カヴァーはあくまで我々がノモスに生きる世界内存在であることから出発し、そこから imperial の必要性を導いているからである。些細な違いにみえるこの差であるが、実は両者の間に見逃しえない差異を生じさせている。

一つ目は、リベラリズムがノモスの主題化に失敗している点である。リベラリズムは、超越的視点に立つあまり、日常生活の世界を現象学的に顧みることを怠ってきた。それはたとえば、私的領域における自由を一括りに「一般的行動の自由」と称してきたところに現れている[39]。この点、特殊な意味から紡ぎ出される paideia の世界は、単なる自由の所産ではなく、それ自体一つの「秩序」であるから、むしろ「義務」を本質としている。ところが、自由を自己利益の最大化と結びつけて理解する一般的行動自由説からは、この点が見えてこない。

これに対して、リベラリズムの論者においても、人格的自律に関わる事柄については、権利性を認めて特別に保護すべきとする見方は有力である[40]。自律(autonomy)の語源は autos と nomos の複合にあることからもわかるように、この見方からはノモスを汲み取ることが理論的には可能となる。しかし、人格的自律説がノモスの主題化に成功していないことは、同説における自律の保障の程度が極めて限定されているところに表れている。

この点は、人格的自律説においても、一般的に適用可能な法律であれば、人格に及ぼす負担の大小にかかわらず、遵法義務は解除されないと解する点に表れている[41]。このように、単なる一般法に対して人格が屈する要因は、両者の衝突を「義務」と「自由」の衝突と捉えるからである。義務と自由の衝突なら、アナーキーへの恐怖から前者が優越するのは当然である。これに対して、ノモスの本質に忠実に、両者の関係を義務と義務の衝突とみるなら、一般法が当然に優位することにはならないはずである。

二つ目は、リベラリズムが imperial の「力」をノモスの「善」に当然に優位させている点である。

本来、意味の源泉をノモスにみるのであれば、意味を抑圧するimperialの「力」の行使には謙抑的である必要がある。ところが、リベラリズムは、「正義」の「善」に対する優位を前提とするため、力の行使を正義の名のもとに当然のように正当化する。[42] この点、リベラリズムの中でもその妥当範囲を政治的領域に限定する政治的リベラリズムは、ノモスの多様性に配慮していることがうかがわれる。しかし、政治的リベラリズムも、政治的領域圏の確保のためなら、「力」によってノモスを劣後させることを躊躇はしない。

四

カヴァーとリベラリズムの論者の差異は、裁判所の機能をどこにみるかの差異としても現れてくる。[43] この点、リベラリズムの論者にとって裁判所とは、「法の不明確性(unclear law)」に対する解答である。裁判所の役割は、法とは何かを巡って意見の違いが生じたとき、法の意味の不明確性を取り除いて、正常な法の機能を回復することにある。他方、カヴァーにとって裁判所とは、「法の多様性(too much law)」に対する解答である。ここでの裁判所の役割は、複数の法の上にヒエラルキーを課して法を抑圧するという「法病理(jurispathic)」的なものである。

カヴァーが裁判所の役割を正常な法機能の回復にみないのは、この見方が方法論的に優越する一つの解釈が存在することを前提にしているからである。法を創造する排他的権限が国家に属することを前提にするからこそ、法の多様性が「異常」事態にみえるのである。これは裏を返せば、自律的コミュニティによる独自の法解釈に意義を認めず、解釈の相違はあくまで国法の解釈を巡る意見の相違にすぎないとみているということである。

もっとも、リベラリズムの論者の中にも、裁判所の法解釈に当然の優越を読み込まない論者もいる。カヴァーが注目するのが、オーウェン・フィスの議論である[44]。フィスによれば、司法の解釈が優越するのは、その解釈が正しいからでもなければ、力において優越しているからでもない。司法が保持するに相応しい権威構造の一端を成しており、制度的「美徳」を体現しているからである。我々が司法の解釈に従うのも、この美徳には我々の「良心」に訴えかけるものがあるからである。

けれども、カヴァーはフィスの議論に対しても手厳しい[45]。その理由は、フィスがあまりに問題を単純化しすぎているからである。フィスは、司法の制度的美徳の対極にニヒリズムを想定し、この両者の間で二者択一を迫るが、ニヒリズムが相手なら制度的美徳が優越するのは当然である。なぜなら、フィスの想定するニヒリズムとは、客観的な解釈の価値と可能性を一切認めず、すべては主観の恣意に任されるとする考え方だからである。

ところが、カヴァーによれば、本来ニヒリズムが提起しようとした問題とは、客観的な解釈が存在しないということではなく、複数の客観的な解釈が存在するということである。つまり、一つのノモスが他のノモスに優越するという外観を取り払ってなお、法的意味を維持することの必要性を問題としているのである。ニヒリズムの問題提起をこのように受け止めるのであれば、司法の解釈は美徳どころか、むしろコミュニティに広がる創造的な解釈を断ち切る「暴力」とみられなければならない。そう考えてはじめて、「自律的解釈共同体が法的意味を創造するための最低条件を維持するのに強制力はどの程度必要か」というカヴァーが核心とみる問いが浮かびあがってくる[46]。

したがって、imperial の力を要求するカヴァーであるが、その考え方はやはりリベラリズムとは根本的に異なる。リベラリズムも善の多様性を前提とするが、それは法の多様性を前提とするものではない。善は主観的恣意の所産にすぎず、それに基づく解釈も客観的な国法を前提とした単なる「意見」にすぎないからである。この見方からは当然、強制力の行使が暴力に当たるとの意識や、許される強制力の範囲を限定しなければならないとの意識は希薄となる。これに対して、カヴァーのように自律的なコミュニティの提供する解釈もそれ自体一つの法とみるとき、許される強制力の範囲を見定めることはより切実な問いとして浮かび上がってくる。

次節では、本章の締めくくりとして、この問いに対するカヴァーの応答をみることとしたい。

（1） Robert M. Cover, *The Supreme Court, 1982 Term—Foreword: Nomos and Narrative*, 97 HARV. L. REV. 4, 45 (1983).
（2） *Id.* at 45.
（3） *Id.* at 11. トーラーとは、創世記、出エジプト記、レビ記、民数記、申命記を総称する通称「モーセ五書」のことである。
（4） Mishnah, Aboth I: 2(長窪専三訳『ミシュナIV別巻　アヴォート』(教文館、二〇一〇)四〇頁).
（5） Mishnah, Aboth I: 18(同五一頁).
（6） 以下は、Cover, *supra* note 1 at 12 の記述による。
（7） この「世界維持」という用語はバーガーに由来するものであるが、バーガーの関心が「一つ」の世界の維持にあるのに対して、カヴァーの関心は「複数」の世界間の維持にある(Cover, *supra* note 1 at 13 n. 35)。
（8） *See* WERNER JAEGER, PAIDEIA: THE IDEALS OF GREEK CULTURE: VOLUME I, II, III (Gilbert Highet trans., Oxford University Press 1939, 1943, 1944).

(9) *See* Cover, *supra* note 1 at 12-13. W・イェーガー(野町啓訳)『初期キリスト教とパイデイア』(筑摩書房、一九六四)も参照。
(10) *Id.* at 12-13.
(11) *Id.* at 14.
(12) *Id.* at 15.
(13) *Id.* at 15. この点に関するカヴァーの議論は、ルリア派カバラーの基本概念であるシュヴィーラーの考え方と響き合うものがある。
(14) *Id.* at 15.
(15) カヴァーが世界維持にインペリアルという用語を充てた理由は、第一に、複数の異なるノモスの共存を図るために画一性を押しつける点が一定の自律性を有する下位社会を包摂する帝国の在り方と類似しているからであり、第二に、帝国という語が想起させる暴力的側面を強調するためである(*Id.* at 13 n. 36)。
(16) *See* Julen Etxabe, *The Legal Universe After Robert Cover*, 4(1) Law and Humanities 115, 129 (2010).
(17) Cover, *supra* note 1 at 45.
(18) ただし、カヴァーは客体化された戒律に反することそれ自体を、義務の「根拠」としているわけではない。すでにみたとおり、義務の根拠は人間が無性の存在であることに求められるべきである。
(19) Cover, *supra* note 1 at 45-46.
(20) *Id.* at 16 n. 41. この考え方はバーガーらのいうところの「無効化(nihiliation)」の概念と響き合う(Peter Berger & Thomas Luckmann, The Social Construction of Reality: A Treatise in the Sociology of Knowledge 114-116 (Doubleday 1966))。
(21) Cover, *supra* note 1 at 15-16.
(22) マルティン・ハイデガー(熊野純彦訳)『存在と時間(三)』(岩波文庫、二〇一三)四四節。
(23) 同六三節。
(24) ハイデガーに代表される全体性の西欧哲学を批判し、全体性には還元することのできない多元性をいかにして確保することができるかを問うたのがレヴィナスである(エマニュエル・レヴィナス(熊野純彦訳)『全体性と無限(上)(下)』(岩波文庫、二〇〇五・二〇〇六))。

(25)　もっとも、世界の客体化は同一化を目的とするから、ここでの他者は語に固有の意味での他者ではない(参照、同『全体性と無限(上)』三八頁)。

(26)　J. Bowlby, Attachment and Loss: Vol. 1 Attachment (Basic Books 1969); Vol. 2 Separation (Basic Books 1973); Vol. 3 Loss (Basic Books 1980).

(27)　愛着の安定性は、幼児期における母親との死別の経験をいかに処理するかにも影響を与える。一方で不安定な愛着しか得られなかった子供は、死別の衝撃をうまく処理できず負の感情をため込んでしまいがちであるが、他方で安定した愛着を形成した子どもは、すでに母親の一貫性のある応答によって安全基地を確保しているために、これを内省能力の基礎としてネガティヴな経験の中にも一貫した意味を見出すことができる。ボウルビィの愛着理論と物語論の関係性について、参照 Jeremy Holmes, John Bowlby and Attachment Theory 103–126 (2d ed. Routledge 2014)。

(28)　Cover, *supra* note 1 at 16.

(29)　*Id.* at 16.

(30)　*Id.* at 13.

(31)　*See e.g.*, Karl Barth, *Christian Community and Civil Community*, *in* Community, State, and Church: Three Essays 149–151 (Anchor Books 1960).

(32)　Cover, *supra* note 1 at 16–17.

(33)　*Id.* at 16.　これは法を社会統制の道具と捉える見方に通じている(参照、碧海純一『法と社会——新しい法学入門』(中公新書、一九六七)六三—七八頁)。

(34)　この考え方からすると、「国会は、国権の最高機関であつて、国の唯一の立法機関である」と定める日本国憲法四一条の規定は、あくまで国法体系内部においてのみ妥当性を有する規定ということになる。

(35)　中間団体の権力を吸い上げて国家と個人を対峙させるところに立憲主義の本質をみる考え方からは、中間団体の法に積極的意義を認めることは難しい(参照、樋口陽一『近代立憲主義と現代国家』(勁草書房、一九七三))。その唯一の例外は「部分社会論」の考え方である(最大決昭和二八年一月一六日民集七巻一号一二頁(田中耕太郎意見))。

(36)　参照、森本あんり「ロジャー・ウィリアムズに見る政教分離論の相剋」大西直樹・千葉眞編『歴史のなかの政教分離——英米におけるその起源と展開』(彩流社、二〇〇六)四五頁以下。

(37) Emmanuel Melissaris, Ubiquitous Law: Legal Theory and the Space for Legal Pluralism 55–59 (Ashgate 2009).

(38) Austin Sarat, *Robert Cover on Law and Violence*, *in* Narrative, Violence, and the Law 265 (Martha Minow et al. eds., University of Michigan Press 1995).

(39) ただし一般的自由説は、「私」を確保する「インディフェレンツ」の領域を主題化している点ではなお格別の重要性を有している(石川健治「インディフェレンツ——〈私〉の憲法学」早稲田比較法学四二巻二号(二〇〇九)一四五—一七九頁)。

(40) 佐藤幸治「憲法と「人格的自律権」」同『現代国家と人権』(有斐閣、二〇〇八)七七頁以下。

(41) *See, e.g.*, Employment Division, Department of Human Resources of Oregon v. Smith, 494 U.S. 872 (1990).

(42) 正義の善に対する優位を説いて社会契約説を劇的に蘇らせたのがロールズである(John Rawls, A Theory of Justice (Clarendon Press 1972))。

(43) Cover, *supra* note 1 at 42.

(44) Owen Fiss, *Objectivity and Interpretation*, 34 SAN. L. REV. 739 (1982).

(45) Cover, *supra* note 1 at 44.

(46) *Id.* at 44.

第四節　暴力と平和

第一款　コミットする立憲主義

一

本節の課題は、ノモスの多様性を前提としたとき、裁判官はいかなる方法で憲法解釈に臨むべきかを明らかにすることにある。カヴァーは二つの対照的な姿を裁判官にみる。曰く、

裁判官は暴力の人である。裁判官は自らが命令する暴力のため、法をつくり出すのではなく、法を殺すことを特徴とする。……しかし、裁判官は平和の人でもある。各々が各々の法で自らを覆う対立するセクトの間で、暴力よりはむしろ法の生命を可能にする規制的権能を行使する。(1)

裁判官が「暴力」の人とされるのは、複数の法の中から「これ」が法であると宣言することで、それ以外の法的伝統を破壊するからである。しかし、同時に「平和」の人ともされるのは、分離権能の行使によって多様なノモスの共存を可能にするからである。もっとも、裁判官が平和の人といえるのは、その権限行使が必要な範囲に収まっている限りにおいてのことであり、その限度を超えれば単なる暴力の人となる。果たして、従来の裁判官による憲法解釈の在り方は、その限度を遵守してきたと

いえるだろうか。

カヴァー曰く、答えは否である。なぜなら、従来裁判官が暴力から自らを解放するために依拠してきたのが、制度的特権としての「管轄権(jurisdiction)」だからである。ここでいう管轄権とは、いわゆる訴訟法で想定されるものには限られず、裁判官が権威の特性を生かして、実質論に踏み込むことなく事件を解決する技法を広く含む(2)。その典型が「主権」に基づく理由づけである。裁判官は、ときに国家の権力行使を主権的権能の行使として正当化するが、その実質は判断回避にほかならない。というのも、主権を根拠としていれば、裁判官は自らの手を汚すことなく、国家の暴力を橋渡しすることができるからである。政治問題を司法審査権の範囲外に置く統治行為論などは、その典型である(3)。

二

もっとも、カヴァーによると、裁判官はわざわざ主権を持ち出すまでもなく、裁判所自らの管轄権を理由に判断回避するのが通常である。カヴァーはその一例として、差止命令はそれが憲法上は誤りだとしても有効であるとする判決を挙げている(4)。差止命令が実体法上の根拠を有しないのであれば、本来はそれに従わないことが認められてもよさそうだが、これを認めてしまうと裁判官は実体法上の解釈にコミットせざるをえなくなる。そこで、裁判官は公共秩序の維持を理由に、差止命令の正当性を実体法からは切り離すことで、自らの手を暴力に染めることを避ける。この考え方は、「明らかに違憲の条例を差止命令に置き換える」だけで、「憲法の根本的な保障を簡単に迂回」できると、同判決の反対意見によって批判されている(5)。

このほかにも、裁判官はあらゆる手段を尽くして実体的な価値判断を回避しようとするのが通常である。たとえば、連邦制や権力分立のような「敬譲の法理」は、行政府の暴力を法の手の届かない領域に置くことを可能にする。たとえ裁判官が実体的な憲法論としては行政府の行為が正しくないと考える場合でも、敬譲を理由に自らが解釈することを控えるのである。このように今日の裁判官は、そもそも実質的な憲法問題に辿り着く前に、管轄権を巧みに操作して国家の暴力を黙認しているというのが実態である。結果として、裁判官は自らの手を汚さないことには成功しているが、国家の暴力を単に仲介するだけの存在に成り下がっている。カヴァーが管轄権の法理を問題視するのは、まさしくこの点が理由である。

敬譲の管轄法理が問題な理由は、まさに現在の最高裁がそうであるように、裁判官の解釈行為と暴力の手段を支配する主体の利益が協調している点にある(6)。

問題は、裁判官が国家の暴力を常に尊重する方向で、管轄権を行使しているところにある。一方で、管轄権の行使が国家の暴力を促進する関係にあるときは、裁判官は積極的に管轄権を行使して憲法問題を遮断するし、反対に暴力を阻害する関係にあるときは、今度は管轄権を行使しないことで憲法問題を遮断する。いずれにせよ、国家の暴力は常に正当化される一方で、国家の法に抵抗する自律的コミュニティの法解釈の正しさが問題とされることはない。裁判官にしてみれば、この手法は自らの手を汚さないだけ、まだましということかもしれない。しかしカヴァーにいわせれば、単に国家の暴力を仲介するだけで、到底暴力から自由になったとはいえない。では裁判官はどう振る舞えばよいのか。

裁判官は統治主体の暴力に反対する解釈学的行為を用いれば用いるほど、剣と財布を持たない〝もっとも危険でない部門〟に近づいてくるし、法の暴力的抑圧との結びつきが不明確になってくる。(7)

カヴァーによると、裁判官は国家の暴力から自由になりたければ、暴力を橋渡しすることをやめて、これに「反対」する必要がある。ここで反対すべきなのは、国家の法解釈の「結論」ではなく、「暴力」である。裏を返せば、暴力に反対しさえすれば、結論は同じでも構わないということである。そして、暴力に反対するとは、裁判官自身も解釈学的行為にコミットするということを意味する。なぜなら、他の解釈共同体と同様に法創造の過程にコミットすることで、権威の衣は剝がれ、暴力との結びつきが弱まるからである。(8)

三

カヴァーは、裁判官にコミットメントを求める以上の考え方を「コミットする立憲主義(committed constitutionalism)」と呼ぶ。この考え方は一種の「司法積極主義」であり、従来から支配的であった「司法消極主義」とは鋭い緊張関係に立つ。従来、司法消極主義が原則とされてきた背景には、アレクサンダー・ビッケルの懸念した「反多数決主義の難点」がある。ビッケルによれば、司法府は立法府や行政府とは違い民主的な統制が働かない分だけ、反多数決主義の弊害に陥らないよう「受身」を美徳とすべきであり、受身に徹することで司法府は「最も危険でない部門」になる[9]。この考え方を前提にするなら、裁判官が管轄権の法理を通じて、立法府や行政府に対して敬譲を払うことにも理由はありそうである。

しかし、カヴァーは司法の受身を美徳とはしない[10]。カヴァーも、行政府が民主政治と深く関連している場合に「反多数決主義」が難点となることは認めているが、行政府が多数者の価値を体現していることは実際にはそれほど多くはないのに対して、行政府と暴力の結びつきはほぼ必然である。このことに鑑みれば、受身に徹することは暴力を看過するに等しいため、受け入れられないのである。他方、カヴァーの立場は司法積極主義とはいっても、裁判官の判断に特権的な地位を認めるものではない。むしろ、特権的な地位を認めないからこそ、他の自律的コミュニティと同様に憲法解釈への関与を求めているのである。したがって、この考え方が成り立つ前提として、当然コミュニティの側においても、ノモスのインテグリティを守るべく、裁判官の判断に抵抗する覚悟が求められる。

第二款　Bob Jones University 判決

一

では、以上のコミットする立憲主義の考え方に基づくとき、裁判官は具体的にいかなる態度で解釈に臨むべきか。この文脈でカヴァーが注目するのが、Bob Jones University 判決[11]である。同判決では、人種差別政策を実施するクリスチャンの大学[12]に対して、内国歳入庁（ＩＲＳ）が「慈善的」な団体に当たらないことを理由に非課税措置を撤回したことが許されるかどうかが問題となった。最高裁は結論として、内国歳入法[13]上の「慈善的」な団体といえるためには、公共政策に反しないことが必要であると述べて、人種差別政策を実施する上記大学に対する非課税措置の撤回を是認した。

カヴァーはこの判決に満足しない。その理由は、最高裁の憲法解釈へのコミットメントが「非常に弱い」からである[14]。最高裁にコミットメントが求められるのは、上記大学が独自の法空間であるノモスを形成しているからである。同大学においては、すべての教師は敬虔なクリスチャンであり、授業もすべて聖書に従って教えられる。入学する生徒は、宗教的信念の内容に基づいて選別され、生徒の行動は私生活にわたるまで厳格に規律される。このような独立したノモスを形成しているからには、単なる公共政策を実現するという名目で非課税措置を撤回することは許されない。なぜなら、この程度の正当化理由で足りるとすると、ノモスはいとも簡単に公共利益によって覆されることになるからである。それを防ぐには、裁判所は単なる法律上の公共利益を超えた憲法レベルの公共利益を示して、それにコミットする必要がある。

二

ところが、最高裁は、非課税措置の撤回がＩＲＳの権限の範囲内に収まるかどうかを検討するだけで、自ら憲法解釈にコミットしようとはしない。そこでは行政の法律適合性が確認されたにとどまり、議会が立法により「人種差別をする学校に対して合憲的に非課税措置を与えることができるか」という憲法レベルの問いは巧みに避けられている。かかる最高裁の姿勢はカヴァーによって、次のように厳しく批判されている。

最高裁は何のリスクも引き受けず、いかなる解釈学的な素振りも見せようとはしない。そこにみられるのは、政治的権威の行使は違憲ではないという管轄権法理への典型的な身振りだけである。(15)

ここでカヴァーが批判するのは、非課税措置を認めなかった最高裁の「結論」ではなく、その結論に至る過程で何のリスクも取らなかったその「姿勢」である。独自の法空間に生きるノモスの住人たちは、それなりの覚悟をもって自己の法解釈を展開している。そのノモスの自律性に介入しようとするからには、裁判官にもそれなりの覚悟が求められる。具体的には、「贖罪(redemption)」の物語にコミットする必要があったとカヴァーはいう。(16)

ここに贖罪の物語とは、人種差別を撤廃しようとする憲法レベルの物語のことである。(17) この物語へコミットすれば、裁判所は行政府のみならず立法府に対してもはっきりと、人種差別を行う団体に対する非課税措置は、将来にわたって憲法上認められないと示すことができる。逆にいえば、そこまでの解釈に踏み込む覚悟もないのに、問題を行政問題に矮小化して、見せかけの憲法解釈に従事する最高裁の姿勢は姑息といわれても仕方がないといえる。

このように結論だけをみれば、最高裁の立場でもカヴァーの立場でも異ならないが、法的意味の生成過程に与えるインパクトは全く違う。かたや最高裁の立場では、ノモスは公共政策に一般的に劣後するため、意味の創造サイクルは止んでしまうが、他方カヴァーの立場では、裁判官が解釈にコミットした分だけ、意味の創造に一役を担うことになる。些細な違いであるようにみえるが、解釈学的過程に裁判官を巻き込んで、法的意味の生成の流れをよりダイナミックに活発化させることができる点で、カヴァーの議論は従来の解釈論に比して優れている。

第三款　抵　抗

一

以上が、ノモスと物語を法の中心に据えるカヴァーがたどり着いた憲法解釈論である。カヴァーは、*Nomos and Narrative* を締めくくるに際して、次のように述べている。

> 法的意味は、社会的な生をやりがいのある豊かにするものであり、恣意的権力や暴力に対する潜在的制約となる。我々はノモスを妨げることを止めなければならない。我々は新しい世界を招き入れなければならない。(18)

カヴァーは、国家を中心とする従来の立憲主義の在り方は、限界にきているとみている。それもそのはず、人間が生きるために必要な規範意味を生成するのは、国家ではなくノモスだからである。もちろん、国家の権威を正当化することも立憲主義の重要な役割であることには違いはない。しかし、物語を通じて法規に意味を供給するコミュニティや社会運動を正当化することも、本来それと同じくらい重要だったはずである。にもかかわらず、従来の憲法学は、国家の権威の正当化に必死で、人間にとってもっとも本質的であるはずの意味の源泉を取り込むことに失敗してきた。カヴァーが成し遂げようとしたのは、従来の立憲主義から失われてしまったこの意味の源泉を取り戻すことである。

以上のカヴァーの議論は、対国家との関係でみれば「抵抗の憲法学」を説いたものといえる。国家の暴力を前にして試されるのは、コミュニティの構成員の法解釈へのコミットメントの強さだからである。[19]しかし、カヴァーは決して抵抗のロマンスを説いているわけではない。ちょうど国家の憲法学が権力への懐疑と承認の上に成り立つように、抵抗の憲法学もまたコミュニティや社会運動への懐疑と承認の上に成り立たなければならない。つまり、カヴァーも手放しで抵抗を称賛しているわけではなく、コミュニティの法的実践を直視して、それに応じて国家の憲法学の在り方も変わらねばならないと言っているのである。

近代立憲主義という言葉には一般に、国家権力を制限するという広義の意味と、様々な価値観・世界観を抱く人々の共存をはかるという狭義の意味があるとされている。[20]カヴァーは、国家の暴力に対する歯止めとなるのは多様なノモスの存在であるとして、狭義の意味と広義の意味の間にたしかな連関をみている。仮に国家権力を制限できるものがあるとすれば、それはリスクをとろうとしない裁判官でもなければ、客観性を標榜する憲法学者でもない。それは、国家の暴力を前にしても、犠牲を恐れず覚悟を示すことのできるノモスの住人だけである。この意味世界の多様性に比例して、抵抗は活発化し、やがてそれが権力の暴走に対する歯止めとなる。

かくして、「我々はノモスを妨げることを止めなければならない。我々は新しい世界を招き入れなければならない」[21]とのカヴァーの結論へと到達する。たしかに、ノモスの中には今日の時代の価値観や世界観に合わないものも沢山ある。宗教や社会運動の中には非理性の所産にしかみえず、思わず目をつぶりたくなるものもある[22]。しかし、憲法とは本来、自分の理解を超えたところにある「他者」を尊重することの上に成り立っている。人権に、多数者の利益を覆す「切り札」としての意義が認められなければならないのは、ひとえにそのためである。自らの外側にそれ以外の考え方があると知ること、自己の外側に他者をみること、それが憲法の本質である。カヴァーがノモスを招き入れようとしたのは、ひとえにこの本質に忠実であろうとしたからにほかならない。

（1） Robert M. Cover, *The Supreme Court, 1982 Term—Foreword: Nomos and Narrative*, 97 HARV. L. REV. 4, 53 (1983).

（2） *Id.* at 54. したがって、最近の教職員国旗国歌起立斉唱訴訟判決(最判平成二三年五月三〇日民集六五巻四号一七八〇頁)のように、「間接的」制約論を用いて実質的な憲法判断を避けることも、広い意味での管轄権行使に当たる。

（3） 参照、最大判昭和三四年一二月一六日刑集第一三巻一三号三二二五頁(「主権国としてのわが国の存在の基礎に極めて重大な関心をもつ高度の政治性を有する行為」を司法審査権の範囲外とする)。

（4） Walker v. City of Birmingham, 388 U.S. 307 (1967).

（5） *Id.* at 324 (Warren dissenting).

（6） Cover, *supra* 1 note at 57.

（7） *Id.* at 57–58.

（8） なおカヴァーは、ここでの解釈学的行為には、国家の暴力に反対することが目的であれば、管轄権の法理を行使することも含まれるという。管轄権による抵抗については、Robert M. Cover, *The Folktales of Justice: Tales of Jurisdiction* 14 CAP. U. L. REV. 179, 181 (1985)参照。たとえばジェイムス一世の脅しにもかかわらず、「国王は何人にも服すべきではないが、神と法には従うべきである」(Prohibitions del Roy (1607) 12 Co. Rep. 63; 77 E. R. 1342)と述べて司法の権威の独立を説いたエドワード・コークや、南北戦争時に人身保護令状を停止する措置を講じたリンカーン大統領の行動を違憲としたトーニー判事(Ex parte Merryman, 17 F. Cas. 144 (C. C. D. Md. 1861)(No. 9487))の行為がそれに当たる。

（9） Alexander M. Bickel, The Least Dangerous Branch: The Supreme Court at the Bar of Politics 16–23 (Yale University Press 1986).

（10） Cover, *supra* note 1 at 57 n. 158.

（11） Bob Jones University v. United States, 461 U.S. 574 (1983).

（12） Bob Jones University は、一九七一年までは黒人の入学を一切認めていなかったが、一九七一年から七五年までは既婚の黒人に限って入学を認め、一九七六年以降は未婚の黒人についても人種間交際および婚姻の禁止を条件として入学を認めていた。

（13） 内国歳入法は、「専ら宗教的、慈善的、あるいは教育的な目的のために設立され、運営されている法人については、非課税とする」旨定めている(26 U. S. C. §501(c)(3) (1976))。寄付金控除についても同様の規定が設けられている(26 U. S. C. §170 (1976 & Supp. V 1981))。

（14） Cover, *supra* note 1 at 66–67.

（15） *Id.* at 58, 66.

（16） *Id.* at 60. これに対して、本判決は贖罪の物語へのコミットメントは果たしているとするものとして、Judith Resnik, *Living Their Legal Commitments: Paideic Communities, Courts, and Robert Cover,* 17 YALE J. L. & HUMAN 17, 40 (2005)。

（17） Cover, *supra* note 1 at 66. 合衆国における人種差別撤廃のヴィジョンは漸進的な変化の歴史によって支えられている。それは奴隷制を容認した憲法に始まり、南北戦争による奴隷制の撤廃、「分離すれども平等」法理の発展(Plessy v. Ferguson, 163 U.S. 537 (1986))、公立学校における人種隔離の撤廃(Brown v. Board of Education of Topeka, 347 U.S. 483 (1954))、公民権運動による実質的平等の実現へと、着実に歩を進めてきた。

(18)　Cover, *supra* note 1 at 68.

(19)　その観点からすると、実はBob Jones Universityの解釈へのコミットメントはたいしたものではなかった可能性があるというのがカヴァーの見立てである。その証拠に、同大学はＩＲＳから非課税措置の撤回を知らされるやいなや、入学を禁じていた未婚の黒人について条件付で入学を認める解釈変更に踏み切っている(Cover, *supra* note 1 at 51 n. 139)。

(20)　長谷部恭男『憲法とは何か』(岩波新書、二〇〇六)六八—六九頁。

(21)　Cover, *supra* note 1 at 68.

(22)　この点でオウム真理教事件やＩＳＩＬ等による度重なるテロ事件が、今日の日本人の宗教観に対して否定的な影を落とす要因となっていることは否めない。カヴァーの論旨がこれらの事件を正当化する点にないことは言うまでもないことだが、同時にこれらの事件を単に病理現象として扱っているだけでは前に進めないのも事実である。いま必要なのは、なぜこうした現象が起きているのかを多角的に見極めることであり、いたずらに宗教一般に対して否定的態度で臨むことではないと思われる。公共空間における宗教の役割を見直す必要性については、島薗進・磯前順一編『宗教と公共空間——見直される宗教の役割』(東京大学出版会、二〇一四)を参照。

第III部

無限

第Ⅱ部では、ロバート・カヴァーの論稿 *Nomos and Narrative* の検討を通じて、近代立憲主義を他者論の見地から再構成する可能性を模索した。その中で明らかになったのは、近代立憲主義の内に他者の居場所を見出そうとするなら、自己が他者へと献身的に関わる「コミットメント」と、自己を他者から引き剥がして主体を確立する「分離」の二つの契機を通じて、ノモスを招き入れる必要があるということである。

しかし、同稿が提示する新しいかたちの立憲主義が、語に固有の意味での「他者」を迎え入れることに成功しているかは定かではない。問題は、ハイデガーを援用して、存在との関係を「理解」に帰着させるカヴァーにおいては、他者もまた「存在」として理解されている点にある。これは結局、私という存在が他者を包摂するというに等しく、私の内に他者を解消することになる。したがって、他者を存在として理解する限り、私の限界をあふれ出してゆく真の他者の姿は、なお見定められていないといわざるをえない。

もちろん、カヴァーもこの問題の所在には気がついていた。コミットメントに加えて、「分離」の契機を要求していることが、それを証明している。カヴァーは、複数の全体性相互の衝突が意味の多様性を無化する事態を見抜いて、分離を通じて全体性の暴力を逃れる他者の外部性を確保しようとしていた。しかし、カヴァーのいう分離とは、要は互いに全体性を構成する複数のノモスを切り離すということにすぎず、それによって実現されるのは、結局のところ複数の全体性にとどまる。つまり、カヴァーの議論は全体性の「共存」を図ろうとするだけで、全体性からも逃れる外部性については何ら論じるところがない。人間の思考の限界を超えたところにある「無限」の域にはいまだ及んでいないのである。

そして、おそらくはカヴァー自身も、*Nomos and Narrative* の抱えるこの限界には気がついていた。同稿の執筆以後、ユダヤ思想の問題に取り組むようになったことが、それを示している。ユダヤ思想を論じることが固有の意味での他者を追い求めることにつながる理由は、哲学者エマニュエル・レヴィナスの述べるとおり、宗教とは「〈同〉と〈他〉との間に設定され、しかも全体性を構成することのないきずな」だからである。(4) カヴァーもまた、ユダヤ思想を論じることで、全体性には包摂されることのない他者の観念を論じようとしていた。ところがこの問題に取り組み始めたとき、カヴァーにはもはや僅かな時間しか残されていなかった。幾つかの重要な論考を残しつつも、最終的な解決を示すことのないままに、カヴァーはこの世を去ることになる。

第Ⅲ部の目的は、カヴァーが論じようとしていたこの「無限」の観念の希求を通じて、近代立憲主義に真の意味での他者を迎え入れる可能性を探求することにある。

(1) Robert M. Cover, *The Supreme Court, 1982 Term—Foreword: Nomos and Narrative*, 97 HARV. L. REV. 4 (1983).
(2) 参照、エマニュエル・レヴィナス(合田正人編訳)「存在論は根源的か」同『レヴィナス・コレクション』(ちくま学芸文庫、一九九九)三四三頁以下。
(3) レヴィナス曰く、自我と全体性の問題は「自由な存在同士の分離をたんに肯定するだけでは解決されない」(同三九一頁)。
(4) エマニュエル・レヴィナス(熊野純彦訳)『全体性と無限(上)』(岩波文庫、二〇〇五)五五頁。

第一章　存在からの脱却

序節

有限な存在である我々が、無限を思考することなど果たしてできるのだろうか。ウィトゲンシュタインはそれを不可能と考えた。なぜなら、思考の限界の両側を思考することは不可能である以上、思考可能性の内側から限界を画するよりほかないからである。そして、思考の限界はすなわち言語の限界であるから、「語りえないことについては、ひとは沈黙せねばならない」(1)。無限を語ることは、言語の論理を無視して語ることにほかならず、ナンセンスでしかない。我々にできることは、ただ沈黙の内にあることのみである。

もっとも、ウィトゲンシュタインは無限を軽視していたわけではない。むしろ、無限を重視していたからこそ、思考の限界を画して有限の域にとどまることにこだわった。このことは、語りえぬが示されうるものとして「倫理」を挙げていることからわかる。倫理は言語の限界を超えるために決して

「語り」えないが、言語の限界を内側から画定することによって、その観念を外側に「示す」ことはできる。人間の生や世界を彩る価値である倫理は、語りえないからこそよりいっそう重要である[(2)]。つまり、我々が倫理について沈黙せねばならないのは、それが無価値だからではなく、本来語りえないはずの倫理を語りによって卑しめないようにするためである。

では、ウィトゲンシュタインの言うように、我々は言語の限界を画することに満足し、倫理を沈黙の内に受け入れるよりほかないのだろうか。たしかにそれは一つのやり方なのかもしれない。しかし、存在の彼方にある無限を思考しようとしたレヴィナスが、「語りえないものの秘密を漏洩すること、おそらくはそれが哲学の使命にほかならない[(3)]」といみじくも述べたように、無限の可能性を知りながらただ沈黙の内にあることは、ともすれば学問の使命を裏切ることにもなりかねない。

おそらくはカヴァーもそのように考えた一人だった。その証拠に、カヴァーは *Nomos and Narrative* における主張を一カ所だけ、しかし決定的ともいえる一カ所を、後に撤回するに至っている。本章の目的は、カヴァーがこの撤回に及んだ理由を探求することを通じて、無限の観念を明らかにすることにある。

（1）　ルードウィヒ・ウィトゲンシュタイン（野矢茂樹訳）『論理哲学論考』（岩波文庫、二〇〇三）序文。
（2）　同四・一二一二節、六・四一節。野矢茂樹『ウィトゲンシュタイン『論理哲学論考』を読む』（ちくま学芸文庫、二〇〇六）二六頁と併せて参照。
（3）　エマニュエル・レヴィナス（合田正人訳）『存在の彼方へ』（講談社学術文庫、一九九九）三一頁。

第一節　メシアと法

第一款　法的メシア

一

決してひいき目に見るわけではないが、*Nomos and Narrative* は完成度が高い。たしかに、近代憲法学が普遍的個人にこだわるあまり日常の生活世界を忘却してきた面があることは否定できないし、今後は立憲主義の駆動力となる社会運動や宗教を公共空間に取り込んでいく必要があるのも事実である。カヴァーによく向けられるアナーキーの批判についても、カヴァーは一切の力の行使を否定するわけではなく、分離に必要な限りで規制的権能を行使することは認めている。カヴァーの主張に全面的に賛同するかどうかはさておき、同稿は立憲主義の新たなかたちを示した論稿として、他に類を見ないほどに際立っている。

ところが、カヴァー自身は *Nomos and Narrative* に完全には満足していなかった。あるいは、その「誤り」に気づいたといった方が正確かもしれない。カヴァーが同稿における論述の中で、後に撤回するに至った箇所とは次の文章に係る部分である。

法とは理想から現実を切り離すもの、人間の精神が構成する物質的・社会的世界とは衝突する終

末論から人間を救い出すものである。(1)

第Ⅱ部で検討したとおり、カヴァーにとっての法とは、規範的空間において現実と理想の世界をつなぐ「架け橋」を意味する。架け橋という比喩には、両者を「つなぐ」という意味だけでなく、両者を切り離して適度な「緊張」を保つという意味も含まれている。世界の可能な在り方は無数に存在するけれども、そこへつながるすべての架け橋が〈法〉と呼ばれるわけではない。法は、数ある理想の中から差し迫った需要のあるものと、そうでないものを切り分けて、前者の理想にのみ実践的な深みを与える。そうすることで、現実と理想の間に適度な緊張を保ちながら、規範世界に変動をもたらすことを可能にするのが、法の役割である。(2)

かかる法の捉え方からすると、メシア主義に代表される「終末論」は当然、法的変動に対するアンチテーゼとならざるをえない。なぜなら、この世の終わりを即座に告げるメシアの到来は、現実と未来の間の適度な緊張関係を否応なく突き崩すことになるからである。メシア主義は、法の否定のもとに成り立つ究極の理想であり、現実と理想の狭間に置かれながら徐々に世界を作り変えていこうとする法の特性には明らかに反している。そのように考えたカヴァーは、*Nomos and Narrative* の中では、法を「終末論から人間を救い出すもの」と位置づけて、メシア的要素を法に取り込むことを明確に拒絶していた。

ところがカヴァーは、未完の遺稿 *Bringing the Messiah Through the Law* において、終末論を否定した上記箇所の事実上の撤回に踏み切る。当初の理由づけには「明らかな誤信」が含まれていたとして、メシア的終末論が現実と理想の間の緊張関係を緩める傾向にあると「言い切る自信はもはやない」と認めるに至ったのである。[3] 問題は、なぜカヴァーは、ここにきて「メシア論的転回」を図ったのかという点にある。法を通じてメシアを召喚しようとする試みは、メシアが「法外」な現象だけに、失敗する運命にあることは一見して明らかである。にもかかわらず、あえてそれを試みたのだとすれば、それはメシア主義に踏み込まずして *Nomos and Narrative* の核心的なテーゼを維持することは困難と考えたからではないか。そのテーゼとはもちろん、全体性の暴力に抗して他者の外部性を確保することである。遺稿を手がかりにカヴァーの真意を探ることにしたい。

二

カヴァーに終末論の問題を再考させるきっかけとなったのが、一五三八年にイスラエルの北部にあるガリラヤの小さな町ツファトで起きた一つの事件である。[4] ユダヤ法では伝統的に、スミーハーと呼ばれる裁判官を叙任するための制度があり、真正な叙任にはモーセにまで遡る途切れのない連鎖が必要とされていた。ところが、この連鎖は早くも四世紀頃には中断をみることになる。この中断による叙任裁判官の不在は、長らく問題とされることはなかったが、一四九二年のスペイン追放によってユダヤ人の間でメシア待望論が高まったことで、一気に問題として顕在化する。

この追放によって叙任裁判官の不在が問題とされた理由は、大きく二つある。一つは、イザヤ書一章二六節が、「裁判官の帰還」をメシア到来の先行条件として位置づけている点に関わる。ここでの「裁判官」が叙任された裁判官を指していることには異論がなく、メシアを待望するツファトのラビたちは、スミーハーを復興させることでメシアの到来を早めることができると考えた。いま一つの理由は、他宗教への改宗はユダヤ人がなしうる最大の罪であるにもかかわらず、追放されたユダヤ難民の多くが名目上の改宗を遂げていたことに関わる。本来であれば改宗の罪に課される「切断」の刑から彼らを免れさせる唯一の方法が、叙任裁判官によって「むち打ち」の刑に処することであった。かくして、中断したスミーハーを復興させることができるかどうかを巡る叙任論争がここに勃発した。[5]

ラビ・ヤコブ・ベラヴを長とするツファトのラビたちは、マイモニデスの法解釈に従うことで、スミーハーを復興させることは可能になると考えた。その解釈とは、イスラエルのすべてのラビで構成される会衆が、スミーハーの再開と誰を裁判官に叙任するかについて同意できるのであれば、スミーハーは復興されるというものである。そこで、ツファトのラビたちは全員一致でベラヴを裁判官に叙任し、当時のイスラエルのもう一つの中心であったエルサレムのラビたちにも発議に同意するよう求めた。ところが、イスラエルのラビたちは、マイモニデスは後になって、自身の法解釈に実践的な含意はなかった旨示唆しているとして、同意を拒絶するに至る。

こうして、イスラエル全体で同意を得ることは失敗に終わったが、ツファトではベラヴが四名のラビたちを叙任し、叙任の伝統はその後も数世代にわたって存続することになる。この四名の内の一人が、ベラヴの弟子で『シュルハン・アルーフ』などの大作を著した著名な法律家ヨセフ・カロである。ところが面白いことに、カロはマイモニデスの著した『ミシュナー・トーラー』の注釈書まで書き上げておきながら、スミーハーの復興に関しては、賛意はおろかコメントすら付していない。[6] それはあたかも、スミーハー復興の試みを、法律家としての自身の全作品から、切り離そうとしているかのようである。カロのこの沈黙は、スミーハー復興の根拠が標準的な法的推論からではなく、メシアの到来を早めるという実践的必要性から導かれたことを示唆している。

三

以上の経緯に鑑みれば、スミーハー復興の法的根拠が見当たらない以上、ツファトの行為は「法外」に属するとみなされてもおかしくないはずである。ところが、カヴァーは全く逆に、ツファトの行為を「法的(lawful)」なメシア信仰と位置づけている。

Nomos and Narrative における私の関心は、主に暴力と関連する形でのコミットメントの役割にあった。……しかし暴力とコミットメントの関連は重要ではあるが、それがコミュニティにおいて法を形成するコミットメントが機能する唯一の在り方ではない。新しい見慣れない世界との遭遇もまた、深刻なコミットメントを必要とする。それは、死ではなく、ある種の狂気を賭けることのようにみえる。(7)

Nomos and Narrative におけるカヴァーの関心は、暴力とコミットメントの関わりにあった。暴力によって国法を貫徹しようとする国家を前にして、自らの「法」の理解を貫き通したいコミュニティに試されたのは、コミットメントの強さであった。それは、自己の法の理解のためには、ときに血を流すことも辞さない覚悟を要求するものであった。もっとも、この意味でのコミットメントも一枚岩

ではなく、あらゆる価値を犠牲にしても今この瞬間に果たさねばならないものもあれば、ある前提条件が満たされたときにはじめて果たされるものなど様々である。これら多様なコミットメントを注意深く振り分けて、漸進的に理想を実現することを可能にするのが法の役割であった。この意味における法の役割には、世界を一挙に変動させるメシアを近づけまいとする意味合いが当然含まれている。

ところが、カヴァーはここにきて、コミットメントにはもう一つ特別な形式のものがあるという。それが、未知の世界との遭遇に求められる「狂気(madness)」のコミットメントである。それは、メシアの到来に備えた準備モードに突入するということであり、現在のコミットメントの範囲を飛躍的に拡大して、急激な変化に備えた重大な責任を引き受けることを意味している。カヴァーがツファトのラビたちの行為を「法的」とみるのは、彼らのメシア信仰にはこの狂気のコミットメントが伴っていたとみるからである[8]。

もっとも、この説明だけでは、法とメシア信仰の関係が明確になったとは言い難い。なぜ狂気のコミットメントがあれば、その行為が法的となるのかの根拠が何も示されていないからである。実は、カヴァーはこの問題を遺稿の最後の部分で論じる予定であったが、その前に逝去してしまったために、両者の関係が不分明なままになってしまったという経緯がある[9]。

しかし、カヴァーは一つ重要な鍵を書き残している。それが、法に適合しないメシア運動の例として、シャブタイ・ツヴィのメシア運動を挙げている点である[10]。何が法的なメシアであるかを明らかにするには、何が法的なメシアではないかから論じ始める方がかえって近道ということもある。そこでまずは、シャブタイ派のメシア運動が法的とはいえない理由を探ることから始めたいと思う。

第二款　狂 気

一

シャブタイ派運動とは、一七世紀にメシアを自称するシャブタイ・ツヴィを中心に展開されたメシア運動のことである。[11] シャブタイ派運動は、ルリア派のカバラーを出発点とするため、まずはルリア派の教義の基本を確認する必要がある。

ルリア派のカバラーの体系は、三つの基本的な概念から成る。[12] 第一に、神の自己収縮によって神自身の外側に空虚な空間を生成する「ツィムツム」と呼ばれる過程、第二に、神聖な光の発散によって創造が開始されるが、創造の始まりに混在していた悪の源が神聖なる器を破壊して、サタンの領域をつくり出す「シュヴィーラー」と呼ばれる過程、第三に、シュヴィーラーの破局を修繕して神の真の合一を図ろうとする「ティクン」と呼ばれる過程である。このティクンを達成する使命はすべてのユダヤ人に等しく与えられており、ゆえに神の真の合一は人間の行為によってのみ達成することができる。ルリアの思想はメシア志向ではあるが、個人としてのメシアが果たす役割は何もなく、メシアの到来とはユダヤ民族全体がティクンを達成する結果そのものを指すにすぎない。しかも、メシアを到来させるという革命的なイメージとは裏腹に、ティクンを達成するために行われることといえば、トーラーとタルムードが要求する伝統的な規範に服従することだけである。

シャブタイ派は以上の体系を前提とするものであるが、ルリア派とは重要な点で違いがある。それは、シャブタイ派では、ティクンの過程で個人としてのメシアが決定的な役割を果たすとされている点である。[13] すなわち、サタンの領域にある悪の核を打破するためには、ユダヤ民族が伝統的な戒律に従っているだけでは足りず、それに加えてメシアの力が最終的に必要とされる。さらに、メシアがその課題を果たすためには、イスラエル民族はメシア個人を信仰し、彼の定めに従うことが必要とされる。ここにメシアは、神と人との間を仲介する宗教的指導者としての役割を獲得する。そして、このメシアとしての使命を遣わされたのが、シャブタイ・ツヴィであった。

ところがシャブタイ派運動は、シャブタイ・ツヴィのイスラムへの「改宗」という出来事をきっかけに、重大な局面を迎えることになる。[14] オスマン・トルコ皇帝にムスリムの信仰を受け入れるよう要求された彼は、改宗を拒んで殉教者となるのではなく、あろうことかムスリムの帽子をかぶって登場したのである。メシア自身がユダヤ人の犯しうる最大の罪を犯すというこの逆説を、いかに説明するかという深刻な課題が、今ここに浮上する。

最も有力な説明の一つは、サタンを倒すためには、メシアは一端サタンの世界の中に入り込まなければならなかったという考え方である。ここからシャブタイ派のユダヤ人は、自分も本来の人となりではない姿を装わねばならないとする「二重性」を受容するに至る。彼らは外見こそ古いトーラーを信じているように装うけれども、実際にはシャブタイ・ツヴィによって啓示された新しいトーラーを実践するようになる。こうしてシャブタイ派運動は、すべての悪を聖化する規範否定的な革命志向の運動へと転化するに至る。

二

以上を踏まえると、カヴァーがシャブタイ・ツヴィを法的なメシアと考えないのは、その運動が結局のところ反律法主義と結びついているからであろう。シャブタイ派の信奉者が実践する掟の数々は、メシア時代の新しいトーラーであって、ユダヤ人が今日まで遵守してきた伝統的なトーラーではない。たとえば、伝統的には神殿の破壊された記念日には断食し神の前に悔い改めるべきとされているのに、新しいトーラーはこの日をシャブタイ・ツヴィの誕生日と位置づけ、その信奉者たちは密かに祝宴と歓喜に明け暮れている。こうした自由と許容性を特色とする新しいトーラーは、伝統的なユダヤ人の生きる道を失わせることになるため、法的と呼ぶには相応しくないものといえる。

ところが、もしシャブタイ派によるメシア運動が法的ではないとすると、それが前提とするルリア派のカバラーも法的とはいえない可能性がでてくるが、これはカヴァーにとっては大問題である。なぜなら、スミーハー復興の試みがなされたツファトの地こそが、実はルリア派カバラーの本拠地であったからである。もちろん、ルリア派は個人のメシアが不在である点でシャブタイ派とは異なるが、同じく神秘主義に基づく以上、律法よりはむしろそこに隠された真理と触れ合うことの方を重視しているはずである。だとすれば、やはり律法と真理の二重性を受容せざるをえず、反律法主義と結びつくことは避けられないのではないか。実際カヴァーも、神秘主義に対しては警戒的である。

しかし我々は、メシアの失敗事例から、高まる期待が裏切られたときに、課された要求と一致させることのできない現実の知覚と理解のうちに、複雑な代償が伴うことを知っている。端的にいえば、その危険とは、贖われた世界と贖われない世界の間の深淵を、我々のコミットした実践的振る舞いによってではなく、我々の内的な生、すなわち精神的・心理的な現実によって埋め合わせるということである。……しかし、そのような内的な生の運動はメシアを召喚しても、法を通じているとはいえない。(15)

現実と理想の狭間を実践的行為によって埋め合わせることがもはやできない以上、そこに生じる認知的不協和は、我々の「内面」の変革によって解消されるよりほかない。事実、カバラーの思想家たちによって選ばれたツファトの地は、神秘主義の中心として極端に秘儀的となり、精神的にも多くを要求されるようになった結果、遂にはシャブタイ派運動を生み出すまでに至った。

実は、神秘主義と法が相容れないことを、カヴァーはすでに*Nomos and Narrative*の中でも言及していた。そのことを示すのが、先に検討した「透明なノモス」という理念型のノモスである。この理念型は、意味の真の合一が実現されている状態をいい、先のルリア派カバラーでいうところの「ティクン」の過程に相当する。ところが、カヴァーはこの神秘主義的な「透明なノモス」の概念を、あえて神秘主義とは切り離そうとしている。

想像された瞬間とは、ノモスが透明の状態のことである。そのような見方は神秘的にみえるかもしれないが、開放的(exoteric)な普遍化可能性——それこそがこの見方を経験ではなく法にさせるものなのだが――を有する点で神秘主義の現象からは一線を画している。本質的に法的な出来事である神の顕現は、困惑的で複雑かもしれないが、秘儀的(esoteric)やグノーシス主義であってはならない。[16]

透明なノモスが神秘主義であってはならないのは、法にとって本質的な「開放的な普遍化可能性」が否定されてしまうからである。この点、ユダヤ神秘主義の中心にあるのは、「マアセ・ベレーシート(神の創造に関する論述)」や、「マアセ・メルカーバー(エゼキエルが幻視した神聖な戦車に関する論述)」などのエリート主義的な伝統である。しかし、この神秘的な伝統において、神秘家は神に対して自らを開くことで満足して、神の創造した世界には自己を閉ざしたままである。[17] もし神のみならず世界に対しても自らを開こうとするなら、我々を未来の時間へと誘う「律法」にまつわる出来事が中心でなければならない。[18] カヴァーが、ユダヤ法の核心を「シナイ山における啓示」にみる理由も、おそらくこの点にある。

こうして、カヴァーが法と神秘主義は相容れないとみていることが明らかになったが、しかし大事なのはそのことよりも、メシア志向のティクンの過程を「脱神秘的」に捉えている点にある。というのも、それはカヴァーがこの時点ですでに、メシア主義を法的に論じる可能性を暗黙裡に見出していたことを意味するからである。いいかえれば、同じメシア運動であっても、それが秘儀的な閉じられたものではなく、公共的な普遍化可能性を有するものであれば、法的と呼んで差し支えないということである。では、ツファトのラビたちによるメシア召喚の試みはどうだったのか。

三

ツファトのラビたちは、たしかにメシアの到来を待望していた。しかし、彼らの希求するメシア的な世界とは、ユダヤ法の学習と実践が完璧なまでに実現された状態にすぎず、そのための前提条件を整備することがメシア待望の実質的な内容だった[19]。この点、イスラエルのラビたちは、マイモニデスが叙任の復興に最終的には消極的な見方を示している以上、人間は性急に事を進めるべきではないという。けれども、ツファトのラビたちは、ただ神を待つのではなく、マイモニデスの当初の法解釈を仕上げるべく、トーラーの厳しい鍛錬に日々身を投じて、完全な世界の実現の可能性を将来に投企する道を選んだ。もちろん、そのような急進的な解釈をする以上は厳しい覚悟が求められるし、これまで以上に律法を厳格に遵守し、拡大する責任を引き受けなければならない。これはまさに常軌を逸した選択であり、その意味ではたしかに「狂気」であるが、その実質はトーラーへの復古的・保守的な意味合いが強く、そこに規範否定的で破滅的・革命的な意味は含まれていない。

実は、この類のメシア論は当時珍しいものではなく、むしろ中世のユダヤ教正統主義におけるメシア論の特徴だったとされる。カバラー研究を学問として確立したゲルショム・ショーレムによれば、ユダヤ教のメシア論には、民衆の黙示録的で神話的な傾向と、ユダヤ賢者の保守的で理性的な傾向の二つの流れがある[20]。前者の傾向は、民衆の黙示録的な想像力が一挙に爆発した先のシャブタイ派のメシア運動の中に顕著であるが、中世において正統なメシア論と考えられていたのはむしろ後者の方である。その典型がマイモニデスとされ、『ミシュナー・トーラー』では、終末のイメージが復古的かつ理性的で、黙示録的要素が極力排除されたものが正統なメシア論とされている。この見方からすると、この世とメシアの世の違いは、異教徒による隷属があるかないかにすぎず、両者の間に質的な区別はない[21]。したがって、トーラーへの回帰を目指すツファトのラビたちによるメシア召喚の試みを、法的とみることにも何ら支障はないといえる。

しかし、この世界とメシアの世界の間に質的な差異がないとはいえ、狂気はあくまでも狂気である。カヴァー自身がかつて述べていたとおり、法は「正気」で営まれなければ他者にも理解可能とはいえないはずなのに、ここでは論証なく狂気の営みが法的とされている。法学者リチャード・シャーウィンは、この点を問題視して、カヴァーのように法とメシアの間に結びつきをみることは、多様な規範世界を招き入れようとするカヴァーの当初の思惑に明らかに反すると批判する[22]。なぜなら、終末論の目的は「理想と現実を全体化」することで「究極的な合一」の世界を実現することにあるが、これは特定の理想を純粋な意味と認めて、他の可能な意味を否定する「メシア的全体主義」を招来するに等しいからである。

このシャーウィンの批判は、看過しえない重要な指摘を含んでいる。カヴァーの議論は結局、狂気を媒介にすることで法と信仰の区別を消失させ、法外の要因を招き入れているだけともみうるからである。もっとも、カヴァーが以上の批判を想定せずにメシア論を展開したとは考え難い。こうした批判を避けたいのであれば、トーラーが完璧に実現される状態の希求のことを、わざわざ「狂気」と形容することもなかったはずである。逆にいえば、カヴァーにとってメシアを法に招き入れる運動は、あくまで「狂気」の営みでなければならなかった。問題は、なぜ狂気なのかである[23]。

カヴァー亡きいま、その答えは推測するよりほかないが、幸いなことに、カヴァーと同じくユダヤ思想に通じ、他者論の可能性を追究した一人の人物がいる。それがレヴィナスである。生涯をかけて他者の哲学を論じたレヴィナスもまた、カヴァーと同じくメシアを最果ての可能性にみていた。実際、両者の議論には驚くほど共通点があり、レヴィナスの議論から得られるところは少なくないはずである。[24] 次節では、このレヴィナスの哲学を伏線に、カヴァーのいうメシアと法の関連性を探ることにしたい。

(1) Robert M. Cover, *The Supreme Court, 1982 Term—Foreword: Nomos and Narrative*, 97 HARV. L. REV. 4, 10 (1983).
(2) 本書第Ⅱ部第1章第三節を参照。
(3) Robert M. Cover, *Bringing the Messiah Through the Law*, *in* Nomos Xxx: Religion, Morality, and the Law 202 (J. Roland Pennock and John W. Chapman, eds., New York University Press 1988).
(4) 以下、ツファトの事件については、R. Werblowsky, Joseph Karo: Lawyer and Mystic 122–128 (Jewish Publication Society of America 1977)に詳しい。
(5) マイモニデス(Moses Maimonides, 1135–1204)は、ユダヤ教のラビで、第二のトーラーといわれる『ミシュナー・トーラー』の著者である。
(6) Werblowsky, *supra* note 4, at 124–125.
(7) Cover, *supra* note 3 at 203–204.
(8) *Id.* at 204, 209.
(9) *Id.* at 204 (*See* Editor's note).
(10) *Id.* at 210.
(11) シャブタイ・ツヴィについては、ゲルショム・ショーレム(石丸昭二訳)『サバタイ・ツヴィ伝——神秘のメシア(上)(下)』(法政大学出版局、二〇〇九)を参照。
(12) 以下、カバラーについては、ヨセフ・ダン(市川裕訳)「ユダヤ神秘主義――歴史的概観」長尾雅人ほか編『ユダヤ思想2　岩波講座東洋思想(2)』(岩波書店、一九八八)一六八―一七八頁参照。
(13) 同一八二―一八五頁。
(14) 同一八五―一九六頁。
(15) Cover, *supra* note 3 at 210.
(16) Cover, *supra* note 1 at 15 n. 39.
(17) 参照、フランツ・ローゼンツヴァイク(村岡晋一ほか訳)『救済の星』(みすず書房、二〇〇九)三一八―三二〇頁。
(18) 「法は時間を、未来を、持続を考慮に入れている」(同二六九頁)。
(19) *See* Suzanne Last Stone, *In Pursuit of the Counter-Text: the Turn to the Jewish Legal Model in Contemporary American Legal Theory*, 106 HARV. L. REV. 813, 881-882 (1993).
(20) Gershom Scholem, *Toward an Understanding of the Messianic Idea in Judaism*, *in* THE MESSIANIC IDEA IN JUDAISM AND OTHER ESSAYS ON JEWISH SPIRITUALITY 24-32 (Schocken 1971).
(21) 参照、エマニュエル・レヴィナス(内田樹訳)「メシア的テクスト」同『困難な自由――ユダヤ教についての試論』(国文社、二〇〇八)一〇二頁。
(22) Richard Sherwin, *Law, Violence, and Illiberal Belief*, 78 GEO. L. J. 1785, 1804-1809 (1990).
(23) 狂気を肯定的に捉える見方は、古くはプラトンの『パイドロス』の中にみてとることができる(プラトン(藤沢令夫訳)『パイドロス』(岩波文庫、一九六七)五二―六七頁)。
(24) なお、カヴァーがレヴィナスの著作に直接言及した箇所は、管見の限り見当たらない。

第二節　メシアと法外

第一款　終末論

一

レヴィナスの主著『全体性と無限』[1]は、「主体性の擁護」を目的とした書物である。レヴィナスをこの目的に駆り立てたのは「戦争」である。なぜなら、戦争の秩序に対しては何者も外部的ではありえず、その客観的秩序の中で主体性を破壊してしまうからである。ここに戦争とは一つの「全体性」のことをいう[2]。レヴィナス曰く、西欧哲学はこの全体性の概念によって支配されている。諸個体は様々な力の担い手に還元され、個体はその意味を全体性から借り受けている。しかし、全体性を起点にして確立された主体性は、戦争の冷酷さの前にいとも簡単に反駁されてしまう[3]。そこでは道徳は宙づりにされ、理性の一切の働きは、戦争において勝利するための「政治」の論理に従属している。

では、いかにして全体性に対して主体性を擁護できるのか。レヴィナスによると、それは全体性をも超越する「無限」なものの観念を前においてである。無限なものとは、経験という言語では語ることのできないものであり、自分の同一性のうちに包摂することのできない不可能な要求である。この不可能な要求をするのが、私から分離された「絶対的に他なるもの」によって、私の自由と自発性を問いただす「他者」である。他者は、その「顔」において、私の枠組みを不断に炸裂させて、私を全体性から引き剝がす。およそ主体性が可能になるとすれば、この他者を「迎え入れること(hospitalité)」においてしかありえない。

二

ここで注目すべきは、レヴィナスはこの全体性のかなたに、はっきりとメシア的な平和についての終末論をみている点である[4]。なぜ終末論なのか。それは終末論が、「全体性に対してつねに外部的な一箇の余剰との関係」であり、戦争という全体性を切断するからである。終末論は、歴史の終末そのものに対しても外部的であることで、歴史の彼方において存在と無限なものを取り結ぶことを可能にする。このように終末論とは、全体性の暴力に対して純粋な勝利を保証する無限の時間であるから、「平和にかんしていうなら、可能なものは終末論以外に存在しない」。かくして、レヴィナスの『全体性と無限』は次のように締めくくられる。

> 真理は無限な時間を要求すると同時に、真理が封印することになるような時間を、すなわち成就された時間を要求している。時間の成就とは死ではない。永続するものが永遠なものへと転じる、メシア的な時間のことである。メシア的な勝利は純粋な勝利である。無限な時間は悪の回帰を禁じることがないけれども、メシア的な勝利は悪の復讐に対して護られている[5]。

主体性は他者との関係で可能になるとするレヴィナスが、その最果てにみていたのが「メシア的な時間」であった。なぜなら、戦争を帰結する全体性に対して外部的であろうとするからには、全体性に優越する上位の次元を想定せざるをえないからである。そして歴史的にいえば、それは戦争の終わりを保証するメシア的終末論だった。もっとも、ここでいうメシアとは、実定的な宗教が啓示するドグマーティクなものではない。なぜなら、歴史の外部から到来して人類を奇蹟的に救済する人物としてメシアを描いたところで、「メシアについて何ひとつ語ったことにはならない」からである。(6)

では、メシアとは何かといえば、これが非常に難解な観念である。レヴィナス自身、『全体性と無限』の中で、メシア的な時間のいう「永遠とは、時間の新たな構造なのか。あるいは、メシア的な意識が極度に目ざめた情態なのであろうか――。問題は、本書の範囲を超えている」(7)と述べて、問題の複雑さを認めている。実際、レヴィナスの論じるメシアの意味合いも、時の経過とともに大きな変化を遂げている。具体的には、第二次大戦前後を「初期」とすれば、第一の主著『全体性と無限』の頃を「中期」、第二の主著『存在の彼方へ』の頃を「後期」とする三段階で、目覚ましく変化している。(8)

とりわけ、本書の主題との関連で重要なのは、メシアと法の関係性の変化である。レヴィナスがメシアを法外にみるのは、メシアが全体性に対して常に外部的である以上、当然のことである。実際、レヴィナスは最後まで、メシアが法外であることを否定することはなかった。しかし、より子細にみてみると、同じ法外でも人間の役割の位置づけ方が、初期と後期ではまるで違う。カヴァーが、メシアと法の間に結びつきをみた理由を明らかにするためにも、このレヴィナスの変化を追う必要がある。

第二款　神 秘

一

レヴィナスのメシア論の原型は、戦後間もない頃に行われた講演「時間と他者」の中にみられる。それは次の一言で始まる。

この講演の目的は、時間は孤立した単独の主体に関わる事実ではなく、そうではなくて、時間はまさに主体と他者との関係そのものである、ということを明らかにすることである。(9)

時間は、主体と他者との「関係」である。そうレヴィナスがいうとき、主な標的にされているのはハイデガーの議論である。レヴィナスは言う。

他者は、ハイデガーにおいては、相互共同存在(Miteinandersein)——互いに他と共にある——という本質的な状況のうちに現われる。前置詞 mit(と共に avec)は、ここでは、関係を表している。したがって、それは、何ものかをめぐっての、ある共通項をめぐっての、そして、もっとハイデガーに即して言えば、真理をめぐっての、隣り合わせ côte à côte の結びつきであって、向かい合わせ face-à-face の関係ではない。(10)

ハイデガーは、人間が世界内で多数の他者「と共に」生きる「共同存在」であることから、現存在は他者との関わりの内に在るという。しかしレヴィナスは、他者との関係は「と共に」によって表されるべきではないという。なぜなら、共同存在という構造は、本来相互に隔絶しているはずの孤独な私と他者との間に、共通の基盤があることを前提にしてしまっているからである(11)。これに対してレヴィナスは、他者との関係を face-à-face の関係にみている。なぜなら、対面という還元不可能な関係にこそ、全体性のうちに統合されることのない「時間」を垣間みることができるからである。

では、他者との face-à-face の関係とは何か。レヴィナスによれば、それは他者を理解可能性の「内側」にではなく、その「外側」の「神秘」にみることである。

他者との関係は、〈神秘〉との関係である。他者の存在全体を構成しているのは、その外在性、というよりもむしろ、その他性である……それ故、苦悩によって自らの孤独の痙攣に、そして、死との関係に到達した存在だけが、他者との関係が可能となるような場に身をおくことになるのである……私は、エロティックな関係がその原型をわれわれに提供していると思う(12)。

他者との関係が可能になるのは、「死」との関係においてである。そうレヴィナスがいうとき、死は、ハイデガーのいう投企の「可能性」としてではなく、反対に投企の「不可能性」としてみられている。一方で、存在を驚きとみるハイデガーにとって、死は存在を不可能にする不安の対象であり、その不安を克服するために死の可能性を先取りして引き受ける必要があった(13)。他方、存在そのものを恐怖とみるレヴィナスにとっては、死は私の存在の支配を終了させる「絶対的に他なるもの」であり、端的に「未来」であるような何かである。したがって、死は私の孤独を確認するどころか、むしろ孤独を断ち切るものであるから、むしろ死への到達によってこそ、他者との関係は可能になるとみる。

ここには、レヴィナスの主体性を論じる上での「転倒」がみられる。我々はふつう生者を起点として、そこから死を論じようとする。そこでは、死という存在の不可能性ですらも、存在の理解可能性の内側から論じられる。しかし、ホロコーストによって故郷も親族も失ったレヴィナスにとっては、すべてを消し去っても何事もなかったかのようにただ存在する世界そのものが恐怖であった(14)。死すらものみ込む存在は底知れない恐怖であり、そこからの脱却こそが主体性を擁護する第一歩であった。ここから、死という理解の外側に位置する「無意味」なものが「反転」して、主体性は可能になるとの構想が生まれてくる(15)。

同様に、「エロティックな関係」を他者との関係の典型とみるのも、「女性的なるもの」が「理解」では捉え難い絶対的な他性だからである(16)。すなわち、女性的なものの本質は、光から神秘のうちに身を隠すという「慎み深さ」にあり、それは所有、把握、認識といった「力」の論理によっては説明しえない例外的な位置を占めている。このエロス的な経験の具体的なかたちが「愛撫」である。愛撫とは、決して手にされることがないような永遠に逃れゆくものとの戯れであり、自らが求めているものを知らないという「無秩序な状態」を核心としている(17)。それなのに、我々は愛において生きる意味を見出す。ここでも、それ自体は無意味であるはずの愛の反転として、主体性の可能性が示されている。

このようにレヴィナスは、他者との関係が「融合」ではなく「隔たり」であり、この隔たりが維持された中でのみ「時間」は可能になるとみる。他者との関係とは、我々に理解可能なものではなく、端的に未来の神秘へ向けての現在の時間的超越である。そして、このことをレヴィナスが次のように述べるとき、メシア主義への接近は明らかとなる。

他人との関係、それは他者の不在ということである。純然たる不在、純粋な無の不在ではなく、未来の地平における不在、時間であるところのひとつの不在である。(18)

他者は「不在」であるとレヴィナスがいうとき、それは現実には決してかたちをとることがないという「空間的」な意味でいわれている。しかし、「時間的」には他者は無ではなく、「未来の地平」における不在は、むしろ関係を積極的に構成するものとされている。空間的には無であるにもかかわらず、時間的には意味あるものとは何か。レヴィナスは明示こそしていないが、それはメシアのことにほかならない。

メシアが空間的に無とされるのは、それは過去にも現在にも決してその姿を現すことはないからである。しかし、それでも時間的には無とされないのは、メシア信仰の意義は、メシアが実際に来ることよりも、メシアが到来することを前提に物事が進められているところにあるからである。(19)メシアへの期待は挫折するから無意味なのではなく、むしろ挫折するからこそメシアとの関係を豊かに構成できる。この逆説こそがメシア主義の本質である。レヴィナスが他者との絶対的な隔絶にこだわったのも、決して融合しえないものと向かい合うことによってこそ、時間的に豊かなものは看取できると考えたからである。

以上がレヴィナスの初期メシア論の展開であるが、興味深いことに、実はカヴァーもこれに近いことを *Nomos and Narrative* の時点で考えていたとみられる伏線がある。その一つが、「女性の倫理」への接近である。この文脈においてカヴァーが参照を求めているのが、キャロル・ギリガン(Carol Gilligan)の『もうひとつの声』という著作である。(20)

二

ギリガンは、ハインツのジレンマと呼ばれる事例研究を通じて、従来の男性中心主義的なアプローチとは異なるもうひとつの声を聴き取る。曰く、従来の倫理は、他者から切り離された自律的な個人を主体として、権利や正義が実現されていくという男性的なものであった。その一方で、他人の要求を思いやり感じ取るという伝統的な女性の倫理は、自律に欠陥のある「分離不全」の表れとして捉えられてきた。しかし、かかる女性の倫理は、他者との共感やコミュニケーションに基づく人間関係を重視するもう一つの倫理にほかならない。それは、男性的な「正しさの倫理」に優るとも劣らない「思いやりの倫理」である。(21)

カヴァーは、このギリガンの議論を好意的に援用して、分離の契機を女性の倫理と対応させている。(22)このことからして、カヴァーもまた、女性的なるものが他者との関係に本質的であることには意識的であったとみられる。もっとも、ギリガンのいう関係性は、あくまで共感やコミュニケーションに基づいており、そこにはレヴィナスのいうような、コミュニケーションの挫折が関係性を構成するという逆説的な視点は見当たらない。同じようにカヴァーも、他者との分離が「不在」の域にまで達することには、まだ気づいていなかったとみられる。とはいえ、従来は分離不全とみられてきた女性の倫理を、逆に分離の契機と捉えたカヴァーの着眼は独創的であり、それが後のメシア論的転回への布石となっている。

カヴァーとレヴィナスの初期メシア論をつなぐもう一つの伏線は、*Nomos and Narrative* の冒頭に掲げられたウォレス・スティーヴンス(Wallace Stevens)の詩の一節にある。

Ａ：暴力的な秩序は無秩序である。Ｂ：大いなる無秩序は秩序である。これら二つのことは一つである。(23)

命題Ａと命題Ｂは明らかな逆説であるが、これを一つとみるスティーヴンスの真意はどこにあるのか。まずＡについては、暴力的な秩序は破壊的であるから、抑圧と戦争を招いて、結局は無秩序を招来するという趣旨に読める。Ｂは少々厄介である。スティーヴンスは、先の文に続いて、「本質的に正反対のもの――本質的な合一――に属する法則は、港町のように愉快である」という。たとえば、「もし英国人がセイロンに紅茶なしで住んでいたら、そして彼らはそうしている」という例を挙げて、一見すると無秩序と評価される事態が混乱なく行われている様子を描いている。ここでは無秩序と秩序はたしかに調和的である。

もっとも、秩序と無秩序の安易な融合を説くのが、スティーヴンスの真意ではない。このことは、そのすぐ後で、生と死の好対照を神の合一の下に解消しようとする聖職者の考え方にはもう戻れないとしていることからもわかる。なぜなら、現実は「うろこ状(squamous)の精神」では包摂しえないほどに、「うねうね(squirming)」しているからである[24]。しかし、それにもかかわらず「関係が生じる」とスティーヴンスはいう。それは、「砂の上の雲の影、丘陵の上の影のように広がる小さな関係」である。これは、生と死の関係は、安易な精神把握によって理解可能になるものではなく、そうした理解の外側に位置づけることではじめて、両者の間に関係が生まれてくるという趣旨に読める。

以上のスティーヴンスの議論は、無秩序が秩序を可能にするという「反転」構造を有する点で、先のレヴィナスの議論と響き合う。実は、「二つのことは一つ」と同じ言い回しを、レヴィナスもまた「多産性(fecundity)」の名の下で論じている[25]。多産性とは、「息子」に対する私の関係のことである。息子を持つということは私にとって、とてつもない逆説である。なぜなら、私にとって息子のことは重大事であるにもかかわらず、息子は私の所有物ではなく、それ自体一つの人格だからである。したがって、私は息子の誕生によって、私でありつつ他者でもあるような引き裂かれた仕方で実存することになる[26]。つまり、息子に対する私の関係とは、私が息子であるような「二つが一つ」の関係である。

以上の検討が示すとおり、カヴァーは期せずして、ギリガンやスティーヴンスの議論を通じて、レヴィナスの初期メシア論に接近していた。このことを背景にみるなら、カヴァーがやがてメシア論的転回に至ったことも決して驚くことではない。

三

このように、レヴィナスに即してカヴァーのメシア論を理解するなら、「メシア的全体主義」の批判が決して的を射たものではないこともわかってくる。メシア的な時間は、統一性のうちには融合することのない多元性の時間である。それは、主体を可能なものの彼方に位置づけて、囚われた事実性から無限な時間へと主体を解き放つものである。メシア的な時間は他者との関係そのものであって、多元性は存在にとって本質的である。メシアを全体主義と結びつける発想は、ハイデガーのように他者との関係を「隣り合わせ」にみる場合には妥当したとしても、レヴィナスのように face-à-face の関係にみる場合には当てはまらない。

もっとも、レヴィナスのいう他者との関係が、真の意味で face-à-face の関係といえるかについては留保が必要である。この点、face-à-face というからには、他者は「顔」を向けて私に対面している必要がある(27]。なぜなら、この他者の顔こそが、私と他者の間の分離を確実にし、それでいて全体性を構成することのない他者との関係を可能にするものだからである。ところが、曖昧さや慎み深さの内にある他者との関係には、その顔を見透かせるだけの透明性が欠けている。この透明性を欠いた中で、他者と関係を取り結ぼうとしても、それが融即して全体性へと還元されるおそれは否定できない。なぜなら、そこには私の自由や不正を問いただすことのできる他者の「顔」が現れてこないからである。

この点は、この頃のレヴィナスが、あくまでメシアを「法外」――それもカヴァーのいう法とは相容れない意味において――にみていたことを示している。カヴァーによれば、法とは、現実と理想をつなぐ架け橋であり、それは人間の世界構築の営みによって可能となるものであった。つまり、理想の実現には、人間が役割を果たすことが不可欠である。ところが、この頃のレヴィナスは、メシアを神秘の内にみており、メシアを外部から救いの手を差し伸べる神になぞらえているようにもみえる。そこでは、後にレヴィナス自らがいう「無神論こそが、真なる神それ自体とのほんとうの関係を条件づける」[28]という意識は希薄である。

このように、私と他者の間主観的な経験を、神秘の観念に解消するレヴィナスの初期メシア論は、まさしく「法外」と呼ぶにふさわしいものであった。ところが中期に至って、レヴィナスは転回の兆しをみせ始める。

第三款　顔

一

中期を代表する『全体性と無限』におけるメシア論は、初期メシア論と通ずるところも多い。たとえば、初期メシア論の中核をなす「エロス」の現象学はここでも健在である。しかし、より子細にみると、初期に強調されていた「逃走」の概念は背景に退き、代わりに「裁き」という概念が登場している。

終末論的なものは、歴史の「かなた」であり、そのことで、歴史と未来が有する審判の権利から諸存在を引き剝がす。終末論的なものによって、諸存在はむしろその十全な責任をめざめさせられ、諸存在は責任へと召喚されるのである。[29]

ここにきて、他者との関係は、「逃走」することから、終末論のヴィジョンによる存在の「審判」へと変化している。つまり、メシアとの関係は、単に神秘的な摂理に巻き込まれることではなく、道徳的な裁きによって可能になるということである。しかも、ここでいう裁きとは「最後の審判」ではなく、「時間のすべての瞬間にぞくする裁き」とされており、存在者は歴史の成就に先立って、責任主体として「召喚」されている。それに伴い、私の自由を問いただして、私に不正の意識を抱かせる他者を「迎え入れること」が必要とされる。

この変化に伴い、他者は、「異邦人、寡婦、孤児」、さらには「師」という新たな概念によって表されるようになる。他者を「師」と称するのは、他者との関係が、相互的な対話の関係ではなく、非対称で不可逆の関係にあることを示すためである[30]。すなわち、師との関係は、師の「高み」からの「呼びかけ」に、弟子が応じることで成立する[31]。これは無条件の応諾ではあるが、主人と奴隷の関係のように自由を傷つけるものではない。むしろ自由を成就させる外部性が、師との関係において肯定されるということを意味している。私の自発性は、師の教えによって問いただされ、その中で私という主体性は立ち上がる。

では、他者を「迎え入れる」とは一体どういうことか。レヴィナスによれば、それは他者の「顔」を迎え入れることである。

異邦人である他者の視線は懇願し、要求する。その視線は要求するがゆえに懇願する。その視線からはすべてが奪われている。視線はいっさいへの権利をもち、贈与することでひとはこの視線を承認するからだ……こうした視線こそが、顔の顔としての顕現にほかならない[32]。

他者が「顔」として現前するのは、顔こそが「裸形」だからである。裸形は一切のかたちを脱ぎ捨てながらも、それ自体として意味を持つ。他者の顔がその裸形において私に命じる最初のことばが、「汝、殺すなかれ」である。私が人を殺してはならないのは、刑法で禁じられているからではない。顔において現れるその無防備な弱さが、殺人を倫理的に不可能とするからである。殺人だけではなく、およそ私の所有は、窮迫する裸形の顔が懇願する視線によって問いただされ、その視線のただ中で私は他者に応答する義務を負う。私は他者に呼びかけられることで、すでに義務を負ってしまっているのである。

二

このように、レヴィナスの中期メシア論の力点は、他者を追い求めることから、他者を迎え入れることへと変化してきている。問題は、一体何がこの変化を引き起こしたのかである。この点は議論が分かれるところだが、中期になって「正義」の観念がより鮮明になってきていることは間違いない[33]。それは、他者との関係を「裁き」に求めているところに表れている。裁きを介して他者を迎え入れるということは、正義を叫ぶ他者の窮状の訴えを聞いて、自らを責任ある主体として定立するということである。つまり、師の語りが有する外部性が、私に不正の意識を抱かせて、私を正義の実現へと駆り立てるのである。

　では、なぜここにきて、正義の概念が表面化してきたのか。それはレヴィナスが、「第三者」の現前により意識的になったためだと思われる[34]。この点、他者との関係が私と他者の二者間に尽きるのであれば、私は逃れゆく神秘を追い求めていれば、関係は構築されるかもしれない。しかし、複数の他者がいるとなるとそうはいかない。そこでは、貧しい者、異邦人は「等しき者」として現前して、一切の語りを「二重化」するからである。この二重化に応じて、「私」と「他者」の関係は「私たち」という関係へと流れ込み、普遍性の源である国家や制度、法を希求することになる。第三者の現前は、こうして他者との関係性に正義を要求するに至る。

　ところが、こうして等しい「私たち」が創設されたいま、他者は再び顔を失い、全体性の内に埋没するおそれはないか[35]。しかしレヴィナスは、正義の要求は、〈同〉と〈他〉を共通の視線の下で統合することを意味しないという。なぜなら、ことばによって創設される共通性は、「類の統一性」を構成することはないからである。すなわち、正義の希求へと歩を進めたのは、あくまで「第三者が、他者の眼の中で私を見つめている[36]」からであり、他者の顔を迎え入れようとしたからである。そこに、他者の顔から引きはがされた平等な「私たち」というものがあるわけではない。

　ともあれ、このように正義の次元にレヴィナスが足を踏み込んだことで、メシアの法外性は薄れつつある。というのも、他者の顔は「公共的な次元[37]」という明るみに位置する以上、法に必要とされる開放的な普遍化可能性が生まれてくるからである。ここでいう普遍化は、他者と私を等しい国家の構成員と位置づける全体化の働きによってではなく、超越的な他者との関係で結ばれた私という主体性を起点に達成されるものである。こうして、メシア的時間の成就は、他者によって責任へと呼び戻された「私」という主体性をもって可能になる。ここまでくれば、カヴァーのいう法の概念との距離は、もうそれほど遠くはない。

実際、これと似たようなことを、カヴァーも *Nomos and Narrative* で論じていた。それが先に論じた「透明なノモス」の観念である。(38) 透明なノモスは、瞬時にしてすべての人に意味が把握可能となるような世界を指しており、開放的な普遍化可能性を特質としていた。この点、カヴァーはそのモデルとして公共的な次元に位置する「シナイ山における啓示」をみていたが、これがレヴィナスのいう「師」の高みからの呼びかけに対応していることは明らかである。実際、レヴィナスは、師と弟子の関係を、ユダヤ教のトーラーを教える先生と生徒の関係になぞらえていた節がある。

以上のとおり、レヴィナスの中期メシア論は、神秘の観念から公共的な次元へと歩を進めたことで、カヴァーのいう意味での法的な色彩を強めてきたといえる。しかし、レヴィナスのメシア論は後期に至ってさらなる展開をみせる。カヴァーが「狂気」と名づけるコミットメントの本質が見えてくるのも、この文脈においてである。

第四款　身代わり

一

レヴィナスの転回の契機となったのは、ジャック・デリダの批判だったといわれている。デリダは、他者を現前として語るレヴィナスの議論もまた、存在の思考を前提とせざるをえないのではないか、またいかなる倫理学も暴力なしには開始されないのではないかとレヴィナスを批判した。[39] 自己に接近する他者の顔もまた言語であり、およそ暴力のない言語というのは形容矛盾である以上、レヴィナスのいう無限もまた有限性の言語をもって語るよりほかないのではないかとの批判である。かかる批判を受けてレヴィナスは、今度は存在論そのものから脱却すべく、「存在するとは別の仕方」を論じていくことになる。

レヴィナスの転回は、一言でいえば、主体性の規定を「〈同〉のなかの〈他〉」と捉えなおした点に集約される。〈同〉のなかの〈他〉とは、「〈他〉によって不安をかき立てられた〈同〉の動揺」のことである。[40] ここでの〈他〉は、これまでと同様「他者の顔」を指すが、ここにきて顔は「現前」ではなく「痕跡」として語られている。[41] なぜなら、無数のしわが刻み込まれた顔には、もはや回帰することのない過ぎ去りし時間が示されているからである。つまり、他者の顔とは、私の意識に還元することはできない過去の「不在」のことである。このように、他者が「不在」とされたことによって、レヴィナスの議論の力点も、他者そのものから、他者によって動揺させられる〈私〉へとシフトすることになる。

レヴィナスによれば、この動揺させられる〈私〉は、「感受性」の次元で確認される。感受性とは、私の「傷つきやすさ」のことである。私の身体は、この感受性において、すべての志向性に先立って、受動的に傷を負っている。私は、他者の痕跡に曝され、他者によって「迫害」され、他者の「人質」となって「外傷」を負っている。そして、この受動性において、私は他者のためにその「身代わり」となる有責性を引き受けている。この責任は、私が他者に曝されていることで受動的に課せられた責任であるから、誰も私に代わって引き受けることのできない代替不能な責任である。この代替不能性こそが、他者に選ばれし者としての私のかけがえのなさ、つまりは主体性を確証してくれる。こうして、私は他者の身代わりとして自己を引き渡すことで、自己という存在が反転し主体性が立ち上がる。(42)

ここで主体性をもたらす他者の他性とは、もはや「高み」から教えを授ける「師」のことではない。それは、自己の同一性を「破綻」させて、私を「狂気」へと誘う外傷のことである。(43) 狂気においてこそ主体性への道は開けてくるというこの発想は、一見すると逆説的であるが、狂気によって自我が一掃されないことには、私はいつまでも存在に囚われたままである。内存在性からの超脱を実現するためには、私の意に反してなされる召喚によって私を炸裂させて、私は他者に迫害されているという狂気から出発する必要がある。この錯乱した意識のもと、外傷を受難(passion)として耐えて、他者のための身代わりとして「贖う」ことによってのみ、私の主体性を擁護することは可能となる。

二

以上の「身代わり」としての主体性の観念は、レヴィナスのメシア論を新しい次元へと誘う。実は、『存在の彼方へ』においては、メシアへの言及は一切消滅している。しかし、それはメシアが不要となったからではなく、メシアが私自身の責任に転化したからである。このことは、中期を過ぎた頃のユダヤ思想に関するレヴィナスの論稿「メシアとは誰か」(44) の中にみてとれる。その中でレヴィナスは、メシアとは「ラビの学派のらい病患者である」とのタルムードの一句を紹介して、それはメシアが「特定の一存在者」ではなく、「私」であることを告知しているという。なぜなら、メシアとは「他者たちの苦しみをおのれの身に引き受けるもの」であり、それはまさしく「私」の定義そのものだからである。

かくして、レヴィナスは「メシアとしての私」の観念に到達する。それはメシアを、歴史の終わりに顕現する神秘的な救世主としてではなく、人間に課せられた個人的使命として観念している。つまり、一人ひとりの個人が他者に対して責任を果たすことが、メシアの時間の実現には必要とされるのである。これは、いわゆるユダヤ教の「選民思想」を彷彿とさせる考え方である。実際、レヴィナスは次のように述べている。

> 一人一人の個人は実質的には選民であり、自分の番がくると、あるいは自分の番がくるに先立って、……責任をもって応えることを使命としている[45]。

これは選民思想ではあるが、レヴィナスの意図は、ユダヤ人のみが優先的に救済の「特権」に与かれるとするエゴイスティックな民族主義を表すことにはない。それは、一人ひとりの個人が責任を負わねばならないとする「有責性」を表したものである。その前提には、人間の義務と責任は、神が代わって引き受けることはできないとの考え方がある。これに対しては、神が全知全能ならば、なぜ人間の責任を解除しないのかとの疑問が湧く。しかし、この疑問を神に投げかけることは、神に人間と同じ土俵に上がれと言うようなものである[46]。神は、私たちが罪を犯したから有責だといっているわけではない。そう考える人は、私たちが全く自由な絶対的始原であることを前提にしている。だが実際には、私たちは「隣人に対してすでに遅れて」いる。[47] すでに外傷を通して命令を授けられているというこの始原的な遅れこそが、有責性の根拠である。

そうだとしても、なぜ選民思想である必要があるのか。特権ではなく有責性といってみたところで、それはやはりユダヤ人だけが救いを得るとする特殊救済論ではないか。これに対してレヴィナスは、「イスラエルとは歴史的事実というよりはひとつの道徳的カテゴリー」であるとして、「歴史的、民族的、地域的、人種的観念」とは無縁と言い切っている。[48] にもかかわらず、レヴィナスがあくまで「選び」の意識を必要とするのは、選びの意識なくして道徳性は実現しえないと考えるからである。[49] 世界が善へと向かうのは、自分自身に対して他者に要求するよりも多くを要求する人間が存在するからである。自分のことを他と平等な「普通の国」の国民であると考える人は、客観的には公正とはいえても、決して正義の起点になることはできない。[50] 真の正義は、他の誰よりも自分が責任を負うということの「不平等」の感覚をもってはじめて可能になる。[51]

以上がレヴィナスの説いた普遍主義的な特殊恩寵説である。[52] それは、罪を犯していないにもかかわらず責任を負わなければならないとする点で過失責任の原則に、他者に対して完済不能な無限の責任を負い続けるとする点で有限責任の原則に反している。その意味では、他者の身代わりになるという常軌を逸した応答は、依然として「法外」であることに変わりはない。しかし、同じ法外でも、初期や中期の頃のメシア論でいう法外とは全く違う。ここでは、外部から到来して我々の悪に対する責任を解除してくれるような法外さは、もはや想定されていない。そこにあるのは、善の意識と律法だけに基づいて正義を実現しようとする「身代わりとしての私」の責任、ただそれだけである。

三

レヴィナスの後期メシア論を前提にすれば、ツファトのラビたちによるメシア召喚の試みを「狂気」と呼びながらも、これを同時に「法的」とみたカヴァーの真意も明らかになる。それは、メシア召喚を試みるラビたちの内に、他者に先んじて自らが責任を引き受けようとする常軌を逸した応答をみたからであろう。メシアを召喚して平和な時間を到来させるためには、まず誰よりも先に自らが召喚されて贖いへと従事する必要がある。この応答はとても正気とはいえないが、そこで求められるのは人間の努力だけであるから、カヴァーの法の定義からしても法外ということにはならない。対照的にシャブタイ派運動は、メシアを名乗るシャブタイ・ツヴィ自身が身代わりとなることを拒否した上に、信奉者たちが伝統的なトーラーから逸脱した点で、明らかに法外といえる。

かくして、カヴァーが晩年にメシア主義に傾倒した理由も明らかになる。それは、全体性の暴力から逃れ「他者」を迎え入れるには、狂気のコミットメントによって自己を炸裂させる必要があると考えたからである。この狂気こそが、他者との関係を可能にし、ひいては自己という主体性を立ち上げることを可能にする。それは同時に、全体性には解消されることのない真の意味での時間性を可能にすることであり、立憲主義に時間性をもたらそうとするカヴァーの試みも、この「メシアとしての私」の観念をもって、ようやく完結をみることになる。

これが、レヴィナスの議論を伏線に敷くことで得られる、カヴァーの「メシア論的転回」の意味である。しかし、カヴァーの以上の議論は、一つ致命的ともいえるアキレス腱を抱えている。それは、身代わりとしての私が負う責任とは、私の意に反して課せられた責任であり、また他者への応答に決して終わりがない点で、従来の法的責任論とは正面から相容れないという点である。そのような責任論を、法的責任に翻訳することは果たして可能なのか。その可能性を探究することが、次章の課題である。

(1) エマニュエル・レヴィナス(熊野純彦訳)『全体性と無限(上)』(岩波文庫、二〇〇五)二四頁。以下の叙述については、同一三―三四頁を参照。
(2) より正確には、戦争とは一つの全体性に帰属することを拒否する複数の存在者の関係のことをいう。
(3) あの「明白かつ現在の危険」の基準もまた、実は戦時における表現の自由の制約を正当化する方向で機能していたことを想起すべきである(*See* Schenck v. United States, 249 U.S. 47 (1919))。
(4) 以下、レヴィナス・前掲注(1)一七―二〇頁。
(5) エマニュエル・レヴィナス(熊野純彦訳)『全体性と無限(下)』(岩波文庫、二〇〇六)二二九頁。
(6) エマニュエル・レヴィナス(内田樹訳)「メシア的テクスト」同『困難な自由――ユダヤ教についての試論』(国文社、二〇〇八)九九頁。
(7) レヴィナス・前掲注(5)二二九頁。
(8) レヴィナスのメシア主義を三段階に分けて分析する手法は、Terence Holden, Levinas, Messianism, and Parody 98–148 (Bloomsbury 2013)の分析に負う。ただし、この三段階の思考は互いに排他的なものではなく、そこには連続性もみてとれる。
(9) エマニュエル・レヴィナス(原田佳彦訳)『時間と他者』(法政大学出版局、一九八六)三頁。
(10) 同五頁。
(11) 内田は、レヴィナスの時間論の背景に、他者の理解や共感はホロコーストを防ぐことには役立たなかったという実存的経験をみている(参照、内田樹「レヴィナスの時間論」福音と世界二〇一四年一二月号(二〇一四)八頁以下)。

(12) レヴィナス・前掲注(9)六六頁。

(13) マルティン・ハイデガー(熊野純彦訳)『存在と時間(三)』(岩波文庫、二〇一三)四六節以下。

(14) この点は初期のレヴィナスが、吐き気をもよおす存在からの逃走を強調していたところに顕著に表れている(エマニュエル・レヴィナス(合田正人訳)「逃走論」同『レヴィナス・コレクション』(ちくま学芸文庫、一九九九)一四三頁以下、ジャン゠ポール・サルトル(鈴木道彦訳)『嘔吐』(人文書院、二〇一〇)も参照)。

(15) 反転の構造は、不眠の捉え方にも現れている(エマニュエル・レヴィナス(西谷修訳)『実存から実存者へ』(講談社学術文庫、一九九六)一三二頁以下)。レヴィナスによると、不眠は主体の目覚めではなく、夜それ自身の目覚めである。不眠の中で、主体は夜に溶けこんで輪郭を失っている。この匿名的な夜の存在の恐怖から「私」を獲得することができるのは、私の消失であるはずの「眠り」においてである。

(16) レヴィナス・前掲注(9)八四頁以下。ただし、ここでいう女性とは、生物学的・ジェンダー的分類とは別ものである。

(17) この文脈でレヴィナスが導入するのが、渇望(désir)と欲求(besoin)の区別である。欲求は充足されるが、渇望は決して満たされることのない無限の渇きである。

(18) レヴィナス・前掲注(9)九二頁。

(19) 参照、内田・前掲注(11)八頁以下。たとえばユダヤ教の過越祭「ペサハ」における空席の儀礼がこれに当たる(ロベール・アロン(内田樹訳)『ユダヤ教――過去と未来』(ヨルダン社、一九九八)一一一―一一二頁)。

(20) Carol Gilligan, In a Different Voice (Harvard University Press 1982)(岩男寿美子監訳、生田久美子・並木美智子訳『もうひとつの声――男女の道徳観のちがいと女性のアイデンティティ』(川島書店、一九八六)).

(21) 日本社会はこの女性の倫理で成り立っている可能性を、西洋との昔話との比較で明らかにしたものとして、参照、河合隼雄『昔話と日本人の心』(岩波現代文庫、二〇〇二)。

(22) Robert M. Cover, *The Supreme Court, 1982 Term—Foreword: Nomos and Narrative*, 97 HARV. L. REV. 4, 16 (n. 43) (1983).

(23) Wallace Stevens, *'Connoisseur of Chaos' in* The Palm at the End of the Mind 166–168 (Holley Stevens ed., Vintage Books 1972).

(24) *Id.* at 167.

(25) レヴィナス・前掲注(9)九四—九五頁。
(26) 参照、エマニュエル・レヴィナス(内田樹訳)『タルムード新五講話——神聖から聖潔へ』(国文社、一九九〇)一七七頁以下、およびレヴィナス・前掲注(6)一〇七頁。
(27) 後にレヴィナスは、他者は顔において現前するというようになる(レヴィナス・前掲注(5)一四頁以下)。
(28) レヴィナス・前掲注(1)一四三頁。ここでいう無神論とは、「神的なものの肯定にも否定にも先だつ立場、融即からの断絶」を意味する(同九八頁)。
(29) 同一八頁。
(30) レヴィナスが対話を重視するブーバーと袂を分かつのも、この時点においてである(マルティン・ブーバー(植田重雄訳)『我と汝・対話』(岩波文庫、一九七九))。
(31) この無条件の応諾は、「我此処にあり」という「証言」である(エマニュエル・レヴィナス(合田正人訳)『神・死・時間』(法政大学出版局、一九九四)二八〇頁以下)。
(32) レヴィナス・前掲注(1)一三八頁。
(33) 同一二八、一三〇頁。
(34) レヴィナス・前掲注(5)七四、二五七頁。ただしレヴィナスは、他者との関係が第三者との関係を含むことには、かなり早い段階から気がついていた(参照、レヴィナス「自我と全体性」同・前掲注(14)三八五頁以下)。
(35) *See* Holden, *supra* note 8 at 98–148.
(36) レヴィナス・前掲注(5)七三—七四頁。
(37) 同七三頁。
(38) Cover, *supra* note 22 at 14.
(39) ジャック・デリダ(川久保輝興訳)「暴力と形而上学——エマニュエル・レヴィナスの思考に関する試論」同『エクリチュールと差異(上)』(法政大学出版局、一九七七)二六六、二七四頁。
(40) エマニュエル・レヴィナス(合田正人訳)『存在の彼方へ』(講談社学術文庫、一九九九)七二頁。
(41) 痕跡(trace)とは、「意識のアルケーによって賦活されることなく、しかも顕示可能なものの光明を消去し、現在を不安に陥れながら過ぎ去る」仕方のことである(同二三五頁)。
(42) 感受性については同一五二頁以下、身代わりについては同二三二頁以下、外傷についてはレヴィナス・前掲

注(31)二四三頁を参照。

(43) レヴィナスの後期思想を「外傷」の哲学として位置づけるのが、精神分析学に通ずる村上靖彦『レヴィナス——壊れものとしての人間』(河出書房新社、二〇一二)一五〇頁以下である。

(44) レヴィナス・前掲注(6)一四三頁以下。

(45) レヴィナス・前掲注(40)四一二頁。

(46) 果敢にも神に対してこの挑戦を試みたのがヨブである(ヨブ記(Job)三一章)。レヴィナス・前掲注(6)四四—四七頁も参照。

(47) レヴィナス・前掲注(40)二〇九頁。神がヨブに「お前は世界創造の時にどこにいたのか」と問い詰めることで問題にしていたのも、この「遅れ」である(ヨブ記三八章)。

(48) エマニュエル・レヴィナス「成人の宗教」同・前掲注(6)四八頁。

(49) 「例外的な地位についての意識、選びの意識ではないような道徳的意識は存在しない」(同四七頁)。

(50) 参照、内田樹『レヴィナスと愛の現象学』(せりか書房、二〇〇一)二七七頁。

(51) この文脈でレヴィナスが好んで引用するのが、ドストエフスキーの次の一句である。「われわれはだれでも、すべての人に対してあらゆる面で罪深い人間だけれど、なかでも僕はいちばん罪深いんですよ」(フィヨードル・ドストエフスキー(原卓也訳)『カラマーゾフの兄弟(中)』(新潮文庫、一九七八)六七頁)。

(52) 参照、市川裕「ユダヤ教の現代メシア論——ショーレムとレヴィナスの対話」東京大学宗教学年報二七号(二〇〇九)一頁以下。

第二章　贖い

序節

ここに、人類は進歩の階段を上ってきたのかという問いがある。一七世紀以降の近代国家の発展は、この問いにひとまず肯定で答えることを可能にした(1)。しかし、戦争の世紀と呼ばれた二〇世紀を経て、我々は進歩とはかけ離れた現実を生きていることに気づく。二度の世界大戦を経て、人類は教訓を得たようにも思われたが、その後も冷戦を始め様々な紛争が勃発し、世界はますます断片化の様相を強めている。世界が次なる大戦に突入しないことを保証するのが核兵器であるという現実を我々は受け止めないわけにはいかない。

この圧倒的に堕落した現実を前に、我々に残された選択肢は大きく二つある。一つは、堕落した現実に打ちひしがれて、ただ絶望に浸ることである。もう一つは、堕落した現実にもかかわらず、絶望から希望へと至ろうと努力することである。しかし、悪が蔓延するこの世の中で、後者の道を行くことが容易でないことは、悪を神の善性と調和させようと苦闘する神義論の展開をみてもわかる。(2)そうした中、あえてこの困難な道のりを歩むことを選んだのが、カヴァーによる贖いの憲法論である。その道筋を明らかにすることは、同じく堕落した現実に囚われた「日本」にとって、一筋の光となるはずである。

(1)　いわゆる「進歩史観」、「近代史観」と呼ばれるものがその代表である。ただし、歴史の終点をどこにみるかについてはなお議論がある(*Cf.* F. Fukuyama, *The End of History and the Last Man* (The Free Press 1992)(渡部昇一訳『歴史の終わり——歴史の「終点」に立つ最後の人間〔新装新版〕(上)(下)』(三笠書房、二〇〇五)) and S. Huntington, *The Clash of Civilizations and the Remaking of World Order* (Simon & Schuster 1996)(鈴木主税訳『文明の衝突(上)(下)』(集英社文庫、二〇一七)))。

(2)　この問題は、ライプニッツが弁神論(神義論)の名のもとに主題化して以来、神学において盛んに議論されてきている(参照、G・ライプニッツ(佐々木能章訳)『ライプニッツ著作集⑹・⑺　宗教哲学』(工作舎、一九九〇・一九九一))。

第一節　責任

第一款　神、人間、世界

一

本節の目的は、「贖い＝宗教的なもの」と「国家＝政治的なもの」の関係性を明らかにすることにある。カヴァーによると、ノモスにも「孤立」と「贖い」の二つの形態がある。(1)「孤立」とは、社会から隔離された空間で独自の法理解を実践する形態のこと、「贖い」とは、自らの法理解を社会全体において実現しようとする形態のことをいう。両者の違いは、前者が自己の世界内で理想が実現されていることで満足するのに対し、後者は理想が社会全体にまで広がることを目的とする点にある。前者の例がセクトの宗教団体、後者の例が公民権運動の活動家である。

では、なぜカヴァーは、後者の形態を「贖い」という宗教的表象によって表すのか。それは、終末論的な意味合いを持つこの語が、世の中に無数にある社会運動の中から、法的な運動を選別することを可能にするからである。この点、ある選好を共有する人々が集まって、その選好を社会に広めようというだけでは、法的な運動とはいえない。なぜなら、そこには、自己の法の理解のために、将来に向かって責任を果たそうとする覚悟が欠けているからである。この点で贖いという語は、この事態を過不足なく言い当てることができる点で優れている。(2)

問題は、カヴァーが、この贖いの意義をどのように考えているかである。贖いと一口にいってもその意味するところは様々であり、たとえばキリスト教とユダヤ教の間でもその意味は大きく異なる。カヴァーのメシア論をレヴィナスのメシア主義に即して読む本書にとって、この贖いの意味を明らかにすることは必要不可欠といえる。それによって、無限責任という法外な思考を、法的に捉えようとしたカヴァーの真意を浮かび上がらせることもできるはずである。

二

カヴァーによると、孤立と贖いの二項対立が先鋭に現れたのが、二人の奴隷制廃止運動家の対照的な見解においてである(3)。時は一九世紀半ば、合衆国では憲法と奴隷制の関係をいかにみるかが争われていた。この問いに対して、孤立の軌道を描いたのがウィリアム・ロイド・ガリソン、贖いの軌道を描いたのがフレデリック・ダグラスであった。

一方でガリソンは、奴隷制を容認する憲法は「死との契約」であるから、破棄されなければならないという(4)。なぜなら、神はすべての人間を平等に造ったにもかかわらず、人間はヒエラルキーを前提とする法を生み出して、道徳的に退廃しているからである。この退廃から脱するためには、既存の法秩序を破棄して再び神の意志に従う必要があり、そのためには、各人が良心に従って己を卓越的に律しなければならない。皆が精神的な卓越を成し遂げれば、奴隷制は自然消滅して、皆が道徳的退廃から救われる。卓越主義に立脚する以上は、奴隷の部分的・段階的解放はありえず、全面的かつ即時の解放のみが選択肢である。

以上のガリソンの主張は、憲法を廃棄して各人が卓越を達成しさえすれば、神の下で奴隷解放は実現されるというものであり、神と人間の直接的な結びつきを強調する点でプロテスタンティズムに近似している。しかし、この主張は論理的には正しいとしても、万人が卓越を成し遂げるというのは現実的でない点に問題を抱えている。さらに、極端な法実証主義に固執するあまり、法的変動の可能性が一切否定されている点も問題である。ガリソンの頭には、現憲法を擁護するか、破棄するかのオールオアナッシングの選択肢しかなく、現憲法を前提にしつつも、それをよりよいものへと変えていくという選択肢は排除されている。

他方のダグラスは、憲法が奴隷制を容認しているとの解釈を否定するところから始める。[5] 曰く、憲法解釈においては制憲者意思ではなく、テクストのみが決め手とされなければならないが、憲法典に奴隷制を容認するテクストは見当たらない。一般に容認の根拠として援用されるいくつかの条項についても、むしろ奴隷制に否定的評価をもって臨んでいると解釈しうる。たとえば、議員定数等を算出する際に「自由人」ではない「その他」の人を五分の三に数える規定は、奴隷制を容認した規定と解するのが一般だが、むしろこれは五分の二を上乗せすることで奴隷解放を促進した規定と解釈すべきである。[6]

以上のダグラスの憲法解釈は、お世辞にも優れたものとは言い難い。仮にダグラスのいうようにテクストのみを根拠にするのだとしても、テクストの構造に鑑みれば、少なくとも奴隷州においては奴隷制の存置を容認していることは明らかだからである。[7] しかし注目すべきなのは、ダグラスはこのことを十分に知りながら、あえてそう解釈している点にある。このことは、ダグラス自身が元々はガリソニアンだったことからも裏づけられる。問題は、なぜダグラスは、ガリソニアンから転向して、一見無理筋ともいえる解釈に及んだのかという点にある。ダグラス自身は次のように述べている。

私が導かれた結論とは、「より完全な結合体を形成し、正義を確立し、国内の平穏を確保し、共同の防衛に備え、一般的福祉を促進し、自由の恵沢を確保する」ことを目的とする合衆国憲法が、同時に奴隷のような強奪と殺人のシステムを維持し永続するために設計されたはずがないということである。憲法の中にそれを是認する言葉が一つも見つからないなら、なおさらそうである。(8)

つまり、あれほど崇高な理想を掲げた憲法なのだから、奴隷制のような悪を容認したはずがないということである。しかし、これだけでは十分な理由にはならない。なぜなら、憲法は善だから悪は存在しえないということは、神義論の問いを否定するに等しいからである。神義論を真面目に受け止めるなら、奴隷制という悪がこの世に存在することはあくまで前提にした上で、諸悪と憲法の関係性を語らなければならない。しかしカヴァーによると、実のところこの問題を誰よりも真剣に受け止めていたのがダグラスである。それは、ダグラスがかつて逃亡奴隷だったという身分的な境遇から裏付けられる。(9)

カヴァー曰く、ガリソンの一番の問題点は、法的変動の可能性を一切あきらめた点にある。たしかに、我々がみな完璧な人間であるなら、ガリソンのいうような一挙の革命的変動も期待できるかもしれない。しかし、人間は実際には不完全であることを思うとき、卓越主義に固執することは、結局卓越的に生きる人々とそうでない人々を区別して、後者を切り捨てることを意味する。だが、北部の住人だけが憲法を破棄してみたところで、南部諸州の奴隷はなお鎖につながれたままである。これは逃亡奴隷であったダグラスからしてみれば、同胞たちを見殺しにするようなものであり、到底受け入れられるはずはなかった。

以上が転向の理由であったとすれば、ダグラスが贖いの道を選んだのは自然なことである。ガリソンのように卓越主義に固執して孤立した世界に閉じこもるのではなく、同胞たちも救うべくアメリカ社会全体で奴隷解放を実現する。そのためには、憲法を破棄して合衆国を解体するのではなく、あえて憲法が奴隷制に反対していると読み込むことで、あくまで現憲法の枠内で奴隷制を廃止する責任を自らが引き受ける必要があった。その責任を引き受けることが贖いへの道であり、それこそがダグラス自身のその後の生き方でもあった。そこには、先の「身代わりとしての私」の観念と同様の議論の構造をみてとることができる。

これは、ローゼンツヴァイクの分類を借りれば、ガリソンが「神と人間」の関係しかみていなかった問題の内に、ダグラスだけは「人間と世界」の関係をみていたということでもある(10)。神と人間の関係だけが問題なら、人間は神に対してのみ応答していれば十分である。なぜなら、いかなる不正も神が断罪してくれる以上、人間はただ神を待つだけでよいからである。しかし、それでは神が創造した世界を否定することになるばかりか、やがて人間は倫理的に振舞う努力をすることをやめてしまうだろう。人間と世界の関係を真剣に受け止めるのであれば、神を待つのみならず、神以外の他者に対しても先取りして応答しなければならない。そのためには人間の努力と責任が必要とされる。

第二款　無限責任

一

しかし、なぜダグラスは同胞たちに責任を負わねばならないのか。同胞たちを鎖でつないでいるのは奴隷主であって、ダグラスではない。自分が犯していない罪に対してまで責任を負うというのは、明らかに過失責任の原則に反する。もちろん、この責任が倫理的なものにとどまるというなら別の話だが、ダグラスはこの責任をあくまで「法的」なものと位置づけるため、その根拠が問題となる。

一つには、同胞たちを見殺しにすることへの罪悪感がある。しかし、それは誰しもが抱く正義感の裏返しにすぎず、「義務を超える行為」[11]であって法的な責任というには及ばないだろう。法的というからには、むしろそれはダグラスその人に課せられた固有の責任である必要がある。ここで想起されるのが、再びレヴィナスの議論である。なぜなら、レヴィナスとダグラスは、前者は戦争捕虜、後者は奴隷という点で違いはあるけれども、共に囚われの身から自由になった「生き残り」としての身分を共有しているからである。

ホロコーストによって故郷も親族も失ったレヴィナスにとっては、すべてを消し去ってもまるで何事もなかったかのように存在する世界そのものが恐怖であった。むろん、レヴィナスが生き残ったことに何か根拠があるわけもなく、そこには他人の場所を占めている居心地の悪さだけが残った[12]。その中でレヴィナスがたどり着いたのが、私は外傷的な仕方で命令されているという見方である。レヴィナス自身の経験でいえば、それは自分だけが理由もなく生き残ってしまったことに対する一種のトラウマだったといえる。無意味に取り残された私が再び私と名乗ることができるとすれば、それは誰も私にとっては代わることのできない唯一の行為である、他者の身代わりとなることにおいてである。

境遇は違えども、同じ生き残りとしてダグラスを贖いに駆り立てたのも、おそらくこのトラウマである。逃亡奴隷としてのダグラスは、自らが責任ある立場から発言しなければならなくなったとき、自らの見解を再考する必要に迫られたと述べている。今なお鎖につながれている同胞たちを横目に、自分だけが自由人でいることの後ろめたさ。その中で再び眠りにつくことができるとすれば、それは自分の犯していない罪にまで罪状を告白して、他者に対して責任を負うことによってである。相手の顔も知らない中、痕跡のみを頼りに探り当てた他者の身代わりとなることで、私という無意味が反転して主体性が立ち上がる。

では、なぜこれが法的な責任といえるのか。それは、身代わりになることが代替不能な行為だからである。代替不能性が法的責任を基礎づけることは、刑法上の不作為犯の構造に顕著に表れている。一般に不作為犯の作為義務は、意図的な引き受けでなくても、先行行為によって法益に対する危険を創出し、かつ法益に対して排他的支配を有していれば認められるとされている[13]。この後者の排他的支配の要件は、まさに私以外には代わりがいないというその事実が、私の作為義務を基礎づけている。もちろん、刑法上は物理的な排他性が問題であるから、この議論がそのまま妥当するわけではないが、外傷に曝されて他者の声を聴き取ってしまった私も、その他者に対して排他性を有していることに変わりはない。

むしろ問題なのは、前者の危険の創出の要件である。なぜなら、身代わりとしての私は、他者に対していかなる危険も創出していないことが前提だからである。[14] しかし、自らは危険を創出していないが、自分が責任を負うと名乗り出ることで、事実上の引き受けがあったとみることができる。そもそも、ここでいう責任とは、刑法上の責任のように、第三者が義務履行を強制できる性質のものではない。自分が責任を負うと名乗り出る者に対して、憲法がその責任を法的なものとして認めるかどうかが、ここでの問題である。

実際、強制はできないが法的責任として認めるべきかという問題は、憲法上は自己決定権の名の下に語られてきた。この点、自己決定権は、権利と呼びこそすれ、その本質は責任である。なぜなら、自己決定権とは好き勝手に振る舞う一般的行動の自由ではなく、自己のノモス(autos＋nomos)に従う義務のことをいうからである。[15] しかし、義務ではあるが、たとえ履行されなかったとしても、そのことで第三者によって責任を咎められるものではない。その意味では、任意の履行に任された責任ではあるが、この責任を自己決定権として法的に承認することについて、従来から異論はみられない。

二

以上の議論を踏まえると、受動的に課せられた責任であっても、これを憲法上の法的責任として承認することは十分可能である。しかし、かりにこの無限責任論を承認したとしても、過失責任や有限責任を内容とする従来の法的責任論の存在すべてが否定されるわけではない。というのも、両者の責任論はねらいが全く異なるからである。すなわち、従来の責任論は、「現状」の維持や回復を目的としている。このことは責任違反に対する効果が、予防を目的とする刑罰や損害を補塡する損害賠償であるところに表れている。この意味における責任を人々が果たすのは、損害賠償や刑罰を免れたいという処罰への「恐れ」からであり、だからこそ国家の強制執行によって責任を担保する必要がある(16)。

これに対して、無限責任は「善性」の実現を目的としている。自分の犯した罪にしか責任を負わないという因果の図式で責任を捉える限り、現状を維持することはできても、善性は一向に実現されない。因果関係がない罪にまで責任を負うことではじめて、世界はより良い方向へと向かうことができる。ここでは処罰が控えているわけではないから、私を贖いに駆り立てるのは「善」そのものである。私とは存在の彼方にある善によって選ばれし者であって、選ばれし者であるがゆえに自分の犯したこと以上の責任を負う(17)。

このように、有限責任と無限責任はねらいが異なる以上、同一の法的枠組みの中で双方の責任論の居場所をみつけることは可能である。もっとも、場面によっては当然、両者の責任論が衝突する場面が出てくる。このとき、両者の妥当範囲をどう調整するかは難問である。実は、この問いこそ、カヴァーが「贖い」を通じて答えようとした問いにほかならない。

カヴァーによれば、憲法訴訟において贖いのヴィジョンが当事者より示されたときには、裁判官は必ずそれに応答する義務がある。もちろん、裁判所はそのヴィジョンを法的に承認する必要まではないが、もしそれを否定するならそれなりの理由を示さなければならない。現状維持を根拠に贖いのヴィジョンを退けることは、存在の暴力に屈するため許されないのである。贖いとは、まだ見ぬ未来への時間を「先取り」することであり、裁判官も平和を志す以上は、当然この未来と無縁ではありえない。[18] この贖いの議論からすれば、従来の法的責任論を否認することなく、無限責任論を憲法論に接続することができる。

三

しかし問題は、本当に贖いという無限責任をもって、公共社会を生成することは可能なのかという点にある。[19] たしかに、他者との関係が私と他者の二者間に尽きるのであれば、無限責任を通じて善の秩序を優先させていれば、社会性は可能になるかもしれない。しかし、複数の他者が登場する場合にはそうはいかない。裁判官としては、善の問いに踏み込んで一方当事者を他方に優先させるよりは、存在の秩序に服して現状維持に努める方が公正と考えるのは自然なことである。

ここでは、「贖い＝宗教的なもの」と「国家＝政治的なもの」という相対立する二つのカテゴリーが、本当に接続可能なものかどうかが問われている。その接続を試みた論者の議論の場に立ち会うことが、最終節の目的である。

（1） Robert M. Cover, *The Supreme Court, 1982 Term—Foreword: Nomos and Narrative*, 97 HARV. L. REV. 4, 26-35 (1983).
（2） *Id.* at 34-35.
（3） *Id.* at 35-40.
（4） *See* William Wieck, The Sources of Antislavery Constitutionalism in America, 1760-1848 228-248 (Cornell University Press 1977).

(5) Frederick Douglass, *The Constitution of the United States: Is It Pro-Slavery or Anti-Slavery?* (speech Delivered in Glasgow, Scotland, March 26, 1860).

(6) 合衆国憲法第一条第二節。実際にはこの規定は、奴隷州と自由州の間の政治的妥協の産物である。

(7) テクストの構造主義については、Charles L. Black, Jr., Structure and Relationship in Constitutional Law (OX Bow Press 1969)を参照。

(8) Frederick Douglass, Life and Times of Frederick Douglass 261–262 (MacMillan Co. 1962 [1892]).

(9) Cover, *supra* note 1 at 38.

(10) 啓示において人間は神に対して開かれるが、世界に対して自らを開くためには神を待つだけでなく、神の前で歩まなければならない(参照、フランツ・ローゼンツヴァイク(村岡晋一ほか訳)『救済の星』(みすず書房、二〇〇九)三二一頁)。

(11) *See* Joseph Raz, Practical Reason and Norms 91–95 (Oxford University Press 1999)、および長谷部恭男「「義務なき働き」について」同『憲法の理性〔増補新装版〕』(東京大学出版会、二〇一六)二四二頁以下を参照。

(12) 身代わりとしての責任とは、「他者の死への責任、生き残りとしての私の責任」のことである(エマニュエル・レヴィナス(合田正人訳)『神・死・時間』(法政大学出版局、一九九四)八〇頁)。

(13) 参照、佐伯仁志『刑法総論の考え方・楽しみ方』(有斐閣、二〇一三)第六章。

(14) ただし、保護責任者遺棄罪(二一八条)は、危険の創出がなくとも作為義務が認められる場合があることを前提としている。

(15) 人格的自律説とカントの義務論の関係性については、土井真一「人格的自律権論に関する覚書」初宿正典ほか編『国民主権と法の支配〔下巻〕』(成文堂、二〇〇八)一六一―一六九頁を参照。

(16) これに対して「応報」は正義を実現するといわれることがあるが、害悪に対して害悪を加えれば正義が生まれるということに確たる根拠はない(*See* H. L. A. Hart, Punishment and Responsibility 234–235 (Oxford University Press 1968))。

(17) エマニュエル・レヴィナス(合田正人訳)『存在の彼方へ』(講談社学術文庫、一九九九)二八一―二八五頁。

(18) ローゼンツヴァイク・前掲注(10)三三六頁。

(19) 宗教と社会の連続性については、エミール・デュルケーム(古野清人訳)『宗教生活の原初形態(上)(下)』(岩波文庫、一九七五）参照。

第二節　国家

第一款　民族

一

ここでの問いは、贖いによって公共社会を生み出すことは可能なのかという点である。アメリカ憲法学において、近時、憲法を贖罪の物語として描き出したのが、バルキンの CONSTITUTIONAL REDEMPTION (2011) である。(1) 以下、概観してみたい。

物語は、アメリカ憲法が生まれながらにして「堕落」しているというところから始まる。奴隷制を始め数々の不平等を容認する憲法は、「死との契約」として破棄されるべきではないか。しかしそれは正しくない。なぜなら、「我ら人民」は独立宣言において、全ての人間に平等と生命・自由・幸福追求の権利を「約束」したからである。この約束は「贖罪」の予言である。なぜなら、未だ果たしえない約束が、いつの日か果たされることを予言しているからである。憲法は、この独立宣言に謳われた約束を実現するために存在しており、人々は贖罪を通じて憲法を堕落から救済しなければならない。

バルキンによると、以上の贖罪の物語は、原意主義を不可避的に要請する。ただし、ここでの原意とは、政治を動かす統治のための基本的枠組みに限られており、枠組みの空間の要求を満たす構築作業は将来に委ねられる。この「原意主義」と「生ける憲法」を総合する議論を指して、バルキンは「生ける原意主義」(2)と呼ぶ。原意の範囲をこれほどまでに切り詰めてまでバルキンが原意主義にこだわる理由は、贖罪は憲法解釈を市民の良心に任せる「プロテスタンティズム」を通じてのみ可能になるとの見方があるからである(3)。憲法解釈の権限を法律専門家集団に排他的に認める「カトリシズム」をバルキンが採用しなかったのは、これまでの贖罪は経験的にみて、我ら人民こそが実現してきたとの自負があるからである。奴隷解放、ニューディール、公民権運動等の憲法の変化はいずれも、所与の憲法解釈に満足しない市民の憲法解釈観が、社会運動や政党政治へと結実することにより実現されたものであった。かくして、我ら人民は己の良心に従って憲法を解釈し、贖罪を実現すべく努力していかなければならないとされる。

もっとも、贖罪の物語においては、贖罪の成就は約束されてはおらず、贖罪の可能性が示唆されるにすぎない。しかし、結末は地獄かもしれないのに、なぜ我ら人民は贖罪への階段を上ろうと努力しようとするのか。バルキンの答えは「信仰」があるからというものである。我ら人民が憲法を堕落から救済できるとの信念こそが、将来の不確実性にもかかわらず、人民を憲法実践に駆り立てるという。

二

以上のバルキンの議論は、贖いをもって憲法を正当化する試みとして注目に値する。これによれば、民衆は贖いを通じて憲法を自力で救済することになるため、宗教から政治への連続を上手く説明することができる。また、そこでは「我ら人民」が主体ではあるが、他者に対して罪を贖うことが目的であるから、自己の内に他者を解消する危険もない[4]。しかし、バルキンの議論には二つの問題点を指摘することができる。

第一に、信仰は決して強制しえないために、信仰しない者に対しては、贖罪の物語の規範力を及ぼせない点にある[5]。この点、バルキン自身は、贖罪の物語のもつ「説得力」によって信仰は可能になると考えているようである。たしかに、アメリカのように、プロテスタンティズムの土壌があり、進歩の階段を徐々に上ってきた歴史的な実績があれば、信仰は説得しうるかもしれない。しかし、この特殊アメリカ的な経験から離れて、バルキンの贖罪論を維持しうるかは疑わしい。結末は地獄かもしれないのに、贖罪への階段を上ろうと説得される楽観主義者はそう多くはいないからである。

第二の問題点は、贖罪という宗教的表象のもつ意義が、換骨奪胎されている点にある。バルキンが贖罪と言いつつも実は啓蒙主義を基盤としていることは、ロールズ[6]やマイクルマンの社会契約論[7]に、「物語」と「信仰」の要素を付け加えたものと自身の議論を整理していることからもわかる[8]。つまり、バルキンの贖罪の物語は、啓蒙思想である社会契約論の延長線上に位置するにすぎない。しかし、宗教と啓蒙思想を論証なく接続することは、贖罪を社会契約に必要な同意を調達するための道具に成り下がらせて、その宗教的な意味合いを台無しにする。

もっとも、これはバルキンが、キリスト教の贖罪論を拠り所としている点が関係している[9]。この点、ユダヤ教の贖罪論が「民族的」な絆を強調するのに対して、キリスト教の贖罪論は、性別、年齢、階級、人種の違いを超えて結びつける「個人的」な絆を強調する点に特徴がある[10]。そのために、繁殖によって血縁共同体を保つことで永遠性は開かれるとするユダヤ教とは違い、キリスト教においては個人を個人のままに共同の行為へと差し向けなければならないため、信仰と宣教がとりわけ重要となる。バルキンの贖罪論が、個人ベースの社会契約論の延長線上に信仰を接続する所以である。

しかし、仮にそうだとしてもやはり問題は残る。なぜなら、キリスト教においてもまた、国家と教会という二重の秩序の間の深淵は、社会契約論の延長で埋められる性質のものではないからである。この点で、バルキンはカトリシズムを退けて、神と個人の直接性のみを問題としたことで、上記の二重性は問題にならないと考えたのかもしれない。しかし、ここでいう教会とは、実存する教会というよりは、「同時代に生きる者として、つまり、広大な空間の離れた場所に同時に居合わせる者として結びつける」ことそのものを指すから(11)、プロテスタンティズムに立ったところで二重性が解消されるわけではない。

こうしてみると、贖罪の成就は約束されていないのに、他者に対して信仰を説得しうるとするのは、アメリカの進歩史観を前提にしなければ成り立ちえない議論である。信仰は希望と不可分とされる。けれども、バルキンの贖罪論は、堕落した現実を前に、民衆がどうして希望を持つことができるのかについては、何も語らないままである。

ではどうすれば、贖いは公共の可能性を切り拓けるのか。実は、カヴァーは、社会契約論とユダヤ思想の関係に関わる重要な論稿を一つ書き残している。

第二款　義 務

権利と義務の概念のうち、啓蒙期以降の西欧思想の中核を占めてきたのは、疑いなく権利の方である。例外的に財産権の文脈で義務が語られることはあっても、精神的自由を始めとするその他の文脈では権利が中心に語られてきた。[12] しかし、権利とは、権利主体の利益が他人を義務に従わせるのに十分な理由がある場合に認められるから、本来、義務は権利と同程度に注目を集めてよいはずである。それなのになぜ、権利ばかりが重視されてきたのか。

一つには、国家主権の正当化原理である社会契約説が、権利概念を出発点としていたことに関わる。ここに社会契約説とは、自己保存を目的として同意に基づいて政治社会を構成する考え方をいう。この考え方の前提には、人々は自然状態において自然権を有しており、その権利の移譲によって権威が構成されるとの見方がある。この見方からすれば、権威の正当性は各人の権利に由来するとされる一方、不当な権力の行使に対しては抵抗する権利が留保される。[13] このように、主権を正当化するいわば見返りとして要請されたのが権利の概念であるから、権利が主流を占めるのは当然である。

いま一つの理由は、「自律」の概念が中核に据えられたことにある。啓蒙思想によって神よりも人間の理性に重きがおかれた結果、自分のことは自分で決めるという自律の思想が重視されるようになった。それと同時に、他人に自分のことを決めてもらう「他律」の概念は、自律に反するとして近代にはそぐわないと考えられるようになった。もちろん、権利には公共の福祉による制約がかかるため、あらゆる場面において実際に自分が物事を決められるわけではない。しかし今日の憲法学は、その公共の福祉自体も自律に適合していると説明することで、潔癖なまでに他律的要素を排除してきた。[14]

二

これに対して、カヴァーは論文 *Obligation: A Jewish Jurisprudence of the Social Order*[15] の中で、「義務」の概念が中核を占めてきたユダヤ思想の考え方に着目する。それによると、ユダヤ思想において義務が中心とされてきたのは、すべての律法はシナイ山において、神によって授けられたと考えるからである。たしかに、トーラーは律法のことを神とイスラエルの民の間の「契約」と呼ぶが、それは他律的に与えられたものにとどまる。したがって、ユダヤ思想では、義務に基づく遵守の方が義務のない遵守よりも望ましいとする見方が有力であるし、普通なら権利の文脈で語られる事柄も義務の文脈で語られるのが一般的である。[16]

さらにカヴァーは、ユダヤの法体系は、約二千年もの間、国家はおろか目立った強制力の行使すらないままに、発展を遂げてきたことに注目する。[17] もちろん、強制力が全くなかったと言えば嘘になるが、それは先在する社会的連帯に基づく権力の行使である点で、意のままに操られる暴力とは異なる。このように、中央集権力が不在である以上、どの法的見解が権威であるかを定めるヒエラルキーも当然発達することはない。タルムードが、激しく対立するヒレル学派とシャンマイ学派の見解について、「どちらの見解も生ける神の御言葉である」[18] としているのはその現れである。

このように、義務を中心とするユダヤの法体系は、国家に暴力を独占させる見返りとして認められた権利とは違い、国家の暴力を要することなく発展を遂げてきた。カヴァーはその根拠を、ユダヤ教における義務の概念が「目的論的」に満たされていることに求めている。[19] 一方で、権利は、目的の善し悪しにかかわらず行使が認められるため、目的論的に空虚にならざるをえず、それ自体は公共社会の調達根拠となりえない。[20] 他方、義務はそれに従う根拠が明確でなければならず、それ自体のうちに善性が宿っているため、国家がなくても法体系を継続的に維持・発展させることが可能になる。

三

では、カヴァー自身は、権利論と義務論のどちらを妥当と考えるのか。社会契約説とシナイの物語にそれぞれ居場所を認めつつも、次のように結論づけている。

私はそれらの権利を基礎づける社会契約のことを、信じているし、また肯定もする。しかしさらに重要なことは、それらの権利を実現するよう私は命じられている――私たちは義務づけられている――ということもまた、私は信じている。[21]

以上の文章には、社会契約論の有用性を一般には肯定しつつも、義務論により大きな可能性をみるカヴァーの姿勢がみてとれる。たしかに、近年の人権論の目覚ましい発展を考えたとき、権利概念の有用性を一切否定することは説得的とはいえないだろう。[22] むろん、西欧の価値の押しつけではないかなどの批判を含めて、人権論には今後改善すべき余地があることはたしかだが、人権概念がようやく根づいてきたいま、権利論を完全に切り捨てる選択は得策とはいえない。しかしそのことを前提にしながらも、なおカヴァーは、我々は義務づけられているとみる方がよいという。

それだけ述べてカヴァーは、それから間もなくして、この世を去った。本書の最後の課題は、カヴァーのこの信念を論証することにある。

第三款　希 望

一

従来、立憲主義の支えとされてきたのが、死への「恐怖」である[23]。その代表的な見解が、ホッブズの社会契約論である。ホッブズは、自然状態が「継続的な恐怖と暴力による死の危険」がある「万人の万人に対する戦争状態」であるとし、この恐怖から抜け出すには、各人が自然法の命ずるところに従い契約を通じて、絶対的な主権を持つ国家を設立する必要があると説いた[24]。ここで人々を国家設立へと駆り立てたのは、戦争状態に戻ることへの恐怖であるから、国家の定款たる憲法もまた必然的に恐怖の所産となる。

ホッブズによれば、この恐怖を突き詰めた先にあるのが、自己の生命・身体を守ろうとする自己保存の欲求である。この欲求は、コナトゥスという運動の力学が、人間形態において発現したものである。あらゆる物体に復元性の力学が働くのと同様に、人間にも自己を守ろうとする力学が働く。ところが、個々人の力の差は相対的であるため、自然状態における実力行使は一向に止まず、自己保存欲求は決して満たされることがない。そこで、個人間の相対的な優位性を無化すべく、絶対的な力を持つ国家をつくり出す。こうして、国家は人間の欲望の発現形態と位置づけられ、人間と国家は「力」という同一原理で説明される(25)。

以上の機械論的な人間像は、今日に至るまで大筋で受容されてきたが、それは「自己」の概念のみから「国家」の正当化にまで成功しているところが大きい。本来、エゴがいくら集まったところで国家に辿りつけるわけはないところを、ホッブズは恐怖の心理をうまく利用することでこれを成し遂げている。それに加えて、死への恐怖という、人間であれば誰もが直面する根源的経験を、出発点に据えている点も強みである。実際、近代立憲主義が、宗派間の血みどろの闘争の末に生まれた過去を顧みるとき、ホッブズの議論は説得力を増す。

しかし、恐怖を支えとみる以上の見方は、決して万能ではない。問題は、恐怖に裏打ちされた平和とは、政治的譲歩によって直接の衝突を一時回避しようとする単なる仲裁にすぎない点にある。裏を返せば、自己への執着が消え去ったわけではないため、今強いられた譲歩は、必ずや将来において相殺されることになるだろう(26)。これでは暫定的な平和の維持は可能だとしても、真の平和の可能性は一向に開けてはこない。それどころか、恐怖は底知れなくエスカレートするため、力は増加の一途を辿り、やがて世界は一触即発の事態を迎えるだろう(27)。

果たして、人類の行き着いた先が、核に覆われた世界である。核はその絶対的な脅威により、国家間の相対的な優位性を無化して、平和を実現する。とはいえ、この事態が望ましいかどうかは別の話である。現職のアメリカ大統領として初めて広島を訪れたオバマが、「勇気をもって恐怖の論理から逃れ、核兵器なき世界を追求しなければならない(28)」と述べたのも、核による安定が「諸刃の剣」であることを知っていたからである。これに対しては、勢力均衡論の見地から、核なき世界の希求はかえって世界をより危険にするとの見方もなされているが(29)、これまで恐怖の論理がもたらしてきた数々の戦争の惨禍を顧みるとき、脅威に裏打ちされた平和が長続きすることには懐疑的とならざるをえない。

では、いかにしてこの事態から脱却できるか。先にオバマは、「勇気」を持って恐怖の論理を克服すべきと論じていたが、その後すかさず「私が生きている間にこの目的は達成できないかもしれない」と述べ、その手立てがいまだ見つからないことを自白している。わざわざ、被爆地広島にまで赴きながら、市民に対する核兵器使用という国際法違反の可能性が限りなく高い原爆投下を謝罪しなかったのもそのためであろう。アメリカが今日においても原爆投下を正当化する理由は、それが戦争を早期に終結させて、かえって死傷者数の増加を喰い止めることにつながったと考えるからである(30)。

たしかに、あのまま戦争が長引いていたなら、本土決戦や他国の参戦によって更に死傷者数が増加していた可能性は十分にある。しかし、ウォルツァーが指摘するとおり(31)、これは無条件降伏にこだわるからそうなるのであって、条件付降伏で核兵器使用を控えるという選択肢を採っていれば、さらに死傷者の減少は見込めたはずである。にもかかわらず、アメリカが原爆投下にこだわったのは、ここで日本を完膚なきまでに叩きのめし、さらに東側諸国に対する軍事的優位を示しておかなければ、世界が戦争状態に逆戻りするのではないかと恐れたからである(32)。しかし、その結果はというと、一部の大国のみが核兵器を保有し、互いを牽制し合うパワー・ポリティクスの時代の到来であった。

いま問われているのは、この恐怖の論理から脱却して、真の平和を希求できるかどうかである。ここで、再び注目すべきなのがレヴィナスである。レヴィナスは、自らが圧倒的な恐怖の時代を生ききながらも、恐怖の論理に屈することなく、あえて平和の時間を希求した。問題は、なぜレヴィナスは絶望の中から、希望を立ち上げることができたのかにある。

二

レヴィナスもまた、ホッブズの社会契約説と対決しようとしていた。そのことは、次の一節からわかる。

人間が自己を成就するような、平等でかつ義なる国家……は、万人に対する万人の闘争から生まれるのか、それとも万人に対する一者の還元不能な責任から生まれるのか(33)。

レヴィナスがこの問いを主題化したのは、社会契約説にもそれなりに理由があることを知っていたからである。その理由とは、「正義」や「裁き」の必要性である。世界が私と他者の二者間に尽きるのであれば、倫理や慈愛を論じていれば足りるのかもしれない。しかし、そこには必ず複数の他者が登場する以上、私はそのすべての他者に対して有責性を果たさなければならない。ところが、全員の他者を等しく愛することはできない以上、ここでは比較不能な複数の他者をあえて比較して、誰が際立って他なるものであるかを評価する必要がある。そして、比較可能になるということは、「顔」でしかなかった他者が、ある共通の種属の一市民になるということであり、ここに裁きをする国家の制度が必要となる。

レヴィナスは、正義＝裁きに欠かすことのできないこの国家のことを「始原的暴力」という[34]。なぜ暴力かといえば、それは他者を顔であることをやめた可視的で共時性のうちにあるものと捉えるからである。ここにおいて他者は、もはやかけがえのない代替不能な個人ではなく、包摂可能で平等な一市民へと転じるため、私と他者との無起源で親密な関係は裏切られる。同時に、他者の顔によって呼びかけられることもなくなった私もまた、代替可能な種属の一人とみなされることになる。顔のない市民から成る近代国家の誕生である。

しかし、もしかけがえのない個人が最終的に国家に帰属するのであれば、我々はまわりまわってホッブズと同じ地点に立つのではないか[35]。レヴィナスの答えは、否である。なぜなら、国家の起源は、恐怖ではなく「慈愛」ないし「義務の過剰」にあるからである。すなわち、正義が要請されたのは、ホッブズのいう「人間が人間にとって狼である」状態に戻ることを恐れたからではない。かけがえのない他者が、複数同時に出現する事態を前にして、他者を比較する必要に迫られたからである。ここで国家を求めたのは、慈愛であって、恐怖ではない[36]。この順序はレヴィナスにとって決定的に重要である。

もっとも、起源は何であれ国家が必要というのであれば、結局ホッブズとの差異は、説明の仕方の差に尽きるのではないか。しかし、レヴィナスはそうは考えない。なぜなら、国家が他者のために身代わりとなる有責性から生まれたのだとすれば、国家は他者の直接性に基づいて、再び見出されなければならないからである。

近き者と遠き者の間に区別は存在しない社会、にもかかわらずもっとも近き者の傍らを素通りすることが不可能であるような社会、万人の平等性が、私の不平等性、私の権利に対する義務の過剰によって担われる社会、正義はそのような社会においてのみ正義でありつづける。[37]

正義の可能性は、他者との「近さ(proximité)」の内にある。[38] レヴィナスは、その具体的な意味を、「裁きを下すものは個人の顔を見てはならない」、「主はそのお顔をあなたに向ける」というタルムードの二つの聖句を元に例証している。レヴィナスの解釈によれば、前者は、国家において判決は一般的・抽象的な法律を普遍的に適用し宣告されなければならないこと、後者は、ひとたび判決が下された後は、かけがえのない個人のために正義の峻厳を和らげて、慈悲への訴えを聴きとらなければならないことを求めている。[39] この慈愛への帰還は、国家の起源を、恐怖ではなく慈愛に求めるからこそ、可能になるものである。

そして、レヴィナスによれば、人権と呼ばれるものもまた、この義務の過剰から生まれてきている。[40] 国家の正義は慈愛によって覚醒されるが、それは完成したものではなく、現行の正義よりもさらに義となりうるものである。この「正義はまだ十分に義ではないと感じる意識」こそが、人権についての気遣いであり、それを通じてはじめて正義と慈愛の間の距離は縮まっていく。つまり、人権とは「〈国家〉のなかにある非－〈国家〉的な制度であり、〈国家〉のうちにおいてはいまだ成就されていない人間性の訴求」である。したがって、国家は正義の尊重と並んで、正義の後に続く慈愛にもある種の権能を認めておかなければならない。レヴィナスは、以上の人権の働きを「普遍性への貢献」と呼ぶ。

国家における律法の普遍性は、正義の名のもとに個別的な他者に対して暴力を振るうが、慈愛の剰余が生み出す人権を通じて、正義はより義なるもの——普遍——へと近づいていく。

レヴィナスが、ホロコーストの後も希望を捨てなかったのは、この慈愛を通じて普遍性へと至ることは可能と考えたからである。他人に義務を過剰に負わせることは許されないとしても、「神を否認することなく、アウシュヴィッツに耐えるということ、それを自分自身に求めるのは許されている」[41]。なぜ自分に多くを求めるかといえば、それは他者に対して「無関心」ではいられないからである。このレヴィナスの議論は、逆に「他者支配」や「他者同化」に転ずるおそれもあるが[42]、自己を犠牲にしてでも他者に先んじて義務を果たそうとする人々が現れないことには、世界を善い方向へと進めることはできない。レヴィナスは、そうした人々の生き方に希望をみている。

三

以上のレヴィナスの議論を踏まえることで、先にカヴァーが、権利よりも義務を重視していた理由もみえてくる。正義の善に対する優位を説くリベラリズムが全盛の中、カヴァーはあえて善を迎え入れる立憲主義のかたちを模索した。それは、義務の過剰だけが、正義の名のもとに犯される不平等と暴力を是正して、世界をより善い方向へと導きうることを知っていたからである。カヴァーが、贖いの物語に生きるノモスの住人に対し最大限の敬意を払うことを裁判官に求めたのも、贖いこそが憲法に将来の時間をもたらすものだからである。

もっとも、カヴァーの憲法論の背後にユダヤ思想を読み込むとき、それは同時に、ユダヤ゠イスラエル社会に対して向けられてきた批判から、カヴァーも自由ではいられないことを意味する。とりわけ、メシア主義を背景に持つカヴァーのコミットメント論を一種の選民思想として読み解くとき、それが神話や生物学と結びついて、他者排除につながるおそれがないか疑問なしとしない(43)。この点、レヴィナス自身は、イスラエルを「歴史的、民族的、地域的、人種的観念」とは無縁な「道徳的カテゴリー」とすることで、普遍と特殊の総合を図ろうとしていた。しかし、現に国家として誕生したイスラエルが、パレスチナ人との衝突を前に、倫理よりも政治を優越させる現状がある以上、レヴィナス流の選民思想が種族中心的な非民主主義に歪曲されることがないか注意深く見守る必要がある(44)。

この点、カヴァー自身が、シオニズムや今日のユダヤ＝イスラエル社会について、どういうスタンスで臨んでいたのかは明らかではない。ただ、国家の権力そのものに極めて厳しい姿勢で臨んでいたカヴァーが、その国家がイスラエルというだけで、態度を軟化させたとは考えにくい。そもそもカヴァーは、ユダヤ社会の強みを暴力なくして成長した点に認めており、義務が国家単位で遂行されることには懐疑的であった。さらにいえば、これはレヴィナスの哲学にも当てはまることだが、カヴァーの憲法論は、ユダヤ思想を背景にみることでその魅力を増幅させるが、ユダヤ思想抜きでも現象学を背景に十分成り立ちうるものであり、現実のイスラエル社会への批判が、憲法論としての有効性を直ちに減殺するものでもない。

四

以上を踏まえると、カヴァーの贖いの立憲主義論は、普遍化可能な議論として十分成り立つものと結論づけられる。かくして、本書序章の問いに対する答えが、今示される。その問いとは、個人から公共への「逆接続」の道のりを「順接続」の道筋へと転換することは、いかにして可能かというものであった。その答えは、選ばれたと名乗り出る者が、有責性を先んじて引き受けて、他者に代わって義務を果たすことによってである。この狂気のコミットメントだけが、逆接で困難な道のりを順接へと転じ、近代立憲主義に一道の光明を投げ与えることができる。

これに対しては、宗教色を色濃く帯びた贖いの憲法論を、日本の文脈に「翻訳」することなど、果たして可能なのかという疑問があろう。しかし実は、終戦後間もなく、敗戦を「苦難」と捉え、「贖罪」による「日本民族」の復活と新生の必要性を説いた一人の日本人がいた。それが、戦後に東大総長を務めた南原繁である。南原は、未曽有の敗戦を前に、これを民族の「苦難」として受け止め、「国民的贖罪」によって新たな「平和の戦」において勝利し、「真に善き日本的なもの」を生み出さなければならないと説いた(45)。そして、そのためには、「おのおのが一個独立の人間としての意識の確立と人間性の発展」を実現するルネッサンスと、「神の発見」とそれによる「自己克服」から成る宗教改革をもって、「国民の精神的革命」を成し遂げなければならないと説いた。

以上の南原の議論は一種の民族宗教論ではあるが、国体観念の枠にはめ込まれて自己の民族の優越性を誇称した戦前の民族宗教論とは全く異なる。それは、平和の戦において勝利するという世界史的使命を果たすために、祖国を通じて世界人類のために生命をも献げ得るという「普遍人類的なる世界宗教」論である(46)。宗教に代わりうるものは、あくまで宗教でなければならない。そう信じた南原は、正しい意味の「民族的なもの」をもって、日本民族を敗戦のどん底から希望ある未来へ差し向けようとした。そのために必要なのは、「余人はどうであろうとも、あたかも自分がその責任を有するかの如く決意」し、「選ばれた戦士」として先頭に立つべき使命感である。

この一人の日本人による贖罪論と同様の議論構造が、それから数十年の時を経て、ロバート・カヴァーという西洋人の思考に受け継がれたことは、決して偶然ではない。一方が日本人、他方がユダヤ系アメリカ人と境遇は異なるけれども、「自己」の民族の内に世界における神的使命を見出し、世界に貢献することで真の永遠性を切り拓こうとする心意気は、両者ともに共有していたとみられるからである。しかしだからといって、両者の贖罪論を、おのれの主観的信仰の所産として片づけてはならない。絶望から希望を切り拓いて真に善きものを目指すからには、他者に先んじて義務を果たす「選ばれし民」とそれを突き動かす「精神性」が不可欠だからである。

以上の議論に対しては、有責性を前提とする点で先決問題要求の虚偽を犯しているとの批判が当然なされよう。しかし、この批判をする人は、ただ自らは選ばれた者ではないとして、他の人々よりも多くのことを自分に求めることを拒絶しているだけである。それはそれで一つの立場ではあるが、少なくとも学問は、選ばれたと名乗り出る者たちの有責性を無碍に妨げることはあってはならない。学問は、可能な限りそれを迎え入れる枠組みを希求する必要があるのであって、本書が成し遂げようとしたのもひとえにこのことである。

（1）Jack Balkin, Constitutional Redemption: Political Faith in an Unjust World (Harvard University Press 2011).

（2）　Jack Balkin, Living Originalism (Harvard University Press 2011).
（3）　*See* Sanford Levinson, Constitutional Faith 23–27 (Princeton University Press 1988).
（4）　この点で、アッカーマンも憲法政治の場面では「我ら人民」が制憲権を発動するとみるが（*See* Bruce Ackerman, We the People Vol. 1 (Harvard University Press 1991)）、バルキンとは違い責任の論理を内包していない点に問題を残す。
（5）　江藤祥平「書評」国家一二四巻一一・一二号（二〇一一）九七〇―九七二頁。
（6）　ただしロールズの正義論は、平等原理の枠内で不平等を考慮する「格差原理」を肯定しており、その限りでは非対称的な責任の論理を内包している（John Rawls, A Theory of Justice 75–83 (Clarendon Press 1971)）。
（7）　Frank I. Michelman, *IDA's Way: Constructing the Respect-Worthy Governmental System*, 72 FORDHAM L. REV. 345 (2003).
（8）　Balkin, *supra* note 1 at 36–45.
（9）　バルキンがキリスト教の贖罪論を前提としていることは、プロテスタンティズムに依拠していることや、アメリカ独立宣言をイスラエル独立宣言との対比で捉えていることからわかる（Balkin, *supra* note 1 at 28–29）。
（10）　フランツ・ローゼンツヴァイク（村岡晋一ほか訳）『救済の星』（みすず書房、二〇〇九）五三三―五三七頁。
（11）　同五四一―五四二頁。
（12）　これは、日本国憲法第三章の表題が「国民の権利及び義務」とあるにもかかわらず、戦後憲法学はこれを「人権論」と一括して呼んできたところに顕著に表れている。
（13）　この抵抗権を主題化したのが、ジョン・ロックである（加藤節訳『完訳 統治二論』（岩波文庫、二〇一〇）第一九章参照）。
（14）　長谷部恭男「国家権力の限界と人権」同『憲法の理性〔増補新装版〕』（東京大学出版会、二〇一六）六三頁以下。
（15）　Robert M. Cover, *Obligation: A Jewish Jurisprudence of the Social Order*, J. L. & RELIG. Vol. 5 No. 1 65 (1987).
（16）　*Id.* at 67–68.　たとえば成人になることは、一人前の権利主体になる能力ではなく、義務に基づいて戒律に従うことのできる能力とされている。

(17) ユダヤ法における多元主義の様相については、*See* Suzanne Last Stone, *Sinaitic and Noahide Law: Legal Pluralism in Jewish Law*, 12 CARDOZO L. REV. 1157 (1991)。

(18) Talmud (Eruvin 13b).

(19) Cover, *supra* note 15 at 69. この見方は、ユダヤ哲学者トワーズキーの見解を下敷きにしたものである(Isadore Twersky, *The Shulhan Arukh: Enduring Code of Jewish Law*, 16(2) Judaism 141 (1967))。

(20) 法が権利の行使目的を不問とするのは、そもそも憲法上の権利として保障されるものとは、目的論的には不当なことがほとんどだからである。たとえば、虚偽の表現を伝えることは目的論的には正しいこととはいえないが、表現の自由の保護は及ぶとされている(*See* Joseph Raz, The Authority of Law 266-267 (Clarendon Press 1979))。

(21) Cover, *supra* note 15 at 74.

(22) *See* Joseph Raz, *Human Rights without Foundations, in* The Philosophy of International Law 9 (S. Besson and J. Tasioulas eds., Oxford University Press 2010).

(23) 以下については、江藤祥平「憲法を支えるもの」論ジュリ二二号(二〇一七)四—一一頁を参照。

(24) ホッブズ・前掲注(13)二一〇—二一一頁。

(25) 佐々木力「リヴァイアサン、あるいは機械論的自然像の政治哲学(上)(下)」思想七八七号五五—一〇〇頁、同七八八号一九—六二頁(以上、一九九〇)参照。

(26) レヴィナスは、存在することへの固執が生んだ平和は「まがいもの(factice)」とする(エマニュエル・レヴィナス(合田正人訳)『存在の彼方へ』(講談社学術文庫、一九九九)二五頁)。

(27) 国家間の自然状態が際限のない危険を孕むことについて、長谷部恭男「「国内の平和」と「国際の平和」——ホッブズを読むルソー」法学教室二四四号(二〇〇一)六八—六九頁。

(28) Barack Obama, The Speech in Hiroshima (May 27, 2016).

(29) この点を巡る論争として、スコット・セーガン＝ケネス・ウォルツ(川上高司監訳・斎藤剛訳)『核兵器の拡散——終わりなき論争』(勁草書房、二〇一七)参照。

(30) 参照、長谷部恭男『憲法学のフロンティア』(岩波書店、二〇一三)一〇一頁以下。

(31) Michael Walzer, Just and Unjust Wars 263-268 (Basic Books 1977).

（32）「長い戦争(The Long War)」を終わらせるためには、日本との交渉は得策とはいえなかったとするものとして、Philip Bobbitt, The Shield of Achilles 677-678 (Anchor 2003).
（33）エマニュエル・レヴィナス・前掲注(26)三六二頁。
（34）エマニュエル・レヴィナス(内田樹訳)『暴力と聖性――レヴィナスは語る』(国文社、一九九一)一五七頁。
（35）同一五八―一五九頁。
（36）同一五九頁、およびレヴィナス・前掲注(26)三六二頁。
（37）レヴィナス・前掲注(26)三六二頁。
（38）「裁き手は争いの外側にいるのではない。そうではなく、法は近さの只中にある」(同三六一頁)。
（39）レヴィナス・前掲注(34)一六〇頁。
（40）同一二七―一二九、一五九―一六一頁。
（41）同一七五頁。佐藤幸治の物語論の実質も、実はこの「希望」にあるというのが本書の見立てである(参照、佐藤幸治『憲法とその〝物語〟性』(有斐閣、二〇〇三)一五六―一六〇頁)。
（42）参照、井上達夫『他者への自由――公共性の哲学としてのリベラリズム』(創文社、一九九九)。
（43）この点を指摘するものとして、シュロモー・サンド(高橋武智監訳)『ユダヤ人の起源』(ちくま学芸文庫、二〇一七)。
（44）レヴィナスもまた、シオニズムを手放しに称賛することはしてはいない。もっとも、サブラー・シャティーラ事件についてのレヴィナスの応答には批判がある(*See* Michael Morgan, Levinas's Ethical Politics 266-298 (Indiana University Press 2016))。
（45）南原繁「新日本の建設」(一九四五)立花隆編『南原繁の言葉』(東京大学出版会、二〇〇七)一〇七頁以下。
（46）南原繁「新日本文化の創造」(一九四六)立花編・前掲注(45)一一七頁以下。

終章 「真に善き日本的なもの」

本書の目的は、今日の日本における立憲主義の動揺を受けて、近代立憲主義の観念そのものの批判を試みるところにあった。戦後七〇年の時を経て、そろそろ「普通の国」になりたいとする昨今の風潮は、西洋起源の立憲主義とは決して矛盾するものではない。憲法九条の定める戦争放棄と軍備廃止の精神は、自己保存欲求に立脚する立憲主義の在り方とは根本的に相容れないからである。しかし、むしろ西洋ではないからこそ「西洋の解決しなかった問題」を解決する可能性があるのだとすれば、日本の立憲主義には「普通の国より、もう少しよい点」があっていいはずである。[1] だとすれば、問題は、近代を超克する憲法九条という崇高な理想を、立憲主義のうちにいかにして迎え入れるかという点にある。

本書は、その可能性を「他者」に求めて、近代立憲主義の再構成を試みた。その中で明らかになったのは、「私」という人間は、従来の憲法学が想定するような「強い個人」ではなく、他者によって自己の同一性を引き裂かれた「壊れものとしての人間」だということである。[2] この意味における私は、他者に対して無関心ではありえず、受動的に無限の責めを負っている。こうした中で、およそ主体性が可能になるとすれば、それは私の唯一性によってこの責めを贖うことによってである。そして、贖うことで主体性が可能になるというこの逆転の発想こそが、個人と公共を接続して、公共社会を立ち上げる唯一の道筋となる。

憲法九条は、この贖いへの道を定めたものとして読むことができる。すなわちそれは、恐怖の論理から脱却して、平和を真の意味において実現することが、「日本人」の世界的使命であると宣言している。この意味での九条は、決して一国平和主義として罵られるものではない。なぜなら、「全世界の国民」がひとしく「恐怖」と「欠乏」から免れる新たな国際社会をつくり上げることは、南原繁のいうとおり、「それこそ戦争にまさる幾倍の真の勇気と忍耐を要する」ことだからである。[3]それは、カヴァーのいう意味での狂気のコミットメントを要し、自己を犠牲にする覚悟で平和の理想を先駆けることを求めている。

そうはいっても、なぜ日本人が、贖いによる平和実現の使命を先んじて引き受けねばならないのか。南原は、それが「国民が世界と自らに犯した過誤に対する賠償」だからという。[4]しかし、それを自らが犯した過誤に対する損害塡補という、文字通りの「賠償」の意に解してはならない。なぜならそれでは、贖いという義務の「過剰」まで説明することができないからである。義務の過剰の根拠は、レヴィナスのいうとおり、私が他者に遅れたことに求められなければならない。その他者とは、先の大戦の尊い犠牲者のことであり、その中には他国の犠牲者はもちろんのこと、自国の犠牲者も含まれる。つまりは、他者に遅れて自分だけが生き残ったという恥にも似たこの感覚こそが、日本人を贖いへと駆り立てるのである。

この解釈に対しては、贖いという特定の善き構想を公的領域に持ち込むに等しく、多様な世界観の共存を目指す立憲主義とは根本的に相容れないとの批判が生じよう。[5] けれども、憲法九条を贖いとして解釈することは、必ずしも絶対的非暴力を帰結するわけではない。南原のいうように、「無抵抗主義は成り立ち得ず、およそ不法の暴力に対しては、国内的にも国際的にも何らかの暴力をもって、これを阻止し、防御する必要はある」からである。[6] ただし、贖いの観点からすると、それは今日のような自衛権の無制限の拡張を許すものであってはならない。むしろ、木庭顕に倣って、憲法九条を占有原理の観点から理解し、一項は、占有侵害の阻止の範囲で実力行使を認めたもの、二項は、「占有内実力のうち全面的な占有内軍事化」を禁止するものと解するのが適切である。[7]

ただし、贖いというからには、憲法九条をただの占有保障規定とみてはならない。なぜなら、上記の意味における実力は当座の防御措置にすぎず、相手方の武力行使に対し常に劣勢に立たされることは織り込み済みだからである。この劣勢にひたすら耐えて、国際連合のような「第三者的」機関の介入を待って、ようやく事態は収束に向かうだろう。とはいえ、それを待つ間に、それなりの犠牲が生じることは覚悟しなければならないし、今日のように国連が本来の役割を全うできていない中では尚更そうである。にもかかわらず、「普通の国」になることを許さないところが、憲法九条が「狂気」である所以である。この場合、むしろ行うべきは、国連に本来の姿を取り戻させることである。

これに対しては、立憲主義は、そのような犠牲を国民に強いることは許されないはずだとの批判が生じよう。それでも、贖いの憲法論は、責任は私が能動的に担うものではなく、応答しないことが不可能な形で受動的に課せられていることを前提にする。もちろん、現実には我々の多くは、何とかしてこの責任を回避しようとする。そして責任を回避する人に対しては、その責任を強制することはできない。そのとき、憲法九条は、国民の覚悟を欠くものとして、desuetude（廃弛《はいし》）の状態に追い込まれざるをえないだろう。事実、現在の九条は、それに近い状態にある。緊張を増す国際情勢を前に武力増強を唱える抑止力論者も、いかなる加害・被害も生み出したくないという反戦論者も、どちらも憲法九条の贖いに尽くす覚悟が欠けているからである。

しかし、それでも我々は逃げ隠れすることはできない。我々一人ひとりの個人はレヴィナスや南原のいう正しい意味での「選民」であり、周りに先立って、責任に応答することを使命としているからである。この応答の法外さを法の内に召喚したのが憲法九条であり、それは日本人が「選民」であるということを宣言している。およそ日本的なるものがあるとすれば、それはすぐれて我々が平和を希求する「選民」であるということにほかならず、その責任を果たし続けることでしか我々は日本人になることはできない。それが日本の憲法が示した新しい立憲主義のかたちである。(8)

（1）加藤周一・樋口陽一『時代を読む――「民族」「人権」再考』（岩波現代文庫、二〇一四）一七九頁。
（2）この表現は、村上靖彦『レヴィナス――壊れものとしての人間』（河出書房新社、二〇一二）によるものである。
（3）南原繁「新日本発布」（一九四五）立花隆編『南原繁の言葉』（東京大学出版会、二〇〇七）二八三頁。
（4）南原繁「新日本の建設」（一九四五）立花編・前掲注（3）一二六頁。
（5）長谷部恭男「平和主義と立憲主義」同『憲法の理性〔増補新装版〕』（東京大学出版会、二〇一六）三―二二頁。
（6）南原繁「第九条の問題」（一九六二）立花編・前掲注（3）三〇三頁。

(7) 木庭顕「日本国憲法9条2項前段に関するロマニストの小さな問題提起」法時八七巻一二号(二〇一五)六一頁(『憲法9条へのカタバシス』(みすず書房、二〇一八)所収)。

(8) 本書の論じる「無限責任」を基調とする立憲主義論は、丸山眞男が描いた戦前日本の「無責任の体系」とは対極に位置するものだが(丸山眞男「軍国支配者の精神形態」潮流五月号(一九四九))、天皇という他者に対する無限責任に転化するおそれなどを含めて批判はあろう。この点については、他日を期したい。

サ 行

タ 行

ナ 行

ハ 行

マ 行

人名索引

ア 行

カ 行

江藤祥平
1981 年　兵庫生
2008 年　東京大学大学院法学政治学研究科修了(法務博士)
2012 年　コロンビア大学ロースクール修了(法学修士)
最高裁判所司法修習生，長島・大野・常松法律事務所弁護士，東京大学法学部助教，東京大学法学部特別講師を経て，現在，上智大学法学部准教授(専攻：憲法)

近代立憲主義と他者

2018 年 6 月 27 日　第 1 刷発行
2021 年 7 月 5 日　第 4 刷発行

著　者　江藤祥平《えとうしょうへい》

発行者　坂本政謙

発行所　株式会社 岩波書店
〒101-8002 東京都千代田区一ツ橋 2-5-5
電話案内 03-5210-4000
https://www.iwanami.co.jp/

印刷・三秀舎　製本・牧製本

ISBN 978-4-00-061278-4　Printed in Japan